MODERN HUMANITIES RESEARCH ASSOCIATION
CRITICAL TEXTS

PHOENIX
VOLUME 6

EDITORS
THOMAS WYNN
PIERRE FRANTZ

LE SIÈGE DE CALAIS
PIERRE-LAURENT DE BELLOY

Le Siège de Calais

by
Pierre-Laurent De Belloy

Edited by
Logan J. Connors

Modern Humanities Research Association
2014

Published by

The Modern Humanities Research Association,
1 Carlton House Terrace
London SW1Y 5AF

© The Modern Humanities Research Association, 2014

Logan J. Connors has asserted his right under the Copyright, Designs and Patents Act 1988 to be identified as the author of this work. Parts of this work may be reproduced as permitted under legal provisions for fair dealing (or fair use) for the purposes of research, private study, criticism, or review, or when a relevant collective licensing agreement is in place. All other reproduction requires the written permission of the copyright holder who may be contacted at rights@mhra.org.uk.

First published 2014

ISBN 978-1-78188-130-9

Copies may be ordered from www.phoenix.mhra.org.uk

TABLE OF CONTENTS

Acknowledgements	vii
Editions of *Le Siège de Calais*	viii
Principles of this Edition	xi
Introduction	1
De Belloy's Path to Stardom	3
A Medieval Event in Post-war France	9
'Un événement remarquable': The premiere of *Le Siège de Calais*	14
Le Siège de Calais: Themes, Characters, Dramaturgy	25
'Le temps est arrivé d'écrire sur les nations'	31
Patriotism on the Stage	44
Conclusion: *Le Siège de Calais*, Revolution and History	52
Le Siège de Calais, tragédie de Pierre-Laurent de Belloy	61
Dédicace au roi	62
Préface de l'auteur	63
Le Siège de Calais, tragédie	71
Notes historiques sur *Le Siege de Calais*	140
Appendices	156
Appendix I: Alternative Introductions to *Le Siege de Calais*	156
Introduction de 1779	156
Preface to the English translation	158
Appendix II: Letters and Poems Concerning *Le Siège de Calais*	160
I. 'Lettres et observations à une dame de province …' (1765)	160
II. Letter from Voltaire to de Belloy, 6 March 1765	162
III. Letter from Damilaville to Voltaire, 7 March 1765	162
IV. Letter from de Belloy to Voltaire, c. 12 March 1765	163
V. Letter from Voltaire to Marmontel, 25 March 1765	164
VI. Letter from Voltaire to de Belloy, 31 March 1765	164
VII. Letter from Voltaire to D'Alembert, 3 April 1765	164
VIII. Lettre des Maire et des Echevins de Calais, 10 March 1765	165
IX. Lettre de Colonel Mehegan, 5 May 1765	165
X. Lettre du Caporal Primtemps	166
XI. Lettre du Cap-Français, Saint-Domingue, 17 July 1765	166
XII. 'L'honneur français', poème de Marion	167

Appendix III: The Critical Reception of *Le Siège de Calais*   170

    I. Fréron, *L'Année littéraire*   170
    II. 'Remarques de M. Diderot'   171
    III. Grimm, *Correspondance littéraire*   171
    IV. 'Jugement du *Journal des savants*'   172
    V. Petitot, 'Examen du *Siège de Calais*' (1803)   172
    VI. Smollett, 'Foreign article: *Le Siège de Calais*'   175

Appendix IV: De Belloy's Election to the Académie française   186

    'Discours' de M. de Belloy   186
    'Réponse de l'Abbé Batteux'   195

Appendix V: Parodies of *Le Siège de Calais*   199

    Le Siège de Calais ou la Mi-Carême   199
    Le retour et les effets du Siège de Calais   201

Selected Bibliography   224

ACKNOWLEDGEMENTS

Over the past five years, fine people and generous institutions have helped this project come into fruition. First, I would like to thank Tom Wynn and Pierre Frantz, co-directors the MHRA *Phoenix* series. My interest in de Belloy began in 2008 during Pierre's *Théâtre et politique* seminar at the Université Paris-Sorbonne; Tom, you have provided essential support throughout the drafting and editing stages of this book. A special thank you to Alison Connors, proof-reader extraordinaire, for her keen editorial eye. I would also like to thank the Provost's Office, the Dean's Office, and the Program in French & Francophone Studies at Bucknell University for providing me with the institutional and financial support to spend my pretenure faculty research leave in Paris. In Paris, I was greatly helped by the archival staff at the Bibliothèque de la Comédie-Française and the Bibliothèque nationale de France. Questions and suggestions from colleagues at conferences in Uppsala, Paris, Tours, Oxford, Los Angeles, and Berlin increased the cogency and clarity of my arguments on French patriotism before 1789. The introduction to this edition was nurtured though discussions with a host of friends and colleagues: John Westbrook, Alexei Evstratov, Sophie Marchand, Maurizio Melai, Jeanne-Marie Hostiou, Simon Harrison, John Enyeart, Yann Robert, and many more. Finally, I am truly grateful for the support of my family. Thank you M & D; merci É.

EDITIONS OF *LE SIÈGE DE CALAIS*

Richelieu: *Arts et spectacles* division of the Bibliothèque nationale de France
Mitterrand: Bibliothèque nationale de France, François Mitterrand site
Arsenal: Bibliothèque nationale de France, Arsenal site
BC-F: Bibliothèque de la Comédie-Française

M1765 (Manuscript from 1765). *Le Siège de Calais ou Le Patriotisme*, tragédie par M. de Belloy, 1765. MS 245 (BC-F)

PE1765 (Première édition de 1765). *Le Siège de Calais*, tragédie, dédiée au Roi, par M. de Belloy; représentée pour la première fois, par les Comédiens Français ordinaires du Roi, le 13 Février 1765. Suivie de notes historiques (Paris, Duchesne, 1765). 8-YTH-16477 (Mitterrand) ; 8-RF-7981 (Richelieu)

A1765 (Edition d'Avignon). *Le Siège de Calais*, tragédie, dédiée au Roi, par M. de Belloy, suivie de notes historiques (Avignon: Jacques Garrigan, 1765). Z ROTHSCHILD-4248 (Mitterrand)

NE1765 (Nouvelle édition de 1765). *Le Siège de Calais*, tragédie...par M. de Belloy. [Paris, Comédiens français ordinaires du roi, 13 février 1765.] Suivie de notes historiques. Nouvelle édition (Paris, Duchesne, septembre 1765). 8-YTH-16462 (Mitterrand)[1]

V1765 (Edition de Vienne). *Le Siège de Calais*, tragédie par M. de Belloy. Suivie de notes historiques. Vienne, J.-T. Trattnern, 1765. 8-RF-8000 (Richelieu)

L1765 (Edition de Leyde). *Le Siège de Calais*, tragédie par M. de Belloy. Suivie de notes historiques. Leyde, Compagnie des libraires, 1765. University of Chicago Library.

SD1765 (Edition de Saint-Domingue). *Le Siège de Calais*, tragédie par M. de Belloy, représentée au Cap-Français pour la première fois le 7 juillet 1765. Cap-Français (Saint-Domingue [Haïti]), chez Marie, 1765. GD-23908 (Arsenal)

E1765-1 (English Version 1). *The Siege of Calais*, a tragedy from the French of Mr. de Belloy, with historical notes. London, Fletcher and T. Davies, 1765. 8-RF-8010 (Richelieu)

---

1. The 'Nouvelle édition' includes an expanded *notes historiques* as well as a hard binding. There are, however, few changes to the script.

E1765-2 (English Version 2). *The Siege of Calais*, a tragedy from the French of Mr. de Belloy, with historical notes. London, J. Lister, 1765. 8-BL-16605 (Arsenal)

D1767 (Edition Duchesne). *Le Siège de Calais*, tragédie par M. de Belloy. (Paris, par les Comédiens Français ordinaires du Roi, 13 février 1765.) Paris, Duchesne, 1767. 8-YTH-16446 (Mitterrand)

D1769 (Edition Duchesne). *Le Siège de Calais*, tragédie par M. de Belloy. (Paris, par les Comédiens Français ordinaires du Roi, 13 février 1765.) Paris, Duchesne, 1769. 8-YTH-16465 (Mitterrand)

NE1778 (Nouvelle édition de 1778). *Le Siège de Calais*, tragédie par M. de Belloy. (Paris, par les Comédiens Français ordinaires du Roi, 13 février 1765.) Paris, Didot l'aîné, 1778. 8-RF-8005 (Richelieu)

OC1779 (Œuvres complètes de 1779). *Le Siège de Calais. Oeuvres Complètes*, t. II. Paris, Moutard, 1779. Z-20440 (Mitterrand)

D1787 (Edition Duchesne). *Le Siège de Calais*, tragédie par M. de Belloy. Paris, Duchesne, 1787. GD-22132 (Arsenal)

T1787 (Edition de Toulouse). *Le Siège de Calais*, tragédie en cinq actes et en vers... Nouvelle édition. Toulouse, Broulhiet, 1787. 8-RF-8007 (Arsenal)

OC1787 (Œuvres complètes de 1787). *Le Siège de Calais. Œuvres complettes de M. de Belloy*, t. 1. Paris, Cussac, 1787. 8-Z-15585 (1) (Mitterrand)

B1788 (Edition de Brunet). *Le Siège de Calais*, tragédie en cinq actes et en vers de M. de Belloy. Paris, Brunet, 1788. 8-RF-8008 (Richelieu)

PB1789 (Edition de Belin Petite bibliothèque des théâtres). *Le Siège de Calais*, tragédie...par M. de Belloy. (Paris, par les Comédiens Français ordinaires du Roi, 13 février 1765.) Paris, Belin (Petite bibliothèque des théâtres), 1789. YF-4949 (Mitterrand) ; 8-BL-13600 (Arsenal)

CD1789 (Chef d'œuvres de Belloy). *Le Siège de Calais*. Paris, La petite bibliothèque des théâtres), 1789. 8-RF-7977 (Richelieu)

CD1791 (Chef d'œuvres de Belloy). *Le Siège de Calais. Chef d'œuvres dramatiques de Belloy*, t. 1. Paris, Belin, 1791. 8-RF-7978 (Richelieu)

P1803 (Edition de Petitot). *Le Siège de Calais*, tragédie de de Belloy, représentée pour la première fois le 13 février 1765, avec un examen par M. Petitot. Répertoire du théâtre françáis, t. V (Paris, Perlet, 1803). YF-5200 (Mitterrand)

D1811 (Edition de Didot). *Le Siège de Calais*, in *Œuvres choisies de de Belloi* t.I (Paris : Didot, 1811). YF-4217, vol. 1 (Mitterrand)

M1813 (**Edition de Ménard**). *Le Siège de Calais*, tragédie, par de Belloy, représentée pour la première fois le 13 février 1765. Paris, Ménard et Raymond (Répertoire général du théâtre français, théâtre du 2e ordre), 1813. YF-5245 (Mitterrand)

M1817 (**Edition de Ménard**). *Le Siège de Calais*, tragédie, par de Belloy, représentée pour la première fois le 13 février 1765. Paris, Ménard et Raymond (Répertoire général du théâtre français, théâtre du 2e ordre), vol. 27, 1818. YF-5246 (Mitterrand)

P1817 (**Edition de Petitot**). *Le Siège de Calais*, tragédie de de Belloy, représentée pour la première fois le 13 février 1765. Paris, Petitot (Répertoire du théâtre français, t. V, tragédies), 1817. YF-5653 (Mitterrand)

N1818 (**Edition de Nicolle**). *Le Siège de Calais*, tragédie de de Belloy, représentée pour la première fois le 13 février 1765. Répertoire général du théâtre français composé des tragédies, comédies et drames des auteurs du premier et du second ordre, t. VI. Paris, Nicolle, 1818. YF-5391 (Mitterrand)

TC1821 (**Théâtre complet**). *Le Siège de Calais*, dans *Théâtre de de Belloy*, t. 1. *Théâtre français, répertoire complet*. Paris, Touquet, 1821. 8-REC-82 (Richelieu)

CD1822 (**Chefs-d'œuvre**). *Le Siège de Calais*, dans *Chefs d'œuvre dramatiques de de Belloy*. Répertoire du Théâtre français, 2e ordre, t. 26. Paris, Didot l'aîné, 1822. YF-5602 (Richelieu)

OC1822 (**Edition dans les Œuvres choisis de De Belloi**). *Le Siège de Calais*, tragédie, t. 1. Paris, Tournachon-Molin et H. Séguin, 1822. RSUPP-1868 (Richelieu)

D1826 (**Edition de Desauges**). *Le Siège de Calais*, tragédie par M. de Belloy. (Paris, par les Comédiens Français ordinaires du Roi, 13 février 1765.) Paris, Desauges (Répertoire dramatique), 1822. 8-YTH-16466 (Mitterrand)

B1828 (**Edition de Baudouin**). *Le Siège de Calais*, tragédie par M. de Belloy. *Oeuvres de Guimond Latouche, Lemierre, Saurin, Diderot, Rochon de Chabannes, de Belloy* (Répertoire du Théâtre français, t. 14). Paris, Baudouin, 1828. YF-5647 (Mitterrand)

OC1830 (**Œuvres choisis**). *Le Siège de Calais*. Dans *Œuvres choisis de de Belloi avec Notice préliminaire de L.-S. Auger*, vol. 1. Paris, Lecointe, 1830. YF-8248 (Mitterrand)

B-P1834 (**Edition de Bazouge-Pigoreau**). *Le Siège de Calais*, tragédie par M. de Belloi. Répertoire du théâtre français. Second ordre. Guimond de Latouche. Lemierre. Saurin. Diderot. Rochon de Chabannes. De Belloi, t. XXII. Paris, Bazouge-Pigoreau, 1834. YF-5636 (Mitterrand)

DF1843 (Edition de Didot frères). *Le Siège de Calais*, tragédie par M. de Belloi. Chefs-d'œuvre tragiques, t. 1. Paris, Didot frères, 1843-1845. YF-8586 (Mitterrand)

NE1879 (Nouvelle édition). *Le Siège de Calais*: tragédie en cinq actes: avec notice historique sur la prise de Calais, par de Belloy. Paris, Adolf Rion (collection *Les Bons livres*), 1879. 8-RF-8009 (Richelieu)

N1961 (Electronic Edition). *Le Siège de Calais:* tragédie, représentée pour la première fois le 13 février 1765 par de Belloy. Paris: INALF, 1961. Electronic edition of M1818 (répertoire du théâtre de second ordre, vol. 26, 1818).

P1974 (Edition de *La Pléiade*). *Le Siège de Calais*, dans *Théâtre du XVIIIe siècle*, édité par J. Truchet, Paris, Gallimard, Editions de la Pléiade, t. II, 1974.

Principles of this Edition

The number of times that *Le Siège de Calais* found its way to the press is testimony to the play's success during the second half of the eighteenth century, and then more sporadically, during the early nineteenth century. The goal of this edition is to transport the reader back to 1765 by providing the text that added to the 'bruit terrible' surrounding the first performance. In order to best capture this unique social context, the first printed version of *Le Siège de Calais* (**PE1765**), published by Duchesne in March 1765 and just several weeks after the play's stunning debut on 13 February, will serve as the main text for this edition. De Belloy's *Première édition*, in addition to being the first in circulation, provides readers with several paratexts, including the author's famous 'Preface', in which he claims to inaugurate a new and patriotic dramatic genre. De Belloy also included at the end of this edition a long dissertation on the historical underpinnings of his plot — a close reading of Froissart's *Chroniques* that also served as a pre-emptive strike against critics who viewed the play as an inaccurate depiction of the actual fourteenth-century event.

These additional texts, and especially de Belloy's call-to-arms in his preface, are not mere 'add-ons' to the play but rather essential components of the 'theatrical event' caused by *Le Siège de Calais* in 1765. This edition appeared in Parisian bookshops while the tragedy was still on stage at the Comédie-Française; critics at the time responded to de Belloy's bold and polemical claims in his preface as often as they critiqued the words and actions of his characters. By including both the play and the 'extras', we have thus attempted to show readers how de Belloy hoisted himself up on a pedestal as a friend to the crown and inventor of an entirely new type of theatre.

Le Siège de Calais was published numerous times but with very few substantial changes to the original 1765 text. Even so, the present edition includes any significant divergences from **PE1765** that can be found in subsequent editions. This edition also indicates those points where the main text (**PE1765**) differs from the 1765 manuscript, used by the actors at the Comédie-Française as a *texte du souffleur* (**M1765**), presumably starting with the play's premiere. Several textual divergences will strike the reader as important. In the manuscript, the following lines from Act I, scene ii are blocked out: 'ALIÉNOR: *et nos rangs écrasés par ses feux renaissants/ne sont qu'un long monceau de cadavres fumants/Sur les restes épars de ce vaste carnage/le glaive a de la flamme achevé le ravage*'. Is this evidence that somebody thought Aliénor's violent lines were too audacious for a female character ? Or, was this a purely aesthetic cut by an actor or by de Belloy himself? Or, were Aliénor's words erased much later, for instance, during the Revolution, for the several performances in Paris in 1790 and 1791. Readers will have to decide for themselves why these lines were probably not read at some point during the play's performance history.

Even more intriguing is the difference between the endings of the play in the manuscript and the first printed edition. In **PE1765** and in our edition, Aliénor proclaims the final lines of the play. Interestingly, these lines are blocked out in the manuscript (V. 7):

> ALIÉNOR *à Edouard*.
> Grand prince, avec mon roi que de nœuds vous rassemblent !
> Le ciel fit pour s'aimer les cœurs qui se ressemblent.
> Ah ! De l'humanité rétablissez les droits !
> À l'Europe, tous deux, faites chérir ses lois ;
> Que, par vous, des vertus cette Mère féconde,
> Soit la Reine des Rois, et l'Oracle du Monde !

Aliénor's emotional praise of humanity's triumph and of Edward's turn toward reason was not performed at some point during the play's time at the Comédie-Française. For some reason, the actors at the theatre did not want to finish the play on a reconciliatory note, and instead, concluded with (V. 7) :

> SAINT-PIERRE.
> Seigneur, par vos vertus attendez des Français
> Respect, estime, amour, et non de tels regrets.
> Daignez, en ce moment, recevoir notre hommage.
> L'honneur d'un beau trépas a flatté mon courage ;
> Mais je vais vous devoir le bien de mon pays.
> Ma vie est un présent qui m'est doux à ce prix.

No interpretation is watertight; we simply do not know now what actors, de Belloy or government officials wished to accomplish either in 1765 or later, for instance, at the several performances during the early years of the Revolution. Saint-Pierre's words are indeed more patriotic and less diplomatic than Aliénor's pan-European plea. Moreover, it is possible that, if the alteration occurred at the time of the premiere, de Belloy did not want to give the final words of his play to the only truly fictional character in the story. The fact that Aliénor's final lines return to every single subsequent version of the play, however, casts doubt on de Belloy's meddling: why would he have had anything to do with a decision that was apparently reversed in every single subsequent edition? It is therefore possible that the omission was the result of censorship under the Revolution, or of Mlle Clairon's or another actor's isolated use of poetic license in 1765.

The 1789 version of *Le Siège de Calais* (**PB1789**), an edition that appeared during a very patriotic year that saw nine performances of de Belloy's play, includes several changes to the Duchesne edition. The *Œuvres choisies de la Petite Bibliothèque*, which also includes plays by Voltaire, Crébillon *père* and Bernard-Joseph Saurin, is the first edition to our knowledge that increases the scope and quantity of stage directions for the play. We have included these directions as footnotes in this edition so that readers get a glimpse of how performances of the play could have changed over time. Students of performance history will perhaps enjoy the evidence of how stage directors sought to normalize acting in *Le Siège de Calais*, with the goal of recreating performance experiences in the same manner across France (particularly in the provinces) and Europe. In the 1789 edition, actors are told explicitly to 'parlent à' somebody directly or 'interrupt' at precise moments instead of just rely on their own decisions of how to interpret the part. It is possible that this harmonizing effort stemmed from a desire to limit direct exchanges between actors and spectators (the actors are supposed to 'parlent à' other characters and not speak directly toward to crowd). Extrapolating from this slight textual addition, it is plausible that stage directors sought to form an increasingly coherent 'fourth wall' with the help of clear indications for the actors.

The changes in the 1789 edition are not just quantitative but also qualitative. For example, in act II, scene 4, Mauni is given the deed to announce Edward's treacherous decision that the Calaisians are going to die. In the original 1765 version of the text, Mauni's lines are accompanied by the direction: '*sans dureté*'. In 1789, that sombre declaration is made '*avec embarras*'. Mauni, the 'sentimental General', has by 1789 become even more emotional — or even — emotionally different compared to 1765. By 1789, Mauni doubts his monarch's decision as early as act II — with *embarras*, he knows that his actions are contrary to his gentle nature; whereas in 1765, his doubt in Edward's decisions only manifests during the final act of the play when he questions Edward's decision to kill the bourgeois after Valois refuses to face the English monarch on the battlefield.

In 1779, Moutard's editors released what was supposed to be a 'definitive' version of *Le Siège de Calais* when they published the *Œuvres complètes de M. de Belloy*. The changes to the text are slight but we have nonetheless indicated where **OC1779** differs from **PE1765**. The 1779 edition included all of de Belloy's works and it was perhaps the editor's intention (de Belloy had recently died in 1775) that this version of the text might serve as the final say on the legacy of *Le Siège* *de Calais* and of its author, who had been elected to the *Académie française* several years earlier. By 1779, however, de Belloy's tragedy was past its prime; never again would *Le Siège de Calais* enjoy the popularity of its original 1765 run at the Comédie-Française. For this reason — to show how de Belloy's play was a powerful public event and not just a moment in the *literary* continuum of one man's career — we have decided to present readers with the original incendiary text of March 1765. The *Première édition*, with its audacious preface and its justificatory historical notes was, above any other, de Belloy's attempt at providing France with its 'première tragédie nationale'. But also, this edition makes clear that de Belloy's desire to heal the whole country after its crushing defeat in the Seven Years' War was also a means to secure a professional future in the Republic of Letters through earning the graces of France's political establishment.

The spelling and syntax of all printed materials have been 'modernised' with the hopes of rendering this edition more readable for a twenty-first century audience. All citations from manuscript sources, however, have been left in their original forms.

INTRODUCTION

The premiere of *Le Siège de Calais*, France's putative 'première tragédie nationale', prompted this reaction from the *philosophe* and literary critic, Melchior Grimm:

> Un orage imprévu éclate presque aussitôt qu'il se forme : une catastrophe subite porte la combustion dans le parterre, dans les loges, dans la salle entière ; et, après avoir fait lever brusquement le *Siège de Calais*, ce feu se répand en dehors de proche en proche avec la même rapidité, se glisse dans tous les cercles, gagne tous les soupers, et communique à tous les esprits une chaleur qui produit un incendie universel : tel, au dire des poètes auvergnats et limousins, le nocher, trompé par un calme profond, se trouve assailli par la tempête sans même en avoir soupçonné les approches.[1]

Le Siège de Calais, Pierre-Laurent de Belloy's tragedy about French bravery during the Hundred Years' War, rolled into Paris like a storm. Despite criticism from Grimm, Diderot and other famous *philosophes*, *Le Siège de Calais* was a blockbuster on the stage and among readers of the print version, published just weeks after the February 1765 premiere. Elie-Catherine Fréron, the anti-*philosophe* editor of the *Année littéraire*, praised the play as 'unique dans les fastes du théâtre', and attested that 'jamais tragédie n'a excité dans la nation un enthousiasme aussi vif'.[2] Even intellectual enemies like Grimm and Fréron could agree that de Belloy's *Le Siège de Calais* was an unprecedented *public* event.

De Belloy's play was soon performed all over France and Europe — from Bordeaux to Nancy to Maastricht; it was the first play to be printed in a French colony (Saint-Domingue),[3] and it earned its author the *médaille royale* for dramatists — a prize that Louis XV created for de Belloy and that nobody ever won thereafter. In its own time, the immense success of *Le Siège de Calais* both on the French stage and among readers is a fact that alone justifies a new look at de Belloy's tragedy today.

The play, however, offers more than a glimpse into early-modern French tastes, literary norms and theatrical modes. Appearing just two years after the Seven Years' War with Great Britain and other European foes (1756–1763) and representing many important sociopolitical and dramatic tensions of the time,

---

1. Melchior Grimm, Diderot, Raynal, Meister, etc. *Correspondance littéraire, philosophique et critique*, vi (March 1765) (Paris: Garnier Frères, 1878), p. 256.
2. Clarence Brenner, *Histoire nationale dans la tragédie française du XVIIIe siècle* (Berkeley, CA: University of California Press, 1929), p. 260.
3. *Le Siège de Calais, tragédie par M. de Belloy, représentée au Cap-Français pour la première fois le 7 juillet 1765* (Cap-Français, Saint-Domingue [Haïti]: chez Marie, 1765). Arsenal : GD-23908 (see *intra.*, **SD1765** in 'List of Editions').

Le Siège de Calais marks a confluence of art and politics that energized spectators and altered critical discourses. The atmosphere at the theatre and in literary circles provoked by de Belloy's tragedy indicates that eighteenth-century French men and women enjoyed a radically different relationship with drama when compared to the experience of today's readers and spectators of plays.

Le Siège de Calais was a popular event that subjected spectators and readers to various, and at times contradictory, strands of French patriotism. Due to the play's strong governmental support and paradoxically 'democratic' denouement (where, as we shall see, bourgeois characters achieve a successful resolution with little help from their rulers), *Le Siège de Calais* was an ambiguous site on which government propaganda, new ideas on dramatic form and individual agency and innovative reflections on public taste converged. Close analysis of the play and of its contested reception in eighteenth-century France reveals that *Le Siège de Calais* both questioned and confirmed the political and theatrical status quos during the twilight of the *Ancien régime*.

De Belloy's play was an important cultural event at the time but has since garnered little attention from scholars and theatre professionals. Despite its irrefutable success during the second half of the eighteenth century,[1] *Le Siège de Calais* has not been performed since 1814 and it knows no modern edition, save for its inclusion in Jacques Truchet's anthology of *Théâtre du XVIIIe siècle*.[2] Before Truchet's volume, which briefly introduces the tragedy and is now out of print, *Le Siège de Calais* had not been published since Adolf Rion's 1879 edition.[3] Since the French Revolution, the popularity of *Le Siège de Calais* has indeed eclipsed, owing to the play's overt monarchical stance and to the sheer demise of tragedy as a popular literary genre during the nineteenth century.

I contend that *Le Siège de Calais* warrants a fresh look from a holistic perspective. De Belloy offers complex representations of French political history and patriotic sentiment; he employs both previous theatrical sources and dramatic invention in his tragedy. The insights that can be gained from the play also are revealed in a host of ancillary texts: the dozens of letters, parodies, critiques and pamphlets that helped generate the tremendous 'bruit public' described by various eighteenth-century political and literary personalities. This

---

1. According to J.-P. Perchellet's doctoral thesis, de Belloy's *Le Siège de Calais* makes the list as one of the top 30 most performed plays from the period with 31 total performances. This number is even more impressive when we take into account that, as we shall see, political reasons prevented the staging of de Belloy's tragedy during and directly after the Revolution. See Perchellet, *L'Héritage classique: la tragédie entre 1680 et 1814*, (Université Paris III, 1998) p. 124). Cited in Jean Goldzink's introduction to a collection of Voltaire's public successes (*Zaïre, Mahomet, Nanine, L'Ecossaise*) (Paris: Flammarion, 2004), p. 9.
2. In *Théâtre du XVIIIe siècle*, II (Paris: Gallimard [Pléiade], 1973).
3. *Le Siège de Calais: tragédie en cinq actes: avec notice historique sur la prise de Calais, par de Belloy* (Paris: Adolf Rion, collection *Les Bons livres*, 1879). Richelieu : 8-RF-8009.

corpus of 'paratexts' was an essential component of de Belloy's theatrical event, which is why this edition of the play provides readers with a selection of the texts that accompanied and influenced the publication and performances of *Le Siège de Calais*. By publishing the play, variants to the script, spectator reactions and critical analysis of the tragedy from the time and from today, this edition takes into account the play's relationship with other theatre productions and discourses on patriotism and shows how de Belloy navigated the political minefields of eighteenth-century France to assert his play as one of the most important theatrical events of the period.

My goal in this introduction to de Belloy's *Le Siège de Calais* is to help readers understand the tragedy on its own terms by providing today's culturally and temporally removed audience with the necessary background information on the genesis, execution and critical aftermath of the play. This analysis reveals the specificities inherent to the tragedy and traces the 'bruit public' that characterized the play's creation and reception. *Le Siège de Calais*, as we shall see, was a political, social and artistic moment that would *faire date* in the years leading up to the French Revolution.

De Belloy's Path to Stardom

Pierre-Laurent de Belloy, *né* Pierre-Laurent de Buirette and also called at times Dormont de Belloy (1727-1775), was born into a successful family of notaries from the Cantal region. Buirette's father died when Pierre-Laurent was five and the boy was put into the care of his uncle, who sent him to the prestigious Collège Mazarin to complete his studies in preparation for a career in law. According to several biographers,[1] the young Buirette diverged from his family's plan, and in typical eighteenth-century fashion (*à la* Voltaire, for example), he spurned the legal trade to seek a career as a tragic dramatist, France's most noble artistic calling.

Buirette first found employment as an actor and writer in Holland, in the Duchy of Brunswick, and then, at the Prussian court of Frederick the Great in Berlin. Little is known about his life during the late 1750s when he travelled between Prussia and Paris, working on an early draft of what would later become

---

1. For more information on de Belloy's biography, see Charles Collé, *Journal historique ou Mémoires critiques et littéraires sur les ouvrages dramatiques et sur les événements les plus mémorables, depuis 1748 jusqu'en 1772* (*Journal*) (Paris: Imprimerie bibliographique, 1807), esp. February 1765, pp. 164-68; Gabriel-Henri Gaillard, 'Vie de M. de Belloy, écrite par un homme de lettres, son ami', in Pierre de Belloy, *Oeuvres complètes*, 1, (Paris: Moutard, 1779); 'Le Siège de Calais' in Jean-Marie Bernard Clément and Joseph de la Porte, *Anecdotes dramatiques*, II (Paris: Duchesne, 1775), pp. 170-71; Alexis-François Artaud de Montor, 'De Belloy', in the *Encyclopédie des Gens du Monde, Répertoire universel des sciences, des lettres et des Arts*, III (Paris: Truettel and Würtz, 1834), pp. 293-95.

his first tragedy, *Titus*. Buirette's uncle, far from impressed by his nephew's theatrical career, implored Buirette to return to France and take up the family legal practice. Sometime during the late 1750s, Buirette's refusal to return prompted his uncle to convince the king to issue a *lettre de cachet*, stipulating that Buirette had to either follow his family's wishes or face prison time in France. With the possibility of pursuing his artistic passions in his home country thus diminished, Buirette changed his name to Dormont de Belloy (a fictitious family name he would use until his death) and left for Russia and other 'northern courts'.[1] According to de Belloy's friend and biographer, Gabriel-Henri Gaillard, the young artist viewed this decision as a complete rupture with his former life in France. De Belloy, writes Gaillard, 'voulut épargner le désagrément à sa famille', which is why he supposedly pleaded with them to 'l'oublier et de le mettre au rang des morts'.[2]

De Belloy joined one of Russia's French-language theatre troupes, probably organized by Charles de Sérigny, a French diplomat who directed several troupes in Saint Petersburg starting in 1741.[3] Sérigny's troupe, like other French-speaking theatre troupes, was a loosely organized group that travelled among European cities to entertain monarchs and other wealthy members of the international, Francophone nobility.[4] De Belloy spent the better part of a decade writing and performing for the Empress Elizabeth's Francophone theatre in Saint Petersburg. Several reports indicate that he wrote songs and accompaniments to court ceremonies but very little is known about the exact nature of de Belloy's work in Russia or in other 'pays du nord'.[5] His biographers tend to mention nothing about this period, choosing instead to emphasize de Belloy's desire to return to France and to hyperbolize his feelings of betrayal in serving foreign princes and princesses instead of his own country. According to Gaillard, 'il passa plusieurs années à la Cour de Pétersbourg sous le règne de l'Impératrice Elisabeth [...] mais il n'aimait que la France, il ne voyait que la France'.[6] While de Belloy was successful abroad (his biographers indicate that he was financially if not 'morally'

---

1. Piotr Zaborov provides an account de Belloy's life during the late 1750s in 'Pierre-Laurent de Belloy et la Russie', in *Le Siècle de Voltaire, hommage à René Pomeau*, II (Christiane Mervaud and Sylvain Menant, eds) (Oxford: Voltaire Foundation, 1987), pp. 983-89.
2. Gaillard, 'Vie de M. de Belloy', p. 11.
3. Zaborov, p. 984.
4. For more information on the French-speaking theatre of Russian courts during the eighteenth century, see Alexeï Evstratov, *Le théâtre francophone à Saint-Pétersbourg sous le règne de Catherine II (1762-1796): Organisation, circulation et symboliques des spectacles dramatiques* (PhD Thesis, Université Paris-Sorbonne, 2012).
5. Zaborov, even after an extensive analysis of court documents in Saint-Petersburg, admits that 'nous ne savons pas grande chose sur son activité au cours de cette période', only mentioning that during this time, de Belloy wrote small musical numbers for a variety of holidays and *fêtes* at Elizabeth's court ('Pierre-Laurent de Belloy et la Russie', pp. 984-85).
6. *Ibid.*, pp. 15-16.

successful), a triumphant return to France was always in his sights, for 'loin de son pays, il ne travaillait que pour y rentrer avec gloire'.¹ But a triumphant return to France would prove much more arduous than de Belloy imagined.

In 1758, de Belloy made his first attempt at repatriation. With the tragedy *Titus* now finished and in his pocket and a new name he thought nobody would recognize, the young dramatist made a few (perhaps secret, owing to his family troubles) trips to Paris, where he hoped to convince the actors at the Comédie-Française to stage his play. According to Gaillard and to other sources,² de Belloy was the victim of a *cabale*, organized by his own uncle, who was alerted to his nephew's plan by a government official. De Belloy's uncle threatened the actors at the Comédie-Française with legal intervention if they agreed to perform the play and then, supposedly, the uncle tried to bribe them. Upon hearing that the actors had refused his financial incentives, he decided to pay spectators to jeer *Titus* at the premiere. Whether or not the intervention by de Belloy's uncle was true is less important than the implicit ultimatum for de Belloy: either he could come back into the family legal practice or continue to write for the theatre and spend the rest of his days in prison or abroad.³

Over the next few years, de Belloy moved clandestinely between Russia — where he mitigated loneliness with financial gain and artistic success — and Paris — where he wanted desperately to achieve greatness. In 1762, de Belloy's problems were abruptly resolved when his uncle died, and upon hearing the news the playwright moved to Paris to dedicate himself to the capital's stage. *Zelmire*, a 'pièce merveilleuse', was de Belloy's next attempt at the Comédie-Française. The play was well received by critics; one even wrote that *Zelmire* 'a eu beaucoup de succès. C'est un sujet d'invention, mais extrêmement bien tissu, bien conduit et même neuf'.⁴ De Belloy's play was performed twice at the Comédie-Française during the 1760s before it found modest success in Brussels (seven performances during the 1760s and 1770s) and Toulouse (five performances during the 1780s), as well as in revolutionary and post-revolutionary Paris (nine performances in 1791; four in 1792; seven in 1796; seven in 1798).⁵

According to Gaillard, *Le Siège de Calais*, de Belloy's next tragedy, originated in a conversation between the author and the Maréchal de Duras, *Premier*

---

1. 'De Belloy', in *L'Encylopédie des Gens du Monde*, p. 293.
2. See, for example, L.S. Auger, 'Notice préliminaire', in *Œuvres choisies de de Belloy* (Paris, Didot, 1811), pp. v–xiv; see also 'De Belloy' in *Encyclopédie des Gens du Monde, Répertoire universel des sciences, des lettres et des Arts*, pp. 293–94.
3. For more information on the *Titus* affair, see Gaillard, 'Vie de M. de Belloy', pp. 17–19 and Collé, *Journal*, II (February 1765), pp. 165–66.
4. Antoine de Léris, *Dictionnaire portatif historique et littéraire des théâtres* (Paris: Jombert, 1763), p. 459.
5. For more information on *Zelmire* and its performance history in eighteenth-century France, consult the *Calendrier électronique des spectacles sous l'Ancien régime et sous la Révolution* (*CESAR*) database, at http://www.cesar.org.uk

Gentilhomme de la chambre du Roi and director of the Comédie-Française. De Belloy began work on *Le Siège de Calais* in 1763, soon after the disastrous end to the Seven Years' War and the signing of the Treaty of Paris, which transferred large territories of France's colonial empire to Britain and Spain. *Le Siège de Calais* debuted in February 1765, in the wake of this defeat and, as we shall see, it was initially well received by spectators, critics and governmental officials alike. The patriotic tragedy forever changed de Belloy's personal and theatrical trajectories and from that point on, 'M. de Belloy se consacra, par goût et par reconnaissance, aux sujets français [...] il regardait les Français comme incontestablement supérieurs à tous les autres peuples'.[1]

With the social and artistic mission of glorifying 'French superiority', de Belloy launched other 'projets nationaux', writing *Gaston & Bayard*, a tragedy depicting the battles of the French *chevalerie*, in 1769, and *Gabrielle de Vergy*, a tragedy based on an eerie twelfth-century legend, in 1770.[2] *Gaston & Bayard* was a modest success during de Belloy's own time; the patriotic sentimentality of the play was often compared with praise to de Belloy's earlier efforts in *Le Siège de Calais*. For example, in her *Lettres à Condorcet*, Julie de Lespinasse writes that *Gaston & Bayard* had 'presque le même succès que le Siège de Calais. Ce qu'il y a de bon, c'est que tous les gens qui ont l'âme un peu élevée y pleurent à chaudes larmes'.[3]

De Belloy's next play, *Gabrielle de Vergy*, was not performed until after the author's death; it nonetheless went on to be one of his most performed plays during the nineteenth century.[4] With several tragedies under his belt, de Belloy was elected in January 1772 to the Académie française, France's highest recognition for an *homme de lettres*. In his election speech, de Belloy contends that the Académie's decision to include him rested solely on his 'invention' of a new patriotic genre. In the following passage, de Belloy asserts his own merits by attacking foreigners and doubters of France's 'new' type of theatre:

> Que vos mains courageuses repoussent des hommes dangereux et insensés, ardents à introduire parmi nous cette servile imitation des mœurs étrangères qui dégrade une Nation. Et si jamais une partie de ce Peuple magnanime pouvait dégénérer d'elle-même et de ses Aïeux ; que l'autre par les plaintes les plus touchantes, par des leçons hardies, et surtout par ses exemples, excite en

---

1. Gaillard, 'Vie de M. de Belloy', p. 40.
2. De Belloy recounts the story of the sire de Coucy, who allegedly ordered that, upon his death, his heart should be taken to the woman he loves (Gabrielle de Vergy). The plan backfires; Gabrielle's jealous husband makes her unknowingly eat the heart, and at the end of the play, she vows to never eat again until she dies of hunger.
3. Julie de Lespinasse, 'Lettre IX' (4 May 1771), in *Lettres à Condorcet*. Reprinted in Anne Coudreuse, *Le refus du pathos au XVIIIe siècle* (Paris: Champion, 2001), p. 18.
4. *Gabrielle de Vergy* was still a successful play in the repertoire of the Comédie-Française until 1842. For more details on nineteenth-century performances of *Gabrielle de Vergy* and other plays by de Belloy, see A. Joannidès. *La Comédie-Française de 1680 à 1900, dictionnaire général des pièces et des auteurs* (Paris, 1901) (Geneva: Slatkine Reprints, 1970).

elle les reproches secrets, les gémissements de l'Honneur, et la pénètre de cette honte salutaire qui produit la crise heureuse dont l'effort ranime et régénère la Vertu.[1]

De Belloy was a self-proclaimed proponent of virtue and patriotism — two concepts that the author describes as necessary to both his *œuvre* and to the political, social and military survival of France.

De Belloy had secured his place in the French Republic of Letters. The dramatist's finances, however, were deteriorating rapidly. To make a modest income he began to write historical anecdotes, which were published quickly but were harshly condemned by other *académiciens*. Then, without waiting for its first performance (it was usual for plays to be staged then printed), de Belloy published *Pierre le cruel*, a play about Peter of Castile's relationship with the Black Prince (the son of Edward III of England). The play premiered at the Comédie-Française in May 1772 and it was laughed off the stage after one performance. Collé summarizes the fate of the play in his *Journal*:

> J'entendis dire que cette pièce avait été sifflée outrageusement. Elle était affichée pour le samedi suivant ; mais M. de Belloy l'a retirée sagement […]. Des gens sensés qui ont vu cette représentation sont convenus que le parterre était orageux ; mais ils pensent que sa chute est méritée ; ils disent que cette tragédie est absolument sans intérêt, à force d'être divisée entre plusieurs personnages, dont quelques uns sont inutiles, et que les détails en sont d'une longueur insoutenable.[2]

Convinced he was the victim of a paid *cabale* of Parisian spectators, de Belloy blamed the parterre — a typical rhetorical strategy employed by unsuccessful dramatic authors.[3] Nonetheless, Clément and La Porte, either supporting de Belloy's conspiracy theory or merely showing the difference in dramatic preferences between Paris and the provinces, report in their *Anecdotes dramatiques* that spectators in Rouen, contrary to those in Paris, enjoyed *Pierre le cruel* without any hesitation:

> L'Entrepreneur des Spectacles de Rouen, M. Crevillard, pour venger cette Tragédie du peu de succès qu'elle avait eu à Paris, la fit représenter sur son Théâtre, où elle réussit parfaitement pendant trois représentations consécutives. En conséquence, M. Crevillard fit insérer dans le Mercure une lettre où il en rend compte : « Tout le monde, dit-il, est convaincu à Rouen, que *Pierre le Cruel* n'a pas été entendu à Paris, puisqu'il n'a pas réussi avec le

---

1. *Discours prononcés dans l'Académie française, 9 janvier, 1772, à la réception de M. De Belloi* (Paris: Regnard et Demonville, 1772), p. 28. Mitterrand: X-4826.
2. Collé, *Journal*, III, pp. 580-81.
3. According to the editors of de Belloy's *Oeuvres complètes*, the author wrote an anonymous letter in the *Journal encyclopédique* expressing his dismay at the Paris premiere and justifying some of the scenes that failed to please spectators during the performance (see *OC*, V, pp. 231-32).

> plus grand éclat. Il ajoutait, que dans une ville où est né le grand Corneille, & où son génie a laissé des traces profondes, les Tragédies de M. de Belloy sont au nombre de celles que le Public de Rouen voit le plus souvent & avec le plus de plaisir, ainsi que ces livres de recette en font foi ».[1]

It is difficult to say whether or not de Belloy's last play was 'good' or 'bad', but the evidence suggests that for whatever reason, Parisians did not take to the author's dark portrayal of deceit and betrayal among European monarchs. Whatever possible *cabale* hindered the play's debut in 1772 would have been disbanded a few months or years later; Pierre le cruel, however, never saw another performance at the Comédie-Française or any other Parisian theatre.

The controversy surrounding *Pierre le cruel* marked the beginning of the end for de Belloy's career and physical condition. Even though de Belloy's health had been spiraling downward ever since his time in Russia, according to his biographer, the author was never the same after the play's premiere:

> Le climat rigoureux de la Russie avait jeté dans son sein, avant le temps, des principes de destruction & de mort. C'était au milieu des langueurs & des souffrances qu'il avait composé ses meilleurs ouvrages : c'était dans un corps infirme & succombant sous le poids des maux, qu'habitait cette âme vigoureuse, qui élevait les autres âmes à sa hauteur, qui réveillait au fond des cours le patriotisme assoupi [...][2]

France's putative inventor of patriotic drama finally succumbed to sickness and died on 5 March 1775 at the age of 47, leaving behind a small but relatively popular dramatic *oeuvre*. De Belloy was the author of six tragedies — all of which were published widely across Europe and performed at least once at the Comédie-Française.[3] His reputation, however, will always remain linked to his most famous work, *Le Siège de Calais*, a play which, like de Belloy's career, evades facile classification into strict aesthetic or political ideological categories. Similarly to his most celebrated play, de Belloy can be remembered for his independence — for his refusal to attach himself to any 'parti':

> M. de Belloy ne les [les partis] ménageait, ni les bravait : mécontent des uns, sollicité par les autres, estimé de tous, il les rejetait tous : il disait avec fermeté aux Apôtres intolérants de la tolérance [...] Il disait aux perfides ennemis des Lettres : « Vous avez beau faire, je ne calomnierai point la Philosophie, & ne persécuterai point les Philosophes ».[4]

---

1. Clément and La Port, *Anecdotes dramatiques*, II, p. 71.
2. Gaillard, 'Vie de M. de Belloy', p. 46.
3. De Belloy's dramatic works (*Titus*, 1759; *Zelmire*, 1762; *Le Siège de Calais*, 1765; *Gaston et Bayard*, 1771; *Pierre le cruel*, 1772; and *Gabrielle de Vergy*, 1777) were published not only in France, but also in London, Vienna, Brussels, Dresden, Liège and other cities.
4. Gaillard, 'Vie de M. de Belloy', p. 59.

There is another side to de Belloy's individual spirit. The author's eagerness to claim autonomy also is indicative of his inability to obtain any legitimacy among the factions inside the Republic of Letters. As we shall see, the author was not quite as pleasant to the *philosophes* as he declares; nor could he ever be construed as an anti-*philosophe* or a religious zealot. De Belloy was on the outskirts of the major intellectual clans in eighteenth-century France and remains a largely unfamiliar figure today. Nevertheless, de Belloy was an irrefutable *public* star in the wake of *Le Siège de Calais*. Continued analysis of the tragedy demonstrates how the author achieved celebrity following the premiere of his play in 1765. As we shall see, de Belloy walked a fine line between imitation and innovation to construct this unique theatrical event.

A Medieval Event in Post-War France

Le Siège de Calais presents the bombardment and subsequent occupation of Calais by the English King Edward III and his army during the Hundred Years' War (1337-1453). By imparting a story of English aggression, de Belloy hoped to connect with audience members who, in 1765, had just witnessed their own share of violence with the Seven Years' War. The author's unique vision of patriotism tapped into the post-war consciousness by representing a new bourgeois intellectual agency, an emotional family-based intrigue and a clear defense of the French monarchy, which was nervous about its recent defeat to Britain and to other powers and eager to reaffirm the legal underpinnings of its sovereignty through the Salic Law.[1]

Act I opens with a description of Calais, the often-contested city in northern France. Edward and his English forces have brought the city to its knees through bombardment and starvation lasting over six months. Despite local efforts, Calais is in a desperate state and on the verge of collapse; its inhabitants are ready to surrender to the English. Early in the play, Eustache Saint-Pierre, the mayor and bourgeois hero, oscillates between what he views as a natural, French patriotic instinct, his 'vive flamme' for the country (I. 1), and his anguish at having a son lost in battle and feared dead. Visibly moved at the end of a long first scene, Saint-Pierre hesitates between his desire to call off the Calaisian rebellion, thus surrendering to Edward's English forces, and a patriotic drive urging him to continue and fight.

During the first act, several characters confirm that they last saw Saint-Pierre's son, Aurèle, wounded on the battlefield; Saint-Pierre assumes the worst and thinks his son dead. At this point in the play, de Belloy presents his audience with an emotional dilemma between patriotism and familial love. At first, it seems as if the author polarizes patriotism and family duty by showing that defending one's

---

1. The Salic Law refers to the Frankish rules for agnatic royal ascension that denied women and unrecognized male children from taking the throne.

country often comes at the demise of one's family. But towards the end of the first act, de Belloy changes gears by conflating the two motivations. Choosing patriotism as a means of mitigating his grief, Saint-Pierre unites, rather than separates, his personal and public goals. This psychological process combines private family obligations with France's public policy — a difficult sublimation that de Belloy hoped would strike a chord with spectators and readers who had recently faced tough wartime sacrifices. At the end of act one, for example, the fate of Saint-Pierre's son is the same as his country's:

> SAINT-PIERRE.
> Ô mon pays !
> Quand je t'aurai sauvé, je pleurerai mon fils !
> Amour de la patrie, ô pure et vive flamme,
> Toi, mère des vertus ; toi l'âme de mon âme,
> Rallume dans mon sein tes transports généreux ;
> Que mes pleurs paternels soient séchés par tes feux.
> C'est mon pays, mon roi, la France qui m'appelle,
> Et non le sang d'un fils qui dut mourir pour elle ...
> Courez à nos remparts, allez tout éclaircir.

One emotion trades places with another, as patriotic fervour ('feux') replaces the despair of losing a son in battle. Duty to France ('c'est mon pays, mon roi, la France qui m'appelle') surpasses local concerns (his family) as Saint-Pierre finds solace in the mission of rescuing his city and State.

As the play progresses, the spectator learns that the Comte de Vienne's French forces — a last bastion of support against Edward — have been beaten by English soldiers. Throughout the play, each bit of bad news is allayed with some good, and vice versa. Aliénor, the Comte's daughter, arrives in act I, scene 3 with word that Saint-Pierre's son is indeed alive but that Edward is ready to burn Calais to the ground unless the city's elected leaders — Saint-Pierre and his cohort — swear their allegiance to the English crown.

During the rest of act I, Saint-Pierre, Aliénor, Aurèle, Amblétuse (Saint-Pierre's rustic associate) and the other *bourgeois calaisiens* debate whether or not they should surrender to Edward or 'chasser de nos bords ce vaillant insulaire' (Aurèle, I. 6). Significantly outnumbered and faced with a city on the verge of destruction, Saint-Pierre makes a moving concession speech late in the first act (I. 6):

> Demeure ... ô mes amis ! C'est le ciel qui m'inspire,
> Vous vivrez. J'ai sauvé des héros que j'admire.
> Au monarque, à l'état, conservez vos grands cœurs...
>
> À *Aliénor*.
> Déclarons à l'Anglais vos projets destructeurs ;
> Offrons d'y renoncer, de lui rendre la ville,
> Et l'or, et ces dépôts de richesse inutile,
> S'il nous laisse partir, guerriers, femmes, enfants [...].

The English monarch accepts the city's surrender with an important condition: Edward will only spare Calais if Saint-Pierre and his municipal staff agree to walk the gallows as punishment for all the citizens' insolence. Now the fates of Calais and Saint-Pierre are united as one.

Act II presents the audience with Comte Harcourt, a French noble who has decided to fight alongside Edward and against his countrymen. But after hearing that he was responsible for his own brother's death and learning about the Calaisians' bravery in the face of defeat, Harcourt declares his attachment to his homeland, proclaiming: 'plus je vis d'étrangers, plus j'aimai ma patrie' (II. 3). But Harcourt's reversal comes too late: Saint-Pierre and the other *bourgeois* dismiss him as a traitor and Aliénor, whom he had been destined to marry, repudiates him.

Adding a layer of complexity to his character composition, de Belloy refuses to always contrast good French characters with their evil English counterparts. The author draws a distinction between Harcourt, a local traitor, and Mauni, a reasonable and compassionate English general with a kind streak for Calais. In act II, scene 5, Mauni cannot help but shed tears when Amblétuse exclaims: 'Ce n'est point à mourir que la gloire convie,/ C'est à rendre sa mort utile à sa patrie'. For the first time in the play, Mauni questions his monarch's punishment of Saint-Pierre and his municipal staff. Mauni pleads with his new Calaisian friends to renounce their overt support of Philippe de Valois, the French monarch. But the citizens of Calais are resolute; act II concludes with a patriotic agreement among Aliénor, Saint-Pierre and the rest of the group that they will not save themselves if it means renouncing their allegiance to France and its Salic law of royal ascension, which, in prohibiting matrilineal succession, means that Edward has no legitimate grounds for claiming the French throne (II. 5).[1]

In act III, the audience finally meets Edward, the English monarch, who has arrived at Calais with the hopes of quelling the rebellion, taking over the city and winning the respect of the its citizens. This is when de Belloy proffers his brand of emotionally charged, egalitarian patriotism. In III. 3, Aurèle and Saint-Pierre speak defiantly to the king after Edward claims legitimacy for the French crown:

EDOUARD.
Perfides ! Qui longtemps illustrés par vos crimes,
Outragiez le vainqueur et le roi des Français ...

---

1. Edward's 'legitimacy' argument hinges upon the debate over his ancestor, Eleanor of Aquitaine. Eleanor served as both queen of England and France. Edward is issued from the Plantagenet family, Eleanor's 'English' family, and thought this granted him the original sovereignty over the French land. The Calaisians, defending the Salic Law, obviously do not view Edward's claim as legitimate.

       AURÈLE, *l'interrompant.*
Vous leur roi ?

      SAINT-PIERRE, *à son fils.*
   Titre vain, sans l'aveu des sujets !
À Edouard.
Aux pieds de mon vainqueur j'apporte ici ma tête.

Edward may have won a military victory but he fails to convince Calais's citizens that he is the sovereign of France. In the face of Edward's long tirades on the history of the Plantagenet family, his family's claim to the throne or the legality of earning political sovereignty through military spoils, Saint-Pierre and his group remain defiant; patriotism in *Le Siège de Calais* hinges upon the community's acceptance of the king and the refutation of foreign intervention in politics. In this instance, and at other times in the play, Saint-Pierre asserts his interpretation of royal ascension as correct. Even though Philippe de Valois and Edward both have their own discourses on legitimacy, Saint-Pierre *chooses* to put his faith in Valois's Salic narrative rather than in Edward's (whom Saint-Pierre views as a usurping *foreigner*) claim to maternal lineage. Whereas Harcourt supposedly helps Edward for reasons of personal gain, Saint-Pierre chooses Valois and the French monarchical narrative for the (supposed) betterment of the nation, even if the mayor must lose his life as a result.

 The last few scenes of act III present a desperate English monarch when Edward attempts to either threaten or bribe Saint-Pierre and Aliénor with instant death or worldly riches; it is unclear whether Edward wants to befriend or conquer his adversaries but the Calaisians are resolute in their attachment to Valois. Exasperated, Edward exclaims: 'Qui peut d'un droit si saint me priver désormais? / Quel autre doit régner sur la France?' (III. 4). The answer for the rest of the characters is clear when Aliénor responds: 'Un Français'. After attempting to persuade the citizens by any means possible, Edward calls for their imprisonment and declares that they will hang at daybreak.

 Act IV takes place in the Calais jail where Saint-Pierre and his municipal staff await their punishment. The general Mauni watches over the prisoners, and in an emotional scene (IV. 2), he and Saint-Pierre trade conciliatory remarks — a strategy that perhaps shadowed the French government's wish to not only bolster domestic sentiments of patriotism but also reconcile with Albion after the Seven Years' War.[1] Saint-Pierre exclaims that, in fact, the English and the French were never *really* enemies, but mere 'rivaux' and that the English, like the French, are a 'peuple magnanime'. De Belloy's arguments are essentially against the

---

[1] A clear example of the French attempt at reconciliation occured when the duc de Choiseul commissioned Charles-Simon Favart to write *L'Anglais à Bordeaux*, a lighthearted 'divertissement officiel', to commemorate the signing of the Treaty of Paris in 1763. For more information on Favart's play, see *intra.*, pp. 48-49.

internationalism of monarchs and nobles (Edward and Harcourt) rather than against 'the English'. At the end of the act, Mauni once again doubts the necessity of Edward's harsh punishment, even sharing tears (for a second time) with his French counterparts and all the English guards in scene 6. The act, however, ends on a grim note after the Calaisians refuse the traitor Harcourt's offer to secretly free them from Edward's prison (on account of their honor) (IV. 7). There is nothing left to do but wait for the arrival of Edward and certain death at daybreak.

In act V, Edward tries one last time to convince Saint-Pierre that preserving the lives of oneself and one's family is more important than patriotic ideals. Edward even goes so far as to say that Saint-Pierre will be responsible for his own son's death if he continues his devotion to Valois (V. 2). Saint-Pierre responds to the outlandish claim by calling into question Edward's character: 'Vous me forcez, Seigneur, d'être plus grand que vous'. Furious, Edward is about to send the bourgeois to the gallows when Valois's emissary arrives to let everybody know that the French king is ready to dispute Edward on the battlefield if he lets the Calaisians go in peace. At the precise moment when the audience might sigh with relief, thinking the immediate familial conflict resolved and peace restored in Calais, history intrudes on fiction. It would be disastrous for the French monarch to face Edward on the battlefield, for he was significantly outnumbered following defeats at Caen, Blanchetaque, Crecy and other venues.[1] The French general Melun arrives in V. 4 to state that Philippe's sacrifice would be too great and that in the end, the French people will not let their monarch take a risk with such dire political consequences. This logical conclusion, however, was arrived at by Saint-Pierre and his cohort even before Melun's entrance; the bourgeois await their death despite the rejoicing around them. Saint-Pierre and his men are not duped, remaining taciturn in what they believe to be their final moments.

Although agreeing in theory with French explanations of royal succession, and thus, with Philippe's claim to the throne, the Calaisians exhibit an admirable amount of autonomous decision-making skills and political tact. Scene 5 presents a fuming Edward once again ordering the bourgeois to be hanged. But when Edward asks Mauni to carry out the deed, the English general balks, exclaiming, 'J'ai suivi vos drapeaux/ Pour guider vos soldats, et non pas vos bourreaux' (V. 5). During this heated encounter (V. 6), Harcourt arrives to announce that he has let the bourgeois escape from prison; according to the French noble, he has come back to his 'patrie' and is now willing to pay for his countrymen's crimes with his own life. Harcourt's change of heart is too late and the emotional back-and-forth that characterizes the ending of de Belloy's play continues. Taking what they view as the more honorable road, the bourgeois once again present themselves to Edward for punishment: 'reprenez vos victimes,/

---

1. For more information on the sequence of battles during the Hundred Years' War, see Anne Curry, *Essential Histories: The Hundred Years' War 1337–1453* (Oxford: Osprey, 2002).

Seigneur. Sur mon pays quels que soient vos projets,/ Vous connaissez enfin le maître et les sujets' (V. 7).

During the final moments of his play, de Belloy's characters show an unyielding sacrifice to the Valois dynasty combined with a sentimental devotion to their friends and family. Aurèle, Saint-Pierre's son, throws himself at Edward's feet, begging the king to kill him first so that he does not have to watch his own father die. All of the characters immediately burst into tears and after witnessing this tableau, Edward is overwhelmed by the bourgeois' commitment to their *patrie* as well as to their friends and family. The English monarch abandons his harsh punishment and his legal claim to the French throne (V. 7):

> Un peuple si fidèle est un peuple indomptable.
> Lorsque sur les Français je prétendis régner,
> Je cherchais leur amour, que j'espérer gagner ;
> Mais il faudrait les vaincre en tyran sanguinaire.
> S'il n'est un don des cœurs, le sceptre peut-il plaire ?
> Je renonce à leur trône.

Edward frees Saint-Pierre and his council but learns something from his experience in Calais. Although there is cause for rejoicing at the end of the play, any happiness is mitigated by the fact that Edward and the English are now in control of the city. Political aspirations cede to a matter-of-fact military logic as Edward wonders if now that persuasion and bribery have failed, 'le sceptre peut-il plaire?' Sentimental and patriotic, tragic and uplifting, creatively grounded in history and politically ambiguous: *Le Siège de Calais* eschews stark theatrical and intellectual divisions and provided nothing short of an uproar when it debuted at the Comédie-Française on 13 February 1765.

As we shall see, the premiere of *Le Siège de Calais* was not a typical eighteenth-century theatre production. De Belloy did not write a script, submit it to the *comédiens* and enjoy his premiere — the traditional route for productions at France's main stage. The premiere of de Belloy's play was a complex and carefully orchestrated event, involving governmental authorities, rowdy spectators and partisan critics. The premiere was a powerful public event that calls into question the relationships among government censors, dramatic authors and theatre publics. Continued analysis of the debut of *Le Siège de Calais* should provide an accurate picture of the stakes and tensions at play during this precipitous moment in the history of French political discourse, theatrical production and spectatorship.

'Un événement remarquable': the premiere of *Le Siège de Calais*

Was the premiere of *Le Siège de Calais* an adeptly orchestrated coup by de Belloy and governmental officials or a genuine public success ? Detailed analysis of the play's debut, subsequent popularity and contested legacy reveal the theatre's importance as a public venue and as a site of contention among officials, spectators and *hommes de lettres*. Louis XV's intervention in the staging of *Le Siège de Calais* was not, however, the first time that the king had meddled in theatrical affairs. In 1763, Etienne-François (duc) de Choiseul, the War Secretary, commissioned Charles-Simon Favart to write *L'Anglais à Bordeaux* to commemorate the end of the Seven Years' War. Did de Belloy's tragedy enjoy the same institutional support? Was *Le Siège de Calais* a 'divertissement officiel', designed by the government to rally French citizens around their own historical and monarchical underpinnings or was it a grassroots success that spoke to the fears and needs of France's theatre publics?

The play's performance history begins in controversy: *Le Siège de Calais* was not the only play about the Hundred Years' War to appear in 1765. In his work on the relationship between Louis XV's government and theatre productions at the Comédie-Française, Gregory Brown argues that Choiseul directly influenced the premiere of *Le Siège de Calais* by preventing a rival play, Firmin de Rosoi's *Décius français*, a somber tragedy about the French defeat in Calais, from seeing the stage at the same theatre.[1] Choiseul, in an effort harking back to the Cardinal Richelieu's theatrical meddling during the seventeenth century, wrote several letters during the winter of 1764–1765 to both François-Louis Marin, the official censor, and Joseph d'Héméry, the police inspector. In his correspondence, Choiseul criticizes de Rosoi's *Décius français* and praises the uplifting final act of de Belloy's *Siège de Calais*,[2] which had been previously staged in its nascent forms at military bases around France at Choiseul's urging in late 1764.[3] Brown argues that the Foreign Minister even went so far as to persuade the actors at the Comédie-Française to alter the dates indicating when each play was received for its official reading.[4] By changing the arrival date of *Le Siège de Calais* to before

1. Gregory Brown, 'Reconsidering the Censorship of Writers in Eighteenth-Century France: Civility, State Power, and the Public Theatre in the Enlightenment', in *The Journal of Modern History*, vol. 75, no. 2 (2003), pp. 235–68. See also Barnabé Farmian (or Firmin) de Rosoi, *Le Décius français, ou le Siège de Calais sous Philippe VI, par M. de Rozoi* (Paris: Cuissart, 1767).
2. De Rosoi's *Décius* is indeed less 'political' and 'patriotic' than de Belloy's *Siège*. In *Le Décius*, de Rosoi represents an estranged relationship between Eustache de Saint-Pierre and his wife (Julie), who is condemned to die for allegedly having a secret relationship with Talbot, an English General. Talbot, not King Edward III, is the author of the treacherous plan to hang Calais's bourgeois — a plan that emerges just as much as a plot of lover's revenge than as a legitimate punishment for political insubordination.
3. Brown, 'Reconsidering the Censorship of Writers', p. 252; see also Anne Boës's analysis in *La lanterne magique de l'histoire* (Oxford: Voltaire Foundation, 1982), pp. 93–102 as well as the eyewitness testimony from soldiers who attended performances of *Siège de Calais*, *intra*., Appendix II.
4. The precise date when the actors received de Belloy's *Le Siège de Calais* remains unknown. However, de Rosoi's play was sent in autumn 1762, well before de Belloy would have started working on the play (he was just then returning from Saint-Petersburg). Brown argues that

Décius's date, the actors could justify performing de Belloy's play before de Rosoi's. The author of *Décius français* was clearly not content with the government's political machinations; de Rosoi quickly published a series of letters proclaiming himself the victim of conspiracy by Choiseul and the other members of the First Gentlemen of the Chamber. Then, he added fuel to the fire by publishing two editions of *Décius*, even adding an additional title to his second edition, calling it *Décius français, ou le Siège de Calais*.¹ The government intervened and the censor, Marin, was asked to decide which Calais-based tragedy warranted a performance at the Comédie-Française. After receiving a flurry of letters from Choiseul, the First Gentlemen and other supporters of de Belloy's play, Marin felt the political pressure and ruled in favor of de Belloy's play during the first week of February 1765. Marin's directive was clear: *Le Siège de Calais* was slated for immediate performance at the Comédie-Française and the police inspector d'Héméry was ordered to destroy every copy of the *Décius* and throw de Rosoi in prison for insubordination and slander.²

It is prudent to separate the government's role in staging *Le Siège de Calais* from any possible role it had in creating the play. Did government officials pay de Belloy to write *Le Siège de Calais*? Perhaps not: there is no indication that he received any financial support from the government to pen his tragedy.³ The government's role in the eventual staging of *Le Siège de Calais*, however, cannot be understated. De Belloy's tragedy thus treads a fine line between governmental propaganda, where officials coerced actors to accept the play, and a legitimate theatrical event during which audience members genuinely reacted favorably to the play's characters, story and themes. This relationship between top-down aesthetic coercion and genuine public taste is central to the initial *éclat* and subsequent success of de Belloy's *Le Siège de Calais*. Indeed the 'pure propaganda' argument does not fully explain the tragedy's impassioned reception by Parisian spectators and readers from diverse 'intellectual strands' of French Letters.

'a second entry in the theatre's register records that *Siege de Calais* had been "received" on June 11, 1762. This second entry follows other entries in the same register dated from January 1765, suggesting that this second register entry, the fictive date for the reception of Belloy's play, was added just before the premiere. This strategy made it appear that de Belloy's *Siège* was sent and accepted before de Rosoi's *Decius*. For more information see the registers at the Comédie-Française: for the reception of Belloy's play, see BCF-124a, f. 66; for the reception of de Rosoi's play, see BCF-124a, f. 10; the second, backdated (fictive) entry for Belloy's play is in BCF-124-1, f. 86.' See Brown, 'Reconsidering the Censorship', p. 251–52.

1. Brown, 'Reconsidering the Censorship', p. 252 (f.48).
2. The police reports are located at the Bibliothèque nationale de France, Arsenal site: Arsenal-AB 10303, f. 333 (Feb. 5–7, 1765) and Arsenal-AB 12386 (Feb. 15, 1765). For analysis, see Brown, 'Reconsidering the Censorship', p. 253.
3. There is, however, no evidence to the contrary. It is important to reiterate that the play 'originated' in a 'conversation' between the author and the Maréchal de Duras, *Premier Gentilhomme de la chambre du Roi* (the king's right-hand man) and *Directeur* of the Comédie-Française.

INTRODUCTION 17

Le Siège de Calais premiered at the Comédie-Française on 13 February 1765 and quickly became a popular sensation. De Belloy's patriotic tragedy was performed fourteen times between February and late March 1765. The play was then reprised at the Comédie-Française ten times in 1769; three times per year in 1773, 1775, 1778, 1781, and 1784; and once or twice in most years until the Revolution. It once again had a stellar season in 1789 — a very patriotic year — when it was performed nine times at the Comédie-Française.[1] De Belloy's play also was performed in private for Louis XV and his family at Versailles and it was quickly published in March 1765 to eager readers throughout France. Collé, at the time a successful playwright and official reader to Monsieur (Louis XV's brother), attested that the play 'fut reçue avec les plus grands applaudissements'[2] — a bit of praise from an author who was certainly jealous of de Belloy after his own 'pièce nationale', *Le Roi et le meunier* (the early title of *La Partie de chasse de Henri IV*), failed to pass the king's censorship rules just a few months earlier in autumn 1764.[3]

Collé was not the only critic to notice the atypical public reception of de Belloy's tragedy. In their *Anecdotes dramatiques*, Clément and La Porte describe the premiere of the play as 'un de ces événements remarquables, qui font époque dans l'Histoire de notre Théâtre'.[4] Grimm wrote that 'La Providence' had chosen 'la tragédie du *Siège de Calais* pour marquer l'époque des plus grands événements : celui qui s'est passé aujourd'hui à la Comédie-Française sera compté par la postérité au nombre de ces révolutions étonnantes qu'aucun effort de sagacité humaine n'aurait pu ni prévoir ni prévenir'.[5] Grimm then goes even further by equating the premiere of *Le Siège de Calais* with a catastrophe of almost biblical proportions in the quotation that opens this introduction.[6] Criticism of *Le Siège de Calais* reveals an uncommon public reaction to the play. In their reviews, Clément and La Porte, Collé and Grimm refuse to comment at first on the play's versification, character composition, or plot; above all, visceral public reaction to performance dominates the criticism because *avant tout*, the premiere of *Le Siège de Calais* was an *événement public*.[7]

1. See A. Joannidès, *La Comédie-Française*, for a complete list of all the performances of *Le Siège de Calais* from 1765 to its final performance in 1814.
2. Collé, *Journal*, II, p. 162.
3. Collé describes his ambivalence toward de Belloy in his *Journal*: 'J'aurais pu espérer d'obtenir une partie de ces honneurs, si le Roi eût permis la représentation de mon Henri IV. C'était pareillement un poème national, et plus intéressant peut-être que le *Siège de Calais*'. *Journal*, II, p. 171-72.
4. Clément and de Porte, *Anecdotes dramatiques*, II, p. 170.
5. Grimm, *Corr. litt*, vi (15 April 1765), p. 256.
6. See *intra.*, p. 1.
7. For more critical accounts of *Le Siège de Calais*' reception, see Charles Collé, *Journal*, III, pp. 8-32; Grimm, *Corr. litt.*, vi, pp. 243-44; *Mercure de France*, I (Paris, April 1765), pp. 186-191; *Les Mémoires secrets pour servir à l'histoire de la République des Lettres en*

For critics, *Le Siège de Calais* surpassed literary or theatrical norms; it had become a State affair and their reviews reflected this change of fields. Due to the play's overt governmental and public support, harsh criticism — or even honest judgment of the play — was a risky undertaking for Parisian writers. For example, the critic 'Manson' warns other writers that in February 1765, '*Le Siège de Calais* étant devenu, pour ainsi dire, une affaire d'Etat, il serait dangereux d'en oser dire autre chose que du bien'.[1] And the authors of the *Mémoires secrets* argue that 'le fanatisme gagne au point que les connaisseurs n'osent plus dire leur avis. On est réputé mauvais patriote, pour oser élever la voix'.[2] Critics at the *Mercure de France*, despite being the first to actually provide their readers with excerpts from the dramatic text, focus like other critics on the atmosphere surrounding the play instead of on *Le Siège de Calais* itself:

> Non seulement les places qui peuvent être retenues le sont jusqu'à la clôture du théâtre ; les autres sont remplies de si bonne heure, et avec tant de foule, qu'il y a chaque jour des flots du public dans la rue de la Comédie, comme au parterre dans les plus nombreuses assemblées. Cette nouvelle production de M. de Belloy lui fait d'autant plus d'honneur, que la Nation semble l'avoir adoptée pour sa propre gloire.[3]

Then, after providing a long excerpt from the fifth act (and after apologizing to readers for not including a copy of the *entire* play in their review), the writers at the *Mercure* assert that 'après la neuvième représentation, le succès est égal à celui de la première'.[4]

With so little commentary on the actual substance of de Belloy's play, what do we know now about how *Le Siège de Calais* was performed in February 1765? A manuscript of the play currently housed at the library of the Comédie-Française and which the actors at the time possibly used as the *texte de souffleur* (see *intra.*, M1765), reveals that it was indeed a star-studded cast that took to the stage for the 13 February premiere and the subsequent performances in Versailles and Paris until the Easter holiday. Claire Josèphe Hippolyte Leris (known as Mlle de Clairon or just 'la Clairon'), one of the most famous eighteenth-century actresses, played the sentimental role of Aliénor; Le Kain, Voltaire's favourite actor and

---

France depuis 1762 jusqu'à nos jours, II (London, 1784), pp. 157-60; Jean-François de La Harpe, *Correspondance littéraire* (Paris, 1801), p. xiii; Clément and de La Porte, *Anecdotes dramatiques*, II, pp. 170-71; *Le Journal encyclopédique* (Paris, 15 May 1765), pp. 97-99. For a synthesis of the critical reception of the play's premiere, see Logan J. Connors, 'L'esthétique du patriotisme dans la critique théâtrale à l'époque de la guerre de sept ans. Le cas du *Siège de Calais* (1765)', in *Le public et la politique des arts au Siècle des Lumières*. Christophe Henry and Daniel Rabreau (eds) (Bordeaux: William Blake, 2011), pp. 113-20.

1. Manson, *Examen impartial du* Siège de Calais, *poème dramatique de M. de Belloy* (Calais [Paris?], 1765), p. 11. Mitterrand: YF-10015
2. *Mémoires secrets* (February, 1765) (Reprinted, Paris: Garnier, 1874), p. 135.
3. *Mercure de France*, March 1765 (Paris: Duchesne, 1765), p. 160.
4. *Ibid.*, p. 211.

arguably the most famous tragic actor in France, interpreted the role of treacherous Edward III and Brizard (or Brizart), took on the role of Eustache Saint-Pierre.[1]

The play was an obvious hit among government officials; upon seeing a performance of the tragedy at his private theatre in Versailles, Louis XV ordered *Le Siège de Calais* to be performed at the Comédie-Française on 12 March at the crown's expense for those who could not afford to normally attend a show there. According to the *Mémoires secrets*, this performance was nothing short of a tumultuous event:

> On ne peut rendre l'affluence du peuple qui s'est présenté à la Comédie, où l'on donnait *gratis* la tragédie du *Siège de Calais* : la rue et les alentours étaient pleins dès le matin. On a commencé le spectacle à une heure et demie, et il a été écouté avec une attention surprenante de la part des spectateurs. On ne doute pas qu'il n'y eut là des gagistes qui les avertissaient d'applaudir aux endroits désignés. L'auteur a été obligé de se montrer, et a été reçu avec les acclamations les plus réitérées ; on lui a fait l'honneur insigne de joindre son nom à celui du roi, et l'on a crié : *Vivent le roi et M. de Belloy* ! Des courtisans en grand nombre étaient présents à cette cérémonie : ils sont partis sur le champ pour en rendre compte à Versailles.[2]

Other critics, some of whom are quoted in the appendices to this edition, confirm the *public* bedlam at the free performance — a moment with ambiguous origins, given the possibility that it was caused by the efforts of 'gagistes' and other paid government officials.[3]

In the early spring of 1765, reviewers of *Le Siège de Calais* hesitated to underscore any of the play's shortcomings, despite sometimes finding spectator responses to the play 'surprising' or 'exaggerated'. Owing to the play's support by government officials or to its popularity among spectators, writers were quick to focus on the play's reception but slow to comment on its plot, character compositions or versification. As soon as the initial burst of energy subsided, however, and especially after the theatre closed during the Lenten season, Parisian critics resurfaced with lukewarm opinions of *Le Siège de Calais*. De Belloy's dazzling rise to fame was rapid but increasingly contested as the energetic atmosphere at the theatre subsided and print copies of the play circulated around Paris and the provinces.

The *philosophe* clan launched the most severe critiques of the tragedy. Diderot and Grimm saw in *Le Siège de Calais* less of a patriotic tragedy and more of a

---

1. According to the *Mémoires secrets*, Brizart was eventually replaced by the actor Molé at the third or fourth performance.
2. *Mémoires secrets* (March 1765) p. 138.
3. See, for instance, 'Lettre VI', in *Lettres et observations à une dame de Province, sur Le Siège de Calais, ornées d'une Carte Géographique de cette Ville* (Paris: chez L'Esclapard, 1765). Richelieu : 8-RF-8017. Reprinted *intra.*, Appendix II.

continuation of simplistic antagonism, bad writing and anti-*philosophe* slandering from the previous decade. The *philosophes* first pointed to Mauni's comments on national sentiment in act III — comments that were for *philosophes* just as much a reflection on medieval patriotism as a slight against France's cosmopolitan intellectuals in 1765:

> MAUNI.
> Je hais ces cœurs glacés et morts pour leur pays,
> Qui, voyant ses malheurs dans une paix profonde.
> S'honorent du grand nom de Citoyens du Monde.
> Feignent, dans tout climat, d'aimer l'humanité.
> Pour ne la point servir dans leur propre cité.
> Fils ingrats, vils fardeaux du sein qui les fit naître,
> Et dignes du néant, par l'oubli de leur être.

'Citoyens du Monde', 'fils ingrats': de Belloy's claim that he was 'reunifying' France after a crushing military defeat is not exactly true: internationalists, cosmopolitans and humanitarians are apparently not invited into the author's patriotic society.[1]

The *philosophes* responded to this social critique in de Belloy's tragedy, showing how *Le Siège de Calais* was part of a 'suite' of anti-*philosophique* plays and pamphlets that appeared in France during the late 1750s and early 1760s. According to the *philosophes*, de Belloy had rehashed themes from works such as Palissot's *Les Philosophes*, Poinsinet de Sivry's *Les Philosophes de bois*, Pierre-Nicolas Brunet's *La Rentrée des théâtres ou l'Invention* and André Cailleau's *Les Petits philosophes* — plays in which authors harped on the *philosophes*' proclivities towards anti-clericalism, internationalism and anglophilia.[2] In his critique of *Le Siège de Calais* Diderot mixes his disdain for de Belloy's play with a broader complaint about theatre criticism in Paris:

> Le succès de la tragédie du *Siège de Calais* est un de ces phénomènes imprévus et singuliers qu'il serait, je crois, impossible de voir ailleurs qu'à Paris. Cette pièce a fait réellement un événement dans l'État, et depuis *Ramponeau* et la comédie *des Philosophes*, je n'ai rien vu dont le public se soit occupé avec

---

1. De Belloy never changed his mind about the *philosophes*. Summarizing his opinion of them in a *Traité de Tragédie* (unfinished at the time of his death in 1775), the author wrote that 'l'abus de la Philosophie a été plus funeste que la Philosophie elle-même n'aurait pu être utile [...]'. In *Fragments d'un Traité de La Tragédie, par M. De Belloy de* l'Académie française, *citoyen de Calais* (1773-1774), in *OC* 1787, p. 161.
2. For more information on the pamphlet wars between *philosophes* and anti-*philosophes*, consult Olivier Ferret, *La Fureur de nuire: échanges pamphlétaires entre philosophes et anti-philosophes (1750-1770)* (Oxford: Voltaire Foundation, 2007) and Didier Masseau, *Les ennemis des philosophes* (Paris: Albin Michel, 2000). For specific information on the theatrical arm of this debate, see Logan J. Connors, *Dramatic battles in eighteenth-century France*: philosophes, anti-philosophes *and polemical theatre* (Oxford: Voltaire Foundation, 2012).

autant de chaleur et d'enthousiasme. Ceux qui ont osé, je ne dis pas la
critiquer, mais en parler froidement et sans admiration, ont été regardés
comme mauvais citoyens, ou, ce qui pis est, comme philosophes : car les
philosophes ont passé pour n'être pas convaincus de la sublimité de la
pièce.[1]

Diderot changes the trajectory of the discussion surrounding *Le Siège de Calais*. The *philosophe* avoids any mention of *nations*, *patries* or *patriotisme* in order to focus on what he views as a totalitarian rhetoric about *Le Siège de Calais* that fails to let dissenting voices into the mix. Then, instead of attaching de Belloy's play to a long tradition from Antiquity or from the seventeenth century (de Belloy's strategy in his preface and with his various 'paratexts') or ending his criticism with shallow praise of the play, Diderot links *Le Siège de Calais* to Jean Ramponeau, the owner of a bawdy cabaret, and to Palissot's *Les Philosophes*, a slanderous, anti-*philosophe* play that was one of the biggest scandals in the history of the Comédie-Française.[2]

Diderot replaces patriotism with polemics and then turns toward traditional modes of theatre criticism by attacking the character composition and dialogue in de Belloy's tragedy: 'L'un des principaux défauts de cette pièce, c'est que les personnages, au lieu de dire ce qu'ils doivent dire, disent presque toujours ce que leurs discours et leurs actions devraient me faire penser et sentir, et ce sont deux choses bien différentes.'[3] Diderot, in perhaps the first close analysis of the tragedy's aesthetic or intellectual merits, criticizes de Belloy for his facile, emotive scenes. According to the *philosophe*, de Belloy's characters are too obvious, two-dimensional, and transparent; *Le Siège de Calais* speaks *at* the spectator instead of *for* the spectator. For Diderot, de Belloy's tragedy, like Palissot's *Les Philosophes*, is a mere example of opportunism — an overzealous representation of French fear and institutional bickering hoisted up in front of French society at the right time and at the right place.

The critical quarrel following the play's debut was complex and surprisingly void of discussions about the 'patriotic genre', the author's so-called invention and what would emerge as the reason behind de Belloy's election to the *Académie française*. Several authors, such as Grimm and Collé, focus intently on the public 'bruit' surrounding the play; others, like Diderot and (as we shall see) Fréron, harp on formal elements, arguing that *Le Siège de Calais* is not just a bad example

---

1. 'Lettre de M. Diderot' in Grimm, *Corr. litt.* vi (1 April 1765), p. 243.
2. In his *Les Philosophes*, Charles Palissot staged real life *philosophes*, such as Diderot, Duclos and Helvétius in a scathing attack against them and their works. For more information on the successful and polemical debut of Charles Palissot's *Les Philosophes*, see Ferret, 'Introduction' to *Les Philosophes* (Saint-Etienne: Presses universitaires de Saint-Etienne, 2002); Christophe Cave, 'Le Rire des anti-philosophes', *Dix-Huitième Siècle*, 32 (2000), pp. 227–39; and in Connors, *Dramatic battles*, pp. 73–112.
3. Grimm, *Corr. litt.*, vi, p. 241.

of *théâtre patriotique* — it is a bad example of theatre *tout court*. What is intriguing about the critical debate surrounding *Le Siège de Calais* is the refusal by commentators to appraise patriotic drama as a genre. Despite the fact that de Belloy insists on the novelty of his 'invention' throughout the preface to *Le Siège*, critics are reluctant to provide their opinion on this type of theatre: they seem either to support tacitly de Belloy's use of the genre or to construe patriotic theatre as nothing new — as just another popular form of theatre in eighteenth-century France.

The *philosophes* were not the only critics of *Le Siège de Calais*. Fréron, despite liking some of the play's characters, reproves what he sees as several anachronisms in de Belloy's narrative. Focusing on Mauni's anti-*philosophe* statement in act III, Fréron writes:

> Ce qu'on peut reprocher à ces vers que dit *Mauni*, c'est que, sous *Philippe de Valois* et sous *Edouard III*, il n'y avait point, ainsi que sous *Louis XV*, de grands Philosophes qui s'honorassent du titre de *Citoyens du Monde*. Ce défaut ne nous aura pas échappé, Monsieur, en lisant *Le Siège de Calais* ; l'auteur y fait quelquefois parler ses Acteurs comme s'ils vivaient de notre temps.[1]

Obviously, Fréron cannot pass over an opportunity to lambaste his *philosophe* enemies: according to the editor of the *Année littéraire*, the word *philosophe* is not only anachronistic but it also does not even apply to his adversaries in 1765. But in his review, Fréron supports the *philosophes*, *de facto*, by rebuking de Belloy for including the criticism of them in his tragedy. Fréron, like his enemies, is unhappy that de Belloy has reinvigorated the *philosophe* vs. anti-*philosophe* debate that had stained the Comédie-Française with controversy after Palissot's *Les Philosophes* and Voltaire's *Le Café ou l'Ecossaise* in 1760.

Reviews of *Le Siège de Calais* show how traditional critical factions reorganized during the 1760s, and especially, how the dichotomy between *philosophes* and anti-*philosophes* — an essential division inside the Republic of Letters during the late 1750s and early 1760s — became less pertinent after the Seven Years' War. After an oppressive undercurrent initially prevented critics from accurately portraying the positive and negative aspects of *Le Siège de Calais*, a critical division emerged, which pitted government officials and France's war-weary spectators on one side and erudite *hommes de lettres* — *philosophes* and anti-*philosophes* alike — on the other side.

This growing divide is clearly illustrated in a summer 1765 review of *Le Siège de Calais* by the *Journal des savants*. The anonymous author is surprised that several writers have criticized such a powerful, *public* play. The author concludes an overwhelmingly positive review of the tragedy with the statement: 'C'est donc le jugement fixe et irrévocable du Public que nous prétendons offrir ici à nos

---

1. Fréron, *Année littéraire*, iv, (Paris: Lejay, 1765), p. 315.

Lecteurs'.[1] The author's assessment that the 'Public' should judge the quality of theatre is key to understanding the critical response to Le Siège de Calais. Who is the 'Public'? The king and his cronies? The theatre's spectators? The author of the critique himself? The author fails to provide a precise definition of his 'Public' but it is clear that the critics and *philosophes* like Fréron and Diderot are excluded. Disappointed by the posture of these established critics, the *Journal des savants* confirms that an unidentified, ambiguous 'Public' should decide the merits of *Le Siège de Calais*. The author of this critique, by possibly indicating that the audience had assumed the role of 'le Public', shows how spectators garnered more agency as critical decision-makers during this precise time.[2] Le Siège de Calais, like Palissot's *Les Philosophes*, Voltaire's *L'Ecossaise* and other plays that critics scorned and the public adored, illuminates a contrast between the tastes of experts and those of what was perceived as a larger 'Public'. This division is essential in understanding the rise and fall of de Belloy's *Le Siège de Calais* as well as the similar trajectories of a host of other 'public successes' during the eighteenth century.

The *bruit* surrounding some of France's most popular plays — as in the case of de Belloy's *Le Siège de Calais* — questioned the ability of critics to determine 'good theatre'. For example, eager spectators of de Belloy's play rejected critical discourses grounded in purely textual concerns when writers began to represent their tastes and behaviors during and after performances in their reviews. Criticism of productions with a strong 'public support' tacked more towards event journalism than deep analysis of performances or poetics. At times, it appears that certain plays destabilized the critical status quo by democratizing judgment.

It is possible, however, that the critical elite — both at the time and during later periods — had the last laugh; *Le Siège de Calais* was barely on the critical radar just several decades after its popular debut. From as early as the late eighteenth century, critics sought to forever control the historiography of *Le Siège de Calais*

---

1. This review was strategically republished in de Belloy's *Oeuvres complètes* (Paris: Moutard, 1779) (OC1779), p. 232.
2. There is a considerable amount of scholarship on the advent and proliferation of a critical public sphere related to theatre. For the origins of 'public criticism' in seventeenth-century French dramatic productions, see Joan DeJean's discussion of spectators and *doctes* in *Ancients Against Moderns: Culture Wars and the Making of a Fin de Siècle* (Chicago and London: Univ. of Chicago, 1997), pp. 35–50; also see chapter 5 of Hélène Merlin-Kajman, *Public et Littérature en France au XVIIe siècle* (Paris: Société des Belles Lettres, 2004), pp. 154–77. For more information on the proliferation of 'public criticism' that characterised discourse on eighteenth-century French theatre, see the introduction to Jeffrey S. Ravel, *The Contested Parterre: Public Theater and French Political Culture, 1680-1791* (Ithaca and London: Cornell UP, 1999), pp. 3–12; see also chapter 6, 'The Consumers of Culture', in Lauren R. Clay, *The Business of Theater in Eighteenth-Century France and Its Colonies* (Ithaca, NY and London: Cornell UP, 2013), pp. 163–94.

and other popular yet disputed plays by publishing *poétiques*, anthologies, and scholarly studies of eighteenth-century theatre that hinged on themes of degradation, decline and a yearning to recreate seventeenth-century masterpieces by Racine and Corneille. As far as spectator and reader preference is concerned, however, France did have a successful theatrical patrimony during the last half of the eighteenth century — for France's eager spectators, the repertoire at the time was not a stagnant corpus of plays, stuck between the perfection of the seventeenth century and the innovation of the Romantic *drame*. According to France's 'public', eighteenth-century plays like *Le Siège de Calais* were energetic, moving and attractive, even if these productions were not up to the standards of French *doctes* both then and now.

Whatever one's opinion of *Le Siège de Calais*, the meteoric rise of de Belloy's career after 1765 is indisputable. Soon after the play's February premiere, de Belloy emerged as a star in French political, literary and artistic milieus. In May 1765, Calais's mayor invited de Belloy to receive a cash prize as well as the title of 'Citoyen honorable de Calais' — a title he would continue to use until his death. A month after the premiere, Louis XV invited de Belloy to Versailles, where he awarded him the prestigious *médaille dramatique*. De Belloy was the first and last recipient of the *médaille*, a prize created by the king for playwrights with three public successes at the Comédie-Française (de Belloy only had one real success with *Le Siège de Calais* and a modest success with *Zelmire* in 1762). Collé recounts this atypical compensation in his *Journal*:

> M. de Belloy est le premier des poètes de théâtre qui ait obtenu la médaille dramatique. Elle avait d'un côté le portrait du Roi ; de l'autre un Apollon qui tient une couronne de laurier, entrelacée d'un ruban, où sont écrits les noms de Corneille, Molière et Racine, et ces mots latins : *Et qui nascentur ab illis*.[1] Dans la place qui reste sur ce côté, on a permis à M. de Belloy de faire graver qu'il est le premier qui ait remporté ce prix.[2]

De Belloy received invitations to balls and parties in Paris and the provinces. Despite several fears that the play would lose some of its luster in print form, *Le Siège de Calais* was published in March with praise from several literary journals and personalities.[3] It was then published several more times in 1765 and the late 1760s, and eventually, as the list of editions on pages viii–xi indicates, found its way into anthologies of dramatic literature from the period.

The play was an irrefutable but ephemeral success and a closer analysis of the themes and tensions in de Belloy's play reveals why the tragedy was both a popular hit and an effective means of propaganda for disseminating royalist and

---

1. 'And those that spring forward from them'.
2. Collé, *Journal*, II, p. 169.
3. Voltaire wrote an acclamatory letter to de Belloy after receiving a copy of the tragedy from the author (see *intra.*, p. 164).

patriotic historiography on the heels of an embarrassing military and political loss. Both bourgeois and monarchical, sentimental and virile, *Le Siège de Calais*, as we shall see, jars with any pure 'revolutionary' or 'absolutist' consciousness, eschewing easy classification into any political, social or aesthetic categories.

Le Siège de Calais: Themes, Characters, Dramaturgy

In *Le Siège de Calais*, de Belloy represents or alludes to some of the most gruelling scenes from the Hundred Years' War: Edward III's bombardment of Calais, the imprisonment of its municipal leaders and the eventual fall of the city to English forces during the fourteenth century. The version of history that de Belloy recounts originated in Jean de Froissart's *Chroniques* — a source that de Belloy acknowledges by publishing passages from Froissart's text in the 'Anecdotes historiques' accompanying the first printed version of the dramatic text. Proffering a blend of historical accuracy and poetic invention, De Belloy constructs a dramatic work with a unique interpretation of history.

An essential component of de Belloy's dramaturgy is the use of a French setting. By locating the plot in France and by representing real, historical figures, de Belloy's hope was pedagogical and identificatory: he wanted to teach French citizens about their own illustrious past with examples he believed would naturally fulfill their desire to learn more about themselves. According to de Belloy, this new objective for theatre was, in effect, congruent to the goals of Ancient theatre, where issues of local, civic importance were regularly subjects of drama. De Belloy writes that he would like to 'imiter les Anciens en nous occupant de nous-mêmes'[1] and his dramaturgy is indeed one of identification through proximity — a desire to inspire his own countrymen with real-life cases of French bravado instead of with allegorical or distant representations of long-lost antiquity or far-off lands.

In addition to representing French history in his play, de Belloy reinforced his pedagogical message through other textual tactics during the spring of 1765. First, he wrote an extensive preface with an explanation of his 'nouveau genre' to accompany the first published version of his play; then, and with the hopes of emphasizing the collective sentiment inspired by *Le Siège de Calais*, de Belloy published another edition of the play during the summer of 1765. This edition included a host of ancillary texts — letters from swooning soldiers, historical notes on Edward, Saint-Pierre and the Hundred Years' War, and eyewitness testimony from spectators who attended noisy, boisterous performances of the play.[2] For de Belloy, the public's experience with *Le Siège de Calais* included more than attending or reading the play; it was a holistic, multi-textual and

---

1. De Belloy, 'Préface', *intra.*, p. 64.
2. See *intra.*, Appendix II for examples of these ancillary texts.

multi-event[1] campaign with which he was hoping to *plaire* and *instruire* Parisians and provincials alike. But what was the exact message? Did de Belloy merely hope to 'rappeler l'absolue légitimité du roi de France et revivifier le sentiment d'amour que le people français doit éprouver à l'égard de son monarque'?[2] Or was his play more complex, with more interpretive possibilities than mere government propaganda?

The numerous instances of 'Vive le roi' enthusiasm in *Le Siège de Calais* cannot be understated; de Belloy's play paints a positive picture of the French monarchy and its historical struggles with other regimes. Favorable to the king, however, does not mean favorable to the nobility: while the French political system places the noble class at the top of a social pyramid, de Belloy's patriotic tragedy is populist and skeptical of the nobility's role in French society. In *Le Siège de Calais*, de Belloy stages French national zeal that emanates from a bourgeois, even popular, group of characters. In the author's schema of projection and identification, rustic characters like Amblétuse and noble characters like Harcourt possess the same ability to reason and inspire virtue or disdain. De Belloy's dramaturgy casts Calais's non-noble citizens in a positive light; the author's take on political sovereignty, however, is far from democratic. The Calaisians' love of *patrie* is intimately linked, from the beginning of the play until the very last scene, to the specific political regime of Philippe de Valois and his *maison*.

De Belloy does not merely represent modest classes of Frenchmen, he portrays the emotional consequences of their responses to the various difficult situations and decisions in the play. Early in the first act, de Belloy calibrates the emotions of his characters: instead of being moved by romantic passion, political ambition or personal gain, Saint-Pierre and his compatriots are inspired to act by an innate patriotic love of their friends, king and country (I. 1):

> SAINT-PIERRE.
> S'il est vrai, je frissonne ! Ah ! mon fils n'est donc plus.
> Il n'a jamais su fuir … sa chaleur indiscrète
> Voit comme un déshonneur la plus sage retraite …
> Il est mort ; et mes pleurs … que fais-je ? Ô mon pays !
> Quand je t'aurai sauvé, je pleurerai mon fils !
> Amour de la patrie, ô pure et vive flamme,
> Toi, mère des vertus ; toi, l'âme de mon âme,
> Rallume dans mon sein tes transports généreux ;
> Que mes pleurs paternels soient séchés par tes feux.

---

1. De Belloy appeared at various 'patriotic events' throughout France in the wake of his play. For example, he was given the keys to the City of Calais and he oversaw the building of a statue in his honor in his hometown (in Saint Flour, Cantal).
2. Alexis de Hillerin, 'L'image du roi dans les tragédies de 1760 à 1789', in *Littératures*, 62: *Regards sur la tragédie, 1736-1815: histoire, exotisme, politique* (Karine Bénac-Giroux and Jean-Noël Pascal, eds) (Toulouse: Presses universitaires du Mirail, 2010), p. 127.

C'est mon pays, mon roi, la France qui m'appelle,
Et non le sang d'un fils qui dut mourir pour elle ...
Courez à nos remparts, allez tout éclaircir.

For Saint-Pierre, Philippe de Valois and his country are inseparable, united in a patriotic spirit of legitimacy.

At first glance, the tearful support of Valois demonstrated by Saint-Pierre and his fellow Calaisians indicates an unquestioning projection of monarchical values — a political ideology that scholars claim characterizes the tragedy as a whole.[1] But the play also reveals the heterogeneity of *Ancien régime* discourses on class, agency and political sovereignty. One glaring example is the representation of intellectual agency based on class in the play. There are few noblemen in *Le Siège de Calais* and those depicted are deplorable, emotionally unstable or weak. Harcourt, one of the only male members of the French nobility represented in the play, is a traitor — the play's anti-hero who has taken arms against his own countrymen and who is responsible for his brother's death. Another nobleman is of course Edward III, a vindictive and volatile foreign king. De Belloy's bourgeois characters excel at intellectually engaging with their more noble counterparts. For example, in V.2, Saint-Pierre refuses to back down when Edward threatens to kill him and burn Calais to the ground. Saint-Pierre retorts: 'Si la France succombe enfin sous vos exploits, / Il m'est doux que mon nom périsse avec ses lois. / Vos armes, cependant, sont loin de les détruire.'

The bourgeois mayor remains devoted to Valois — even after Edward threatens to hang Saint-Pierre's son in front of him. An underlying theme in *Le Siège de Calais* is thus the representation of the tensions and benefits of familial and civic duty. In the first act of the tragedy, de Belloy contrasts family drama with more grandiose issues of nationhood and political sovereignty, as Saint-Pierre and his son oscillate between their dedication to each other and their dedication to France. Ultimately, the author combines these two interests into a shared drive toward 'la vertu'. Virtuous family life, according to de Belloy, depends on (and can never be disassociated from) emotional and physical sacrifice to one's country. Saint-Pierre equates his own family's moral value with its ability to serve the king — even if this sacrifice involves the loss of his beloved son, Aurèle. This representation of justifiable sacrifice for the common good of the country must have resonated with audiences who had faced similar choices during the Seven Years' War. By focusing intensely on issues of family, State and sacrifice, de Belloy provides his war-fatigued public with a therapeutic (and ultimately very utilitarian) message about personal loss in battle. Saint-Pierre widens the idea of 'family' to include members of Calais's tightknit society who are unrelated

---

1. In his book on the history of tragedy, Christian Biet argues that *Le Siège de Calais* is an anti-*philosophique* and monarchical production about the history of the Valois dynasty. See Biet, *La Tragédie* (Paris: Armand Colin, 2010), p. 162.

through blood while infusing the idea of 'country' with familial overtones. For example, in III. 3 Saint-Pierre refers to Amblétuse and the other *citoyens* as 'ma seule famille' — an opening of familial bonds that shocks Edward ('Quoi? C'est là ta famille?') and increases Amblétuse's patriotic drive ('Oui; quel honneur pour nous!'). The actual family relationship between Saint-Pierre and Aurèle is thus projected onto 'friends' or compatriots with seemingly less social and political status, such as Amblétuse and the other members of Saint-Pierre's municipal council. The message is clear: Saint-Pierre might lose his son but his new, patriotic 'family' will be better off in the long run because of that sacrifice.

Saint-Pierre and his son, contrary to Harcourt and his brother, demonstrate intense emotional attachment precisely because they are members of a lower social class. De Belloy signals that relationships among modest citizens are sentimental and virtuous, whereas bonds between nobles are susceptible to the whims of international politics and personal greed.[1] For de Belloy, Saint-Pierre and his band of leaders are admirable members of society *because* of their modest upbringings and not in spite of them.

In one of the first critical examinations of French historical tragedy from the period, Clarence Brenner underlines the importance of de Belloy's representation of bourgeois sentimentalism in the *Siège de Calais*:

> Ce n'est pas seulement à cause des sentiments patriotiques, auxquels elle donnait expression, que la pièce fut si populaire ; elle le fut aussi parce que ces sentiments célébraient des actions du peuple aussi bien que celles des rois. Ici, pour la première fois, les bourgeois se voyaient élever au niveau des rois et des nobles et jouer un rôle déterminant le destin de l'état.[2]

At the end of the play, it is the local leaders and citizens of Calais who convince Edward that he will only 'win' France by force, and not by persuasion, bribery or specious historical arguments. The bourgeois citizens — not the noblemen — assert 'Frenchness' as an inherent otherness to Edward's own status as an Englishman and monarch, thus asserting a grassroots sentiment, uninfluenced by persuasion from higher classes in French society. In a later section, we will see the complexity of de Belloy's patriotism by reading his notions against competing discourses on *la patrie* in eighteenth-century France.

---

1. It is interesting to note that Harcourt adopts the '*patrie*-as-family' metaphor only after witnessing both his brother's death and the bourgeois' displays of patriotism. In III.iii he links physical pain of his brother's death with national sorrow:
Mes yeux sont dessillés par la mort de mon frère.
Ah ! Mon zèle pour vous m'a fait son assassin,
Je commandais au bras qui lui perçait le sein ;
Doublement parricide, hélas ! Ma barbarie
Frappe, depuis trois ans, le sein de ma patrie ; [...]
2. Brenner, *L'Histoire nationale dans la tragédie française*, p. 255.

By linking familial and political decisions in the crux of his play, de Belloy follows classical notions of what constitutes a legitimate subject for the tragic genre. Issues of State and family were commonplaces in tragedy from its inception in ancient Greece. Contrary, however, to the overwhelming majority of previous theatrical examples, *Le Siège de Calais* does not represent the family sacrifices and political concerns of princes and kings; instead, modest municipal administrators navigate difficult political and familial decisions. Although the author claims that he is merely following examples from antiquity, de Belloy's conception of the family is radically different from that of the Ancients: whereas constant generational conflict and deception marks so many plays in the Roman and Greek traditions, de Belloy stages the importance of a unified family fighting a common battle. Aurèle wants to emulate his father's bravery and sacrifice; he does not lust after Saint-Pierre's political or financial status. At the end of *Le Siège de Calais*, de Belloy presents the audience with a reconstituted and egalitarian family: Saint-Pierre and his son embrace as Aliénor, his noble 'daughter' (she refers to the bourgeois character as 'Père' throughout the play, despite her status as a member of the local nobility), stands beside them to complete a *tableau* of social reorganization around a common cause.

Instead of representing the Hundred Years' War as an international conflict between rival noble families or as the competing global interests of European powers, de Belloy underscores the local effects of war and bravery. The author's dramaturgical affinity for family life was not unique; familial belonging and tales of brotherhood and father-son relationships were increasingly popular themes in theatre during the mid-eighteenth century.[1] Like Diderot, Sedaine, Beaumarchais and other dramatists, de Belloy focuses on the lives of bourgeois families by describing the effect of a difficult situation on an intimate community of peers. De Belloy's desire to strike an emotional chord with the spectator through the use of familial settings indeed reveals the proximity between his 'patriotic tragedy' and another popular form of 'sentimental' theatre at this precise time: the *drame* or the 'genre sérieux'.

De Belloy and his critics called *Le Siège de Calais* a 'tragedy', but it lacked some essential *tragic* elements. The most striking example is the absence of death in the

---

1. Authors represented sentimental family scenes with more and more frequency during the eighteenth century. An early example is Houdar de La Motte's *Inès de Castro* (1724), which inaugurated several decades of both sentimental and family-focused drama; this tradition included blockbuster successes such as André Cardinal Destouches' *Le Philosophe marié* (1727) and Nivelle de La Chaussée's *Mélanide* (1741). For more information on the development of the sentimental family scene, see Anne Vincent-Buffault, *The History of Tears: Sensibility and Sentimentality in France* (trans. Teresa Bridgeman) (New York: St. Martin's Press, 1991), esp. Chapter 4, 'Tears in the Theatre', pp. 54-70; see also Jean Dagen, Catherine François-Giappiconi and Sophie Marchand (eds), *La Chaussée, Destouches et la comédie nouvelle au XVIIIe siècle* (Paris: Paris-Sorbonne, 2012).

dénouement,[1] where de Belloy reconstructs a happy family after Edward frees the bourgeois from execution. Even the traitor Harcourt redeems himself at the end, earning back Aliénor's respect (but not her love) in the final scenes of the play when he attempts to switch places with the condemned prisoners. *Le Siège de Calais*, with its non-noble characters, emphasis on family and reasonably happy ending indicates that our conception of strict generic difference — an innate distinction between theatrical genres — does not pertain to all of eighteenth-century French drama.[2] De Belloy's idea of tragedy reflects the diversity of serious theatre during the period. Edward spares the bourgeois' lives at the end of the play — no doubt an uplifting conclusion — but any happiness is mitigated by the fact that the city surrenders to the English forces and Calais is lost for hundreds of years thereafter. De Belloy's conception of the tragic operates in a similar manner to his notion of the 'expanded' family: the personal pain and suffering that characterize most classical tragedies is now dispersed to all members of the French nation, as military defeat emerges as a legitimate means of inspiring pity and terror in the hearts and minds of eighteenth-century spectators.

De Belloy, in addition to leaning on theatrical predecessors from Antiquity and seventeenth-century France, participated in the creation of the *zeitgeist* running through many dramatic productions during the 1760s — plays like Diderot's *Le Fils naturel*, Beaumarchais's *Eugénie* or Sedaine's *Le Philosophe sans le savoir* — that exemplified an emotional *bourgeoisification* of serious drama, focused on the family and questioned distinctions between serious comedy and tragedy. Breitholz summarizes the generic vagaries of the time:

> La même année que le *Siège de Calais*, en 1765, ce théâtre donna pour la première fois le chef-d'œuvre du drame bourgeois sentimental, le *Philosophe sans le savoir* de Sedaine. L'idée de donner aussi à la classe moyenne une place dans la tragédie était, à cette époque, bien compréhensible, d'autant plus que le drame, tant par son contenu que par sa forme et sa tournure pathétique, se rapprochait souvent beaucoup de la tragédie. Ainsi, il n'était pas rare que les drames fussent écrits en alexandrins, et de nombreux auteurs de drames observaient la règle des trois unités de façon nettement plus stricte que Voltaire dans ses tragédies.[2]

---

1. De Belloy certainly had classical predecessors (albeit rare) in this resepct, notably Corneille's *Cinna* and Racine's *Bérénice* and *Esther*.
2. Félix Gaiffe discusses the ambiguous relationship between the *drame* and the tragic genre in his famous *Le Drame en France au dix-huitième siècle* (Paris, 1910), pp. 47–73. More recently, Pierre Frantz has analyzed the cross-pollination of acting styles between tragedy and the *drame* in 'Jouer le drame au XVIIIe siècle', in Philippe Baron (ed.), *Le Drame, du XVIe siècle à nos jours* (Dijon: Editions Universitaires de Dijon, 2004), pp. 207–15.
3. Breitholz, *Le Théâtre historique en France jusqu'à la Révolution* (Uppsala: A.B. Lundequistska, 1952), p. 192.

Drames in verse, *tragédies bourgeoises*: it is difficult to divide eighteenth-century serious theatre into tidy generic categories. De Belloy's play reveals that a theatrical work's genre during this period was determined more by the author's choice on the title page or by critics with specific motives, rather than by any real, innate qualities of the subject of the play or the form of the poetry. It is impossible to distinguish between terms like *drame national* or *tragédie patriotique*; *Le Siège de Calais* shows rather a spirit of experimentation and ambiguity in theatre and calls into question traditional views of tragedy from the period, which typically cast the genre in terms of decline from the formal norms from Antiquity and the great dramatic examples of the French seventeenth century.[1]

De Belloy's ability to transgress traditional values and rules for tragedy was not the only innovation in *Le Siège de Calais*. At the heart of de Belloy's drama is an attempt to reinterpret the role of French subjects in the formation and protection of *une patrie*. Continued analysis of the representation of patriotism in de Belloy's tragedy reveals an astute knowledge of competing patriotic discourses in eighteenth-century France — discourses that complicate the pro-monarchical or pro-bourgeois messages in *Le Siège de Calais*. By reading de Belloy's version of patriotism against a backdrop of other notions of *patrie* from the period, we can determine if de Belloy proffered an innovative approach to national sentiment or a reassuring call to back the established orders in eighteenth-century France.

'Le temps est arrivé d'écrire sur les nations':[2] Patriotism and Theatre in Eighteenth-Century France

In 1789, newly minted French citizens physically and symbolically reorganized the country's political system to build a nation; this cataclysmic, real moment of nationalization was not without a period of theorization, during which writers reflected on terms such as *nation, patrie, patriote* and *patriotisme*. De Belloy wrote at times that his play was for the 'nation', at other times, for the 'patrie'. In fact, the manuscript of the tragedy (M1765) reveals that the author first titled his play '*Le Siège de Calais ou le Patriotisme*' (this second part of the title was dropped in subsequent editions). Uses of a patriotic lexicon, as we shall see, were as popular as they were dissimilar; the chronological proximity between de Belloy's play and

---

1. This description of eighteenth-century tragedy best summarizes the traditional opinion of scholars: 'With the passing of Racine, French tragedy enters a period of decline. The playwrights of the new age, desiring to imitate the dramatic creations of the seventeenth century, and seeking vainly to attain the artistry of their predecessors, find themselves hampered by a fear of the *naturel*, by the demands of a satiric and suspicious public. The tragedians of the new era are involved, moreover, in the clichés of technique and afflicted by a general lack of inspiration'. James Herbert Davis, *Tragic Theory and the Eighteenth-Century French Critics* (Chapel Hill: University of North Carolina Press, 1966), p. 7.
2. François-Ignace d'Espiard de La Borde, *L'Esprit des nations* (The Hague, 1757), p. 2.

the French Revolution, however, has caused historians to gloss over the rich variations of how 'la patrie' was deployed by writers during the 1760s.

'Patriotic' terms must be understood as components of an ambiguous language on national sentiment or patriotism rather than as a premonition of the Revolution's real political change or as a predecessor to the Counter-Revolution's voices against that change. Patriotic discourses from the *Ancien régime* certainly predated Revolutionary discourses on the *nation*, and they perhaps even influenced how the country was conceived by Revolutionaries, but it is important to stress that there were few 'Revolutionary' discourses in 1765, and none that appeared at a public, State-sponsored venue like the Comédie-Française. Political officials, theorists and artists at the time used *nation* and *patrie* interchangeably. This was a lexical ambiguity under the *Ancien régime* that revolutionaries and subsequent politicians during the nineteenth century would elucidate with the advent of tangible political programs such as nationalism.

It is essential to note that patriotism (a language, discourse, or even a sentiment) is not nationalism (a governmental action or a tangible political platform), despite the conflation of both terms in a post-Revolutionary context.[1] As Sarah Maza writes in her trenchant essay *The Myth of the French Bourgeoisie*, 'Eighteenth-century patriotism should not be confused with later forms of nationalism [...] it was described as a feeling that transcended a narrow love of country [...]'.[2] Nationalism — the concerted effort to build a new identity applicable to all citizens in a given cultural zone — was not on the French political radar until 1789; 'national sentiment' and 'patriotism', however, were longstanding political, aesthetic and emotional categories for centuries before the Revolution.[3]

De Belloy's play appeared at the Comédie-Française and in the hands of readers across Europe in 1765. At that precise moment — in the wake of France's defeat

---

1. See, for example, Marie-Joseph Chénier's 'political' interpretation of *Le Siège de Calais*, analysed *intra.*, pp. 52–56, and for an indication on how much the 'political' debate has failed to evolve, see Eric Annandale's interpretation of *Le Siège de Calais* in 'Patriotism in de Belloy's theatre: the hidden message', *SVEC* 304 (1992), pp. 1225–28. Annandale identifies de Belloy's 'patriotism as being of the developing national rather than of the traditional royalist variety ...' (p. 1225). My goal is to follow a recent line of historiography (David Bell, Peter Campbell), which draws a distinct line between patriotism — an ambiguous discourse — and nationalism, a clear practice of nation building.
2. Sarah Maza, *The Myth of the French Bourgeoisie: An Essay on the Social Imaginary, 1750–1850* (Cambridge, MA: Harvard UP, 2003), p. 60.
3. David A. Bell makes a distinction between national sentiment and nationalism in his study on the rise of nationalism in eighteenth-century France: "[N]ational *sentiment* and national*ism* are by no means the same thing, even if modern theorists frequently conflate them. More than a sentiment, nationalism is a political program which has as its goal not merely to praise, or defend, or strengthen a nation, but actively to construct one, casting its human raw material into a fundamentally new form'. Bell, *The Cult of The Nation in France* (Cambridge, MA: Harvard, 2001), p .3.

in the Seven Years' War — a backdrop of disparate patriotic discourses emerged in France's salons, theatres and academies. These particular brands of patriotism resulted from the reinterpretation of previous theoretical discourses on *la patrie*, engagement with contemporary political events and the changing goals of cultural materials, including theatre. New definitions of patriotism went hand-in-hand with the new ways that writers sought to deploy those definitions in a rising sphere of public influence; as we shall see, 'Love of *patrie* constituted a vast playing field over which a complicated contest of tug-of-war attracted new participants throughout the century'.[1]

The multitude of deployments, definitions and strategies involving the term *la patrie* makes it an extremely ambiguous notion. What did writers mean by (and how could readers have interpreted) the terms 'patriot', '*patrie*' and 'national sentiment'? How were these terms understood and used without the prism of France's Revolution and powerful projects of nationalism that followed? Recent interest in pre-revolutionary notions of *la patrie* have shown that these are complex questions, as various political, social and cultural events led to disparate authorial postures in which writers would use patriotic terms for specific reasons and causes.[2] In an essay on the language of patriotism, Peter Campbell argues that

> The legacy of the War of the Austrian Succession, the emergence of the Pompadour faction which included the reforming *contrôleur général* Machault, the renewed struggles with the church and the *parlements* over Jansenism and over fiscal immunities, the war with England from 1756, all

---

1. Jay M. Smith, *Nobility Reimagined: The Patriotic Nation in Eighteenth-Century France* (Ithaca and London: Cornell, 2005), p. 11.
2. The bibliography on patriotism before 1789 is extensive. See Peter R. Campbell, 'The Language of Patriotism in France, 1750-1770', for the most detailed synthesis of both eighteenth-century writing on *la patrie* as well as subsequent interpretations by historians (in *E-France*, 1, [2007], pp. 1-43). Besides Campbell's essay, see Alfonse Aulard, *Le patriotisme français de la Renaissance à la Révolution* (Paris: E. Chiron, 1921); Daniel Mornet, *Les Origines intellectuelles de la Révolution française* (Paris: Armand Colin, 1933) (especially for more information on the diffusion of 'patriotic morality'); Robert R. Palmer, 'The national Idea in France before the Revolution', in *The Journal of the History of Ideas*, 1 (1940), pp. 95-111; Jacques Godechot, 'Nation, patrie, nationalisme, et patriotisme en France au XVIIIe siècle', in *Annales historiques de la Révolution française*, 206 (1971), pp. 481-501; Norman Hampson, 'La patrie', in C. Lucas (ed.), *The French Revolution and the Creation of Modern Political Culture* 2 (Oxford: Oxford University, 1988), pp. 125-37; Bernard Cottret (ed.), *Du patriotisme aux nationalisms (1700-1848)* (Paris: Créaphis, 2002); David A. Bell and Pauline Baggio, 'Le caractère national et l'imaginaire républicain au XVIIIe siècle', in *Annales. Histoire, Sciences Sociales*, 57, no. 4 (2002), pp. 867-88; Sarah Maza's *The Myth of the French Bourgeoisie*, esp. chapter 2; Smith's *Nobility Reimagined*; and most recently, Peter R. Campbell's more syntactic study of French *parlements* and the diffusion of patriotic discourse in 'The Politics of Patriotism in France (1770-1788)', in *French History*, 24, no. 4 (2010), pp. 550-75.

generated discussions [about *la patrie*] made possible by the relaxation of the censorship regime.[1]

Patriotism at the time manifested in a host of different modes and in a range of intensities. Discussions about *la patrie* were sometimes theoretical, rational and neutral; they were sometimes visceral, sentimental and persuasive. But most importantly for this study, discourses on patriotism surpassed the hallowed halls of France's academies to become increasingly *public*.

There were numerous reflections on French national sentiment during the years leading up to the premiere of *Le Siège de Calais*. The increase in references to *patriotes* and *la patrie*, however, did not go hand-in-hand with any sort of unification of those references into a distinct ideology or social plan.[2] Against the grain of earlier studies that interpreted *Ancien régime* patriotism as a natural route towards republicanism, revolution and nationalism, my understanding of patriotism is more indebted to recent studies, such as Campbell's 'The Language of Patriotism', Jay Smith's *Nobility Reimagined* and Bell's *The Cult of the Nation* — studies in which the authors show that *la patrie* was never conceived *en bloc*, but rather as 'an ambiguous discourse that was exploited rhetorically and strategically from 1750 onwards'.[3]

Montesquieu famously wrote on the differences in 'caractères' among various nations, as well as on the link between *vertu* — a notion that gained greater and greater currency during the eighteenth century — and *patrie*.[4] In Book V of *De l'esprit des lois*, the *philosophe* writes that 'amour de la patrie' and 'amour de la vertu' are synonymous, thus providing a sentimental and moral basis for subsequent ideas of patriotism. Using models from both classical republicanism and recent English political theory, Montesquieu attached *la patrie* to civic duty; his conception of the term in *De l'esprit des lois* brought *la patrie* into the moral register, thus raising its status in the society at the time. Montesquieu, writing on *la patrie* in the 1730s and 1740s, was one of the first *philosophes* to address the term. He was then joined in theorizing on the moral aspects of *la patrie* by other *philosophes*, such as Rousseau and Hélvétius,[5] who in the 1750s each presented

---

1. Campbell, 'The Language of Patriotism', p. 3.
2. For a statistical analysis and interpretation of the various references to patriotism and national sentiment in pre-Revolutionary France, see Liah Greenfeld, *Nationalism. Five Roads to Modernity* (Cambridge, MA: Harvard, 1992), pp. 520-21. Greenfeld notes a marked rise in references to *patrie*, *patriote*, and *nation* during the 1750s and 1760s.
3. Campbell, 'The Language of Patriotism', p. 2.
4. See *De l'esprit des lois* (1748) (Paris: Flammarion, 1979), pp. 167-98.
5. As we will see in a later argument, Rousseau opposed other *philosophes* in his conception of *la patrie*. Most of his 'patriotic writings' can be found in *Du contrat social ou Principes du droit politique* (1762) and *Considérations sur le gouvernement de Pologne* (1772). Helvétius specifically wrote against Montesquieu's link between *patrie* and *vertu* in *De l'esprit*. For more information see Madeleine Ferland, 'Entre la vertu et le bonheur. Sur le principe d'utilité sociale chez Helvétius', *Corpus: Revue de philosophie*, vol. 23 (1993), pp. 201-14.

different and sometimes contradictory opinions on *la patrie*'s relationship to virtue.

Voltaire demonstrated perhaps the most blatant ambivalence towards patriotism. On one hand, he penned overtly patriotic texts like *La Henriade*, exclaimed the values of English patriotism in the *Lettres philosophiques* and critiqued the English from a patriotically French standpoint during the Seven Years' war in *Le Café ou l'Ecossaise*.[1] On the other hand, Voltaire questioned the existence of *la patrie* in, for example, a 1764 article, which would later appear in the *Dictionnaire philosophique*:

> Une patrie est un composé de plusieurs familles ; et comme on soutient communément sa famille par amour-propre, lorsqu'on n'a pas un intérêt contraire, on soutient par le même amour-propre sa ville ou son village qu'on appelle sa patrie. Plus cette patrie devient grande, moins on l'aime ; car l'amour partagé s'affaiblit. Il est impossible d'aimer tendrement une famille trop nombreuse qu'on connaît à peine.[2]

Voltaire's negative take on *la patrie* is mitigated by both his own patriotic literary output as well as his praise of de Belloy's *Le Siège de Calais*.[3] Nonetheless, Voltaire's article reveals that not everybody agreed on the merits of patriotism precisely at the moment of de Belloy's apparition in the Republic of Letters.

Patriotism, besides being construed as inexistent, could also be asserted as a means to support despots. Louis-Sébastien Mercier, perhaps the most anti-monarchical *philosophe*, went so far as to argue in 1772 that patriotism was a pernicious program, impressed upon the masses from above. Mercier writes that, 'excepté deux ou trois républiques, il n'y a pas de patrie proprement dite [...] le patriotisme est un fanatisme inventé par les rois et funeste à l'univers'.[4] But as Norman Hampson points out, Mercier must have changed his mind by 1787, when he 'maintained that one's "amour de la patrie" took precedence over love of humanity'.[5]

Virtuous, necessary, sentimental, inexistent, despotic: a general history of patriotism from before the Revolution indicates that writers theorized on the term with little accord. Even a more synchronic approach on the uses of *la patrie* during the few years before de Belloy's *Le Siège de Calais* still reveals a host of different interpretations and strategies. For example, the 1762 dictionary of the

---

1. In act I, scene 1 of his comedy *Le Café ou l'Ecossaise* (1760), Voltaire presents an argument between two English bar patrons during which one of the men contests that a steady supply of rum is reason enough to go to war.
2. Voltaire, *Dictionnaire philosophique*, II, in *Les Oeuvres complètes de Voltaire*, 36 (Oxford: Voltaire Foundation, 1994), p. 411.
3. See Voltaire's letter to de Belloy, *intra.*, Appendix II.
4. Louis-Sébastien Mercier, *L'An 2440* (London [Paris?], 1772), p. 267, note b.
5. Norman Hampson, 'La patrie', p. 126. Hampson quotes from Mercier's 1787 *Notions claires sur les Gouvernements*, vol. 1.

Académie française (the dictionary that was still current in 1765 at the premiere of *Le Siège de Calais*) provides the following definition of *la patrie*: 'Le pays, l'État où l'on est né. *La France est notre patrie. L'amour de la patrie. Pour le bien de sa patrie. Pour le service de sa patrie. Servir sa patrie. Défendre sa patrie. Mourir pour sa patrie. Le devoir envers la patrie est un des premiers devoirs*'.[1] The Académie's definition, appearing at the height of war with Britain and other European foes and three years before de Belloy's *Le Siège de Calais*, indicates that uses of the term *patrie* at this precise moment coincided with broader notions of duty and obligation. And what is more, the Académie's take on the term is surprisingly similar to our current notions of 'homeland' or 'fatherland'.[2]

Dictionaries and encyclopedias in eighteenth-century France were often part of a partisan mission. The authorial strategies of, for instance, the Académie's dictionary were very different from those of the *philosophes*' famous *Encyclopédie ou dictionnaire raisonné des sciences, des arts et des métiers*. Diderot and D'Alembert's controversial publication also defined *la patrie*, albeit from a partisan, pro-*philosophe* stance. The *Encyclopédie* article 'Patrie', written by Louis de Jaucourt, represents an important change in the history of defining the term; no longer could writers like de Belloy claim that *la patrie* simply represented someone's homeland or a duty to protect that geographical space. Now, *la patrie* was charged with the partisan rhetoric that categorized an ongoing debate between France's *philosophes* and anti-*philosophes*. Jaucourt begins his article by analyzing the means for the existence of a *patrie*:

> Le rhéteur peu logicien, le géographe qui ne s'occupe que de la position des lieux, & le lexicographe vulgaire, prennent la *patrie* pour le lieu de la naissance, quel qu'il soit; mais le philosophe sait que ce mot vient du latin *pater*, qui représente un père & des enfants, & conséquemment qu'il exprime le sens que nous attachons à celui de *famille*, de *société*, d'*état libre*, dont nous sommes membres, & dont les lois assurent nos libertés & notre bonheur. Il n'est point de *patrie* sous le joug du despotisme.[3]

Jaucourt's definition of *la patrie* is familial and political; it emerges as a legal construct (the author insists on the importance of laws) based on a contractual agreement among citizens. Jaucourt allows space for the king, but not the despot, for he would be in violation of each individual's freedom in the *patrie*.

1. 'Patrie', in *Dictionnaire de l'Académie française*, vol. II (Paris: Brunet, 1762).
2. The current *Trésor de la langue française* defines *la patrie* as the 'terre des ancêtres ; pays natal' (see the *Trésor de la langue française informatisé* at www.atlfi.fr). Translating the term into English seems to have no effect on the meaning of the term: the 2013 Merriam-Webster dictionary, like the *Académie's* and the *Trésor*'s, also insists on birth as a determining factor, defining *homeland* as one's 'native land' or 'fatherland' (See 'Homeland', http://www.merriam-webster.com).
3. 'Patrie' in Denis Diderot and Jean le Rond D'Alembert (eds), *Encyclopédie, ou dictionnaire raisonné des sciences, des arts et des métiers, etc.* (University of Chicago: ARTFL Encyclopédie Project), Robert Morrissey (ed.), http://encyclopedie.uchicago.edu/.

The *Encyclopédistes* were engaged public intellectuals; their definition of *la patrie* was also a stance against a rising tide of Counter-Enlightenment discourses precisely during the late 1750s and early 1760s.[1] It is important, however, to note that *philosophe* patriotic discourse did not dominate other conceptions of 'la patrie' in mid-eighteenth-century France.[2] The Revolution and subsequent republican scholarship would eventually put *philosophes* like Rousseau and Voltaire on an intellectual pedestal, but in the 1760s, *philosophes* were embroiled in a battle to designate the scope and goals of terms like '*la patrie*'. In their attempt to distance *la patrie* from the political leaders of France, *philosophes* hoped to persuade readers that the idea of a homeland was dependent on both free will and cosmopolitanism. For some *philosophes*, the *patrie* was deeply inclusive; France, if it is indeed a genuine *patrie*, should be a place 'où les étrangers cherchent un asyle'.[3]

Patriotism's divergent veins trump any attempt to proffer a unifying message, for not even *philosophes* could agree upon a definition of *la patrie*. In his article, 'Cosmopolitanism and patriotism', Jean-René Suratteau deconstructs the commonly held idea (and several anti-*philosophe* arguments) that *philosophes* conceptualized patriotism *en bloc*. Suratteau points out a few strands of *philosophe* thought that may help explain the ambiguity of patriotism that characterized the mid-eighteenth century, and more specifically, de Belloy's *Le Siège de Calais*. According to Suratteau, the first type of *philosophe* patriotism, illustrated by D'Alembert in his 'Discours préliminaire' to the *Encyclopédie* and by Jaucourt in his article on 'Patrie', effectively sought to downplay the geographic boundaries of a *patrie* and bolster a more international spirit of human connectivity.[4] Patriotism, according to this *philosophe* definition, is 'not exclusive but universalistic';[5] it is a force that unites a group of people through common bonds of *vertu* and *amour*.

The *patrie*, to this end, is antagonistic to despotism, (what would be called) nationalist monarchism and any other type of government plan that seeks to quell

---

1. The literature on anti-*philosophes* is vast. Two comprehensive and clearly argued studies are Darrin M. McMahon, *Enemies of the Enlightenment: The French Counter-Enlightenment and the Making of Modernity* (Oxford: Oxford University, 2001) and Didier Masseau, *Les ennemis des philosophes*.
2. The struggle to control the deployment of terms and ideas in eighteenth-century France would change by the 1780s, as the *philosophes* effectively 'won' a series of intellectual battles against their adversaries. For more information on how *philosophes* came to dominate France's various cultural institutions, including the Comédie-Française and the Académie française, see Robert Darnton's groundbreaking study, 'The High Enlightenment and the Low-Life of Literature in Pre-Revolutionary France'. *Past and Present*, 51 (1971), pp. 81-115.
3. Jaucourt, 'Patrie', in *L'Encyclopédie*, http://encyclopedie.uchicago.edu/.
4. J.-R. Suratteau, 'Rapport de Synthèse: Cosmopolitanism and patriotism', in *Transactions of the Fifth International Congress on the Enlightenment* (1980), pp. 411-14.
5. Maza, *The Myth of the French Bourgeoisie*, p. 60.

the people's freedoms for the sake of the king. D'Alembert, for example, creates a sharp distinction between the national interests of any country and a citizen's duty to humanity:

> L'histoire de l'homme a pour objet, ou ses actions, ou ses connaissances; et elle est par conséquent civile ou littéraire, c'est-à-dire se partage entre les grandes nations et les grands génies, entre les rois et les gens de lettres, entre les conquérants et les philosophes.[1]

According to D'Alembert, politics and literature do not mix; the eighteenth-century *philosophe* is consistently at the (sometimes dangerous) opposite end of the spectrum from a country's king and his political interests.

In his analysis of Jaucourt's *Encyclopédie* article, Surrateau underlines the utopian, international nature of the *philosophe*'s homeland. Quoting Jaucourt, Surrateau argues that the *patrie* is paradoxically filled with *cosmopolites*, who live together in a free state of harmony:

> La patrie est donc 'une terre que tous ses habitants sont intéressés à conserver parce que l'on n'abandonne pas son bonheur, et où les étrangers cherchent un asile' [...] [et] le 'cosmopolite' est 'un citoyen de l'univers' et seuls les 'philosophes' peuvent être 'cosmopolites' car 'je préfère, disait un philosophe, ma famille à moi, ma patrie à ma famille et le genre humain à ma patrie.[2]

The *Encyclopédie*'s brand of patriotism includes an international sentiment, shared by all members of *la patrie* and deployed in order to hold local tyranny in check. According to some *philosophes*, they are patriots precisely because they focus on cross-cultural issues that apply to the true *patrie philosophique*: humanity.

This strand of patriotism — a concerted effort to apply rational, universal principles to a variety of cultures — obviously jarred with the patriotic ideals of the political, religious and cultural establishment in France; cosmopolitanism, as conceived by *Encyclopédistes*, also provided the fodder for de Belloy's most explicit reflection on patriotism in *Le Siège de Calais* (III. 3):

> MAUNI.
> Je hais ces cœurs glacés et morts pour leur pays,
> Qui, voyant ses malheurs dans une paix profonde.
> S'honorent du grand nom de Citoyens du Monde.
> Feignent, dans tout climat, d'aimer l'humanité.
> Pour ne la point servir dans leur propre cité.
> Fils ingrats, vils fardeaux du sein qui les fit naître,
> Et dignes du néant, par l'oubli de leur être.

---

1. Jean le Rond D'Alembert, *Discours préliminaire de l'Encyclopédie* (Paris: Briasson-Durand, 1751). Reprinted, Paris, 1965, p. 65.
2. Surateau, 'Cosmopolitanism and patriotism', pp. 418-19.

Mauni, a soft-spoken English general, laments the internationalism of several 'fils ingrats' in France — these 'world citizens', who only view the idea of humanity in abstraction and not as applicable to real-life places ('cités') and their inhabitants.

De Belloy's critique of *philosophe* cosmopolitanism reflects a line of Counter-Enlightenment thought during the 1760s. Enemies of Voltaire, Diderot and other *philosophes* — writers who would soon become known as anti-*philosophes*, such as Fougeret de Monbron, Fréron, and Palissot, conceptualized patriotism not as a rational contract or an equalizing moral code among freethinking individuals but as unquestioning loyalty to the French crown and to French cultural traditions. These anti-*philosophe* writers were just as adept at disseminating their ideas in French society as their *Encyclopédique* counterparts.[1] For example, in Palissot's *Les Philosophes* (1760), the satirical comedy against Diderot, Rousseau and Helvétius, the author takes his enemies to task for their putative irreverence towards national issues. Palissot, besides claiming that *philosophes* were both atheists and political radicals, rebukes his enemies for their cosmopolitan views of society. Damis, the patriotic hero of Palissot's satire, laments what he views as the *philosophes*' dangerous internationalism and lackluster love of country: 'Louant, admirant tout dans les autres pays, / Et se faisant honneur d'avilir leur patrie: / Sont-ce là les succès sur lesquels on s'écrie'? (I. 5). Not stopping his critique there, Palissot evinces the *philosophes*' anti-patriotism by having the main *philosophe* antagonist, Valère, attempt to take advantage of Damis's absence due to a long tour of war duty by stealing the hand of his love (and betrothed), Rosalie.

Palissot did not invent this critical posture; in addition to de Belloy's 'internationalism' critique, Paris was rife with anti-*philosophe* writings against cosmopolitanism and anglophilia during the 1750s and 1760s.[2] But how accurate was the contention that members of the encyclopedic project and other *philosophes* lacked a love of country? And to what extent can we read critiques like Palissot's or de Belloy's as legitimate stances against an oppositional force? Perhaps more than anything else, Palissot and de Belloy critiqued cosmopolitanism for strategic reasons of personal gain. During a time of war, what better way is there to rally support than to show the nefarious effect of traitors

---

1. Olivier Ferret tracks the genesis and strategies of debates between these two rival groups in *La Fureur de nuire*.
2. Cosmopolitanism was a major theme in the *Cacouacs* pamphlet attacks, launched by Fougeret de Monbron, Nicholas Moreau, and Palissot. In addition, Monbron penned a satirical 'philosophe' treatise, *Le Cosmopolite* in 1751 — a work, which harshly criticized *philosophe* proclivities towards travel and international networks and which spawned a series of pamphlets and tracts during the 1750s. For more information, see Masseau, *Les Ennemies des Philosophes*, pp. 130–40.

and anti-patriots (e.g. *philosophes*, or in de Belloy's play, Harcourt) on political and social structures?

Mauni's diatribe against cosmopolitanism is only one side of the complex representation of patriotism in de Belloy's tragedy. Despite all of the pro-France grandstanding and sentimental calls to support Philippe de Valois, *Le Siège de Calais* is not a simple attack against *philosophe* cosmopolitanism. Although many subsequent critiques of the tragedy highlight the anti-*philosophique* bent in the above quotation, they fail to underscore the simple fact that, at other times in his play, de Belloy asserts commonalities among *reasonable* characters (from any country), for example, when he polarizes Edward's and Harcourt's self-interest with the Calaisians' and Mauni's sentimental and sacrificial patriotism. Mauni and Saint-Pierre, despite the fact that they represent opposing forces, still find an intellectual commonplace in reason, compassion and duty. Any overt critiques against foreigners or foreign influence in France are thus called into question by Mauni's ability to see eye-to-eye with French characters, and especially, with Saint-Pierre. In act V, for example, the English general calls for the release of the prisoners, hoping, in a very *philosophe* way, to instill a voice of reason and justice into Edward's dreadful plans.

A binary take on patriotism between *philosophes* (cosmopolitans) and anti-*philosophes* (government supporters) fails to address the ambiguities in conceptions of *la patrie* at the time. In fact, not all *philosophes* believed that the *patrie* included an international matrix of citizens striving for a common good. Rousseau, for example, presents a starkly different take on patriotism in his letter to the Swiss magistrate, Paul Ustéri, on 30 April 1763:

> C'est l'amour du pays natal, la patrie qui rend les hommes vertueux [...]. Voulons-nous que les hommes soient vertueux ? Faisons-les alors aimer la patrie. Mais comment le pourrions-nous, comment l'aimeraient-ils si elle n'est rien de plus pour eux que pour les étrangers et qu'elle ne leur accorde que ce qu'elle ne peut refuser à personne ? Ce serait bien s'ils n'y jouissaient pas même de la sureté civile et que leurs biens, leurs vies, ou leur liberté fussent à la discrétion des hommes puissants sans qu'il leur fut possible ou permis de réclamer, d'oser réclamer des lois ? Alors soumis aux devoirs de l'état de nature sans jouir même des droits de l'état de nature et sans pouvoir employer leurs forces pour se défendre, ils seraient par conséquent dans la pire condition où puissent se trouver des hommes libres et le mot 'patrie' ne pourrait avoir pour eux qu'un sens odieux ou ridicule.[1]

Rousseau grounds the patriotic experience of love in an identificatory, sentimental response to one's native land ('l'amour du pays natal') rather than in a philosophy of international connectivity (the *Encyclopédistes*) based on universal values or in a specific religious or political experience (governmental authorities,

---

1. Reprinted in Surrateau, 'Cosmopolitanism and patriotism', p. 415.

Church officials, anti-*philosophes*). Rousseau's patriotism is certainly 'nativist', and like Montesquieu's brand, 'moral'; but patriotism, according to the *citoyen de Genève*, is in danger and perhaps even inexistent. Due to international forces — and Rousseau is unclear here, perhaps referring to the internationalism inherent to monarchies, rising commercial interests or intellectual mercenaries — many *patries* are nothing but despotic zones controlling native citizens.

In Rousseau's take on patriotism, the notion emerges as 'plus affectif que politique', and as an emotional experience that teaches us how to be virtuous.[1] In fact, whereas virtue was the *sine qua non* condition of patriotism in Montesquieu's and other *philosophes'* conception of the term, virtue is the result of experiencing patriotic sentiment in Rousseau's letter. If patriotism is a reception-based process or an emotion, it is plausible that a spectator or reader could achieve virtue through heightened experiences with patriotic themes — a pedagogical strategy that de Belloy proffers in *Le Siège de Calais*. With this hope to inspire his public towards moral change through sensibility, de Belloy — at times — follows Rousseau's ambiguous brand of patriotism that emerges as nativist, but also as emotional and inspirational.

Another essential component of de Belloy's patriotism is the explicit and implicit representations of municipal autonomy — a faith in local leaders over national or international monarchs. When de Belloy stages a group of bourgeois citizens rallying around the French monarch, he also hopes to underscore their desire to preserve the autonomy that Saint-Pierre and his municipal staff had enjoyed while governing Calais before Edward's attack. Fearing the despotic reign of a foreign prince, it is possible that the Calaisians chose the side of Philippe and the status quo. Saint-Pierre and his municipal staff seem to have full control over the city's day-to-day activities (rationing food in wartime, watch patrols, etc.) as well as over the major decisions that affect the city and its inhabitants (i.e. whether to surrender or not). Moreover, it is interesting to note that Valois, owing to both theatrical and political norms, never once appears on stage — a fact that renders his influence meager or, at best, implicit. Patriotism in de Belloy's tragedy is not only sentimental but also local; the author's goal is to show the importance of daily sacrifices rather than long-term political plans: Saint-Pierre saves his community — the people in his new 'patriotic family' — instead of sacrificing every last member to the ongoing international war effort.

The multiple interpretations of patriotism in *Le Siège de Calais* reflect the term's ambiguity at the time and urge us to examine other, perhaps less explicit, ways to conceptualize patriotism during this precise period. There were not only theoretical, literary or philosophical precedents that determined how *la patrie* was used and defined. Difficult socio-political events such as the Seven Years' War affected French subjects viscerally and created new brands of patriotism during

---

1. Bernard Cottret, 'Introduction', *Du patriotisme aux nationalismes*, p. 11.

the late 1750s and 1760s. In his study on how patriotism interwove with other concepts such as virtue and honor, Jay M. Smith argues that 'France's demoralizing loss to the English and the Prussians in the Seven Years' War led to a collective soul-searching the likes of which the French had never experienced'.[1] French reflections on what it meant to be patriotic were the result of wartime experience: now France had an antagonistic relationship with a linguistic and social 'Other' and a specific way to conceptualize the *patrie* that underscored difference rather than universalism. Smith elaborates on this important semantic shift in *some* forms of patriotism that occurred: 'the insistence on the French capacity for patriotism during and after the Seven Years' War reflected the intensification of a broad and ongoing effort to define a distinctively French, and distinctively postclassical, patriotic morality capable of thriving in modern conditions'.[2]

The new reflections on patriotic difference were indeed numerous during the period directly after war.[3] Edmond Dziembowski, in his study of national sentiment at the time, stresses the importance of war in general, and the Hundred Years' War and the Seven Years' War in particular, as a means for catalyzing patriotic sentiment throughout France. Dziembowski reminds readers that war with the English during the 1750s and 1760s was not the first time that Albion elicited French sentiment about *la patrie*; patriotism was a longstanding emotional language that was directly influenced by England and France's complex political and military histories. Of medieval struggles with England, for example, Dziembowski writes, 'la guerre de Cent Ans déclenche dans l'inconscient collectif une mutation capitale. La prise de conscience d'appartenir à un même pays se manifeste tant par un vif sentiment anglophobe que par des actes marquant un net attachement à la patrie'.[4] French patriotism emerged only as *French* because of the gradual differentiation between the conceptions of 'France' and 'England' during the early modern period.

De Belloy's play — a tragedy about French bravery during the Hundred Years' War — sought to reignite and capitalize on France's longstanding Anglophobia in a post-Seven Years' War context. For Dziembowski, the Seven Years' War affected French patriotic consciousness more than any other event before the Revolution; patriotic texts emerged from a variety of sources and in a variety of genres in France to produce a strong sentiment of belonging, passionately evinced in a collective antagonism to England. But again, de Belloy refuses to proffer a

1. Smith, *Nobility Reimagined*, p. 143.
2. Smith, *Nobility Reimagined*, p. 144.
3. The most telling example of historical and comparative analysis is Basset de La Marelle's *La Différence du Patriotisme National chez les François et chez les Anglois* (1765) (Paris, 2nd edition, 1766).
4. Edmond Dziembowski, *Un nouveau patriotisme français, 1750-1770 : La France face à la puissance anglaise à l'époque de la guerre de Sept Ans* (Oxford: Voltaire Foundation, 1998), p. 325.

clear prescription on how recently defeated French men and women should feel towards their English counterparts. It is true that de Belloy stages Edward as a vindictive English monarch and that the author critiques, *à plusieurs reprises*, the underpinnings of the Plantagenet family and Edward's purported claims to the French crown. But perhaps with a reconciliatory goal in mind during the postwar period, de Belloy mitigates his critiques with praise of the English people. Besides calling the English 'un peuple magnanime', de Belloy contrasts the sentimental general Mauni with Edward, the emotionally unstable English king. Saint-Pierre engages Edward on a variety of topics from the Salic law to military strategy, but the mayor consistently agrees with Mauni that Edward will never win the hearts of the local Calais population (act V) and that unpatriotic citizens hurt the collective spirit of a nation (act III), whether that nation is France or England. Once again, de Belloy's patriotism — like conceptions of patriotism in society at the time — asserts ambiguity and subtlety, rather than cohesiveness, or simplicity.

Complex but clearly important, patriotism nonetheless did exist under the *Ancien régime*. Beginning with Revolutionaries and continuing into very modern times, French political officials and historians of the period have downplayed notions of *la patrie* under the *Ancien régime*, arguing that the term was mainly municipal or regional; or, that *la patrie* was attached to a specific type of government until the advent of the Republic in 1792. In fact, many postrevolutionary critics argued incorrectly that the term was never part of the French language before the events of 1789. For example, Ferdinand Buisson, the French Education Ministry's *Inspecteur général*, wrote on the eve of the First World War that in 1789 'la France cessait d'être un royaume pour devenir *une patrie*'.[1] For Buisson and other politicians of the Third Republic, the birth of French national sentiment coincided with the fall of the Bastille.

Buisson's claim is obviously untrue; or, his take on patriotism is perhaps indicative of the enduring confusion between nationalism and patriotism that originated with the Revolutionaries of 1789.[2] If the preceding sketch of French patriotism indicates that the notion did exist, what *was* it? A language? An idea? A political program? Recent scholarship has attempted to not only describe patriotism but also postulate its overall effect on larger issues of nationhood and political action. Did patriotism 'move' people to act? Did it precisely cause the opposite effect by discouraging contention and political disagreement? Perhaps most importantly, can we assert that patriotism is an ideology, that it 'predetermine[s] choices and directions',[3] like nationalism, communism, or republicanism?

---

1. Quoted in Jacques Ozouf and Mona Ozouf, 'Le thème du Patriotisme dans les manuels primaires, 1914: La guerre et la classe ouvrière européenne', in *Mouvement social* 49 (1964), p. 7 (emphasis in the original).
2. See Bell, *The Cult of the Nation*, for a detailed analysis on how Revolutionaries adopted a patriotic discourse for their nationalistic programs.
3. Campbell, 'The Language of patriotism', p. 7.

Patriotism before the Revolution was not a black-and-white, patriot-or-not equation, but a complex discourse with disparate goals and varying intensities. Rousseau's nativist patriotism, the *Encyclopédistes'* international patriotic republic or Palissot's idea of submission to the crown *cum* patriotism — these divergent readings of what it meant to be a patriot were all pertinent in 1765. This competition to define patriotism, although interdisciplinary, found a natural venue in the theatre because of drama's sheer popularity and efficiency as a cultural weapon during the mid-eighteenth century. Owing to theatre's ability to affect spectators on both visceral and intellectual levels, playwrights such as de Belloy sought to cast patriotism as a legitimate emotion and a persuasive ideal, and thus, as a valid and powerful theme in tragedy and in other theatrical genres.[1] For some readers, writers and spectators, as we shall see, this new patriotic sentimentality caused them to respond, write or critique differently, thus affecting their 'choices and decisions' in a cultural, if not political, context.

Patriotism on the Stage

During the eighteenth century — a century of *théâtromanie* — theatre was an important social event, and the physical space of the theatre was possibly even 'le seul lieu où la Nation pourra prendre conscience d'elle-même'.[2] Theatre performances were the rare moments in eighteenth-century France when relatively disparate members of society found themselves in the same room and in front of the same audio-visual event. Performance, perhaps more than the written word, creates an *affective* bond — an identificatory response — between spectators in the theatre house and actors on the stage; this bond, based on the immediacy of seeing and hearing fellow human beings, urges us to consider the theatrical context for patriotism in early-modern France. It is essential to keep in mind that *Le Siège de Calais* is a play — a specific type of cultural artifact with particular goals. Patriotism emerged as a theme in texts about financial policy, European history and legal precedence; patriotism, as we saw, runs through correspondences, poems and philosophical tracts. But what 'happened' to patriotic discourse as it was hoisted up on the stage and presented to a group of French spectators? How does the dramatic text change when an author's 'patriotic mission' or a government's attempt to persuade its subjects are exposed to the

---

1. De Belloy argues for the inclusion of patriotism among the 'grandes passions' that playwrights demonstrate in tragedy. He writes: 'je vois que depuis quelques années on répand dans des Préfaces & dans des Journaux, que la Tragédie n'est faite que pour le développement des passions. Quand cette erreur serait une vérité, l'amour de la Patrie, porté jusqu'à l'enthousiasme, devrait être mis au rang des grandes passions' (De Belloy, 'Préface' to *Le Siège de Calais, intra.*, p. 69).
2. Jean-Jacques Roubine, *Introduction aux grandes théories du théâtre* (Paris: Armand Colin, 2004), p. 56.

whims and ambiguities of the live audio-visual event and the multiplicity of simultaneous, heterogeneous perceptions and interpretations?

In his essay, *Naissance du Panthéon*, Jean-Claude Bonnet traces the desacralization of religious and monarchical figures through their representation in secular art works during the eighteenth century. Specifically writing on theatre, Bonnet argues that changes in representations of *la patrie* and its illustrious leaders went hand-in-hand with generic changes to France's neoclassical theatrical tradition. Bonnet contends that 'la principale question qui se posa, au théâtre, du point de vue du culte des grands hommes, fut de savoir quels héros paraîtraient désormais sur les scènes. Les personnages marquants du Panthéon national ne pouvaient y être évoqués sans un renouvellement profond des genres dramatiques.'[1] *Le Siège de Calais* is a clear example of how changes in heroic representation mapped on to changes to dramatic genres in late eighteenth-century France as new theatrical forms influenced and were influenced by a rising bourgeois social class.[2] De Belloy's tragedy, as we saw earlier, eschews most tragic norms and proffers strategies similar to the emerging genre of the *drame*. This includes a stronger emphasis on family life and sentimentality as well as the depiction of a happily constructed 'tableau' instead of a tragic demise in the final scene. While it is important to take into account the variety of genres that defined and deployed patriotic discourses in eighteenth-century France, it is equally essential to underscore the fact that de Belloy also relied upon *dramatic* precedents to construct a unique representation of *la patrie* in 1765.

By the time de Belloy penned *Le Siège de Calais*, theatres in Paris and the provinces had intermittently staged 'pièces d'intérêt national' — plays that represented important moments and people from the political and military histories of France. De Belloy was nonetheless the first dramatist to claim patriotism as the *raison d'être* behind his tragedy by naming his original manuscript *Le Siège de Calais ou le Patriotisme* and by writing an extensive introductory essay on patriotism to accompany the first published version of the text. In that preface, de Belloy argues that 'sujets nationaux' were popular themes in drama from Antiquity through to contemporary England. French dramatists, however, refuse to stage issues involving their own *patrie*, and instead always hark

---

1. Jean-Claude Bonnet, *Naissance du Panthéon : Essai sur le culte des grands hommes* (Paris: Fayard, 1998), p. 123.
2. The bibliography on the rising middle classes in eighteenth-century France is extensive. For the most famous interpretation, see Jürgen Habermas, *The Structural Transformation of the Public Sphere: An Inquiry into a Category of Bourgeois Society*, trans. Thomas Burger (Cambridge, MA: MIT Press, 1991), especially chapter 2. For more empirical evidence on the democratization of theatre publics, see Jeffrey Ravel, *The Contested Parterre*, chapter 4 'Policing the Parterre, 1697–1751', pp. 134–60, as well as Ravel's appendix on 'Theatre Publics'.

back to antiquity or foreign lands — a trend that de Belloy views as incongruent to the identificatory and didactic goals of theatre: 'Qu'on ne dise plus sans cesse, en sortant de notre théâtre : les grands hommes que je viens de voir représenter étaient Romains, je ne suis pas né dans un pays où je puisse leur ressembler. Mais que l'on dise au moins quelquefois : je ne viens de voir un Héros François, je puis être Héros comme lui. Voilà le nouveau genre.'[1]

De Belloy's goal in the 'nouveau genre' is to teach virtue by closing the temporal and spatial distance between the audience and his characters. This 'aesthetic of proximity' is the fundamental principle of de Belloy's theatrical effort and perhaps partly responsible for the avid reception of the play by spectators from all walks of life. But how 'new' is de Belloy's 'new genre'? Critics were quick to point out that de Belloy had gone too far in his assertions of novelty in the preface to *Le Siège de Calais*. Fréron, the anti-*philosophe* critic, wrote shortly after the publication of the play that de Belloy was hardly the inventor of 'la tragédie nationale' or the 'genre patriotique'. In the *Année littéraire*, Fréron reminds his readers that Voltaire had already used national themes in the tragedies *Zaïre* (1732) and *Adélaïde du Guesclin* (1734). Fréron also mentions several seventeenth-century examples national tragedies, such as *Anne de Bretagne, Reine de France* (1678) and *Louis, Duc d'Orléans* (1679), which were both performed in front of audiences at the Hôtel de Bourgogne.[2]

In addition to the national tragedies staged at theatres during the seventeenth century, dramatic authors during the decades leading up to de Belloy's arrival employed French historical figures in several plays that were never performed at the Comédie-Française. For instance, the year 1736 saw three examples: Charles Bordes' *Blanche de Bourbon*, Louis de Cahusac's *Pharamond* and Pierre de Morand's *Childéric*.[3] In 1739, Baculard d'Arnaud wrote *Coligny, ou la Saint-Barthélémy*, a play that had some success in literary circles and that influenced later playwrights, but never saw a single public performance.[4] During the 1740s, French readers enjoyed several plays 'd'intérêt national', including the Président Hénault's *François II* and the Marquis d'Argenson's *La Prison du Prince Charles-Edouard Stuart*.[5] These plays were followed in the 1750s by such titles as *Abaillard*

---

1. De Belloy, 'Préface', *intra.*, pp. 64.
2. Fréron, *Année littéraire* viii, pp. 325–26.
3. Cahusac's *Pharamon* was performed once at the Saint-Germain fair on 14 August 1736; Morand's *Childéric* was performed once at the same venue on 19 December 1736 (CESAR).
4. Baculard d'Arnaud's *Coligny* was performed in private at the Hôtel de Clermont-Tonnerre in Paris (1739). The play was eventually performed publicly at the Théâtre Molière during the Revolution (1791).
5. For more information on Charles-Jean-François (The Président) Hénault's *François II, roi de France* (1747), see the most recent edition of the play, edited by Thomas Wynn (London: MHRA, 2006).

et Héloyse by a certain 'M. de Guys' (or Guis) (1752), La Place's *Adèle de Ponthieu* (1757)[1] and M. Salvat's *Marguerite d'Anjou, Reine d'Angleterre* (1757).[2]

Few, if any, of these plays were veritable events in the Republic of Letters; besides Arnaud's *Coligny* and Hénault's *François II*, none focused on the political stakes of important moments in French national history. The dramatic precursors to *Le Siège de Calais* helped establish a patriotic literary commonplace before the arrival of de Belloy's play, but these works lacked an important factor that would separate patriotic drama of the 1760s from these earlier works: multiple public performances during a period of heightened patriotic awareness. More renowned preludes in both content and public impact to de Belloy's *Siège de Calais* appeared at the Comédie-Française — during the years leading up to 1765.

In 1760, at the height of war between France and its European foes, Voltaire staged *Tancrède*, a heroic play about eleventh-century French crusaders in the southern Mediterranean. Voltaire's tragedy is sentimental and laudatory of historical moments showing French bravery. In act two, for example, Voltaire's lead female character, Aménaïde (who was also played by the Mlle Clairon), evokes the glory of French generosity and military victory (II. 2)

> Ces généreux Français, ces illustres vainqueurs,
> Subjuguaient l'Italie, et conquéraient des cœurs.
> On aimait leur franchise, on redoutait leurs armes ;
> Les soupçons n'entraient point dans leurs esprits altiers.
> L'honneur avait uni tous ces grands chevaliers.[3]

Voltaire's tip of the hat to French bravery and national character did not go unnoticed by spectators at the Comédie-Française.

On the play's reception, Breitholtz contends that 'les belles tirades patriotiques de *Tancrède* furent accueillies avec ravissement par le public qui, pendant la guerre de Sept Ans qui valut à la France tant de défaites, ressentait le besoin d'entendre rappeler les hauts faits de jadis et l'honneur national'.[4] Voltaire's *Tancrède*, however, did not take place in France and it was not about the loss of French territories or even English aggression; it eschewed contemporary or historical political issues unlike de Belloy's *Le Siège de Calais*. But like de Belloy's tragedy, Voltaire sought to unite a group of spectators around the common narrative of French national pride and the tragic suffering of a French soldier (the eponymous hero of the tragedy). In a more recent analysis of the play, Thomas

---

1. Pierre-Antoine de La Place's *Adèle de Ponthieu* was performed once at the Saint-Germain fair and twice in Toulouse (1757-1758) (CESAR).
2. Clarence Brenner provides a small synopsis of each of these plays in his *Histoire nationale dans la tragédie française du XVIIIe siècle*, pp. 224-28.
3. Voltaire, *Tancrède* (1760) (Paris: Duchesne, 1772). For the definitive edition of Voltaire's play, see *Oeuvres complètes de Voltaire*, vol. 49b (Oxford, Voltaire Foundation, 2009).
4. Lennart Breitholtz, *Le Théâtre historique en France*, p. 181.

Wynn argues that '*Tancrède* is intended above all as a patriotic gesture [...] created during the Seven Years Year, the tragedy affirms French identity and cultural supremacy at a time when England's geo-political ascendancy came at the expense of France's "humiliation"'.[1] By staging the tragic suffering of a Frenchman in a different time and place, Voltaire 'positively diverts…the spectator from the country's current misfortunes, and offers a consoling illusion of pathetic suffering,' so that 'the spectator may then participate vicariously in that suffering'.[2] Voltaire's efforts were effective because they were *affective*: according to both Breitholz and Wynn, 'contemporary accounts repeat *Tancrède*'s emotional impact and cohesive effect'.[3]

With *Tancrède*, Voltaire surpasses the 'national' efforts he first proffered in *Zaïre*, where he stages a handful of French 'grands croisés' who have gone to fight in the Holy Land.[4] Aside from several references to famous crusade families, there are few 'patriotic moments' in *Zaïre*; there are no declarations about 'illustrious' or 'generous' Frenchmen and the most sentimental character, the Christian slave Zaïre, is not French. Several decades later and at the height of war with England, however, Voltaire changes gears by staging French knights as the lead characters in his tragedy and infusing them with sentimentality and patriotic zeal. With *Tancrède*, Voltaire, perhaps more than any other French dramatist before 1760, made 'full and spectacular use of the theatrical apparatus so as to create a didactic and nationalistic work of especial emotion and moral force'.[5]

Voltaire's popular tragedy was in the hearts and minds of spectators and dramatic authors during the first half of the 1760s. Soon after *Tancrède's* public success in Paris and the provinces,[6] other authors hoped to capitalize on France's renewed patriotic sentiment after the Seven Years' War and latched on to the patriotic model for tragedy and comedy. Favart, the well-known author of both *opéra-comiques* at the Comédie-Italienne and comedies at the

---

1. Thomas Wynn, 'The commonplace of theatre as a school of virtue: the case of Voltaire's *Tancrède* (1760)', in Joop Koopmans and Nils Holger Petersen (eds), *Commonplace Culture in Western Europe in the Early Modern Period III: Legitimation of Authority* (Leuven: Peeters, 2011), p. 141.
2. *Ibid.*, p. 146.
3. *Ibid.*, p. 146.
4. Over thirty years before *Le Siège de Calais*, Voltaire wrote on the importance of staging *la patrie* in French theatre in his 'Epître dédicatoire' to *Zaire*. On the apparent differences between English and French theatre, Voltaire argues: 'On croit qu'à votre [English] théâtre on bat des mains au mot de patrie, et chez nous à celui d'amour, cependant la vérité est que vous mettez de l'amour tout comme nous dans vos tragédies'. Qtd. in Bernard Cottret, 'Introduction', *Du patriotisme aux nationalismes*, p. 12.
5. Wynn, 'The commonplace of theatre', p. 134.
6. *Tancrède* was Voltaire's most performed tragedy in French cities outside of Paris. For more information see Max Fuchs, *La Vie théâtrale en province au XVIIIe siècle* (1933) (Paris: CNRS, 1986), pp. 140–42; see Wynn, 'The commonplace of theatre', p. 134.

Comédie-Française, wrote and staged *L'Anglais à Bordeaux* to 'celebrate' France's signing of the Treaty of Paris in 1763. As we saw earlier, Favart's play was a 'divertissement officiel' — a commissioned work that Choiseul, France's foreign minister, hoped would divert his countrymen's attention from recent defeat in the war. Jacques Truchet writes in the *Pléiade* edition of *L'Anglais à Bordeaux* that Favart's work was designed to 'dissimuler' the recent military struggles rather than 'décrire' France's stunning loss to Albion: 'en dépit de la haute signification à laquelle elle prétendait atteindre, cette comédie reste franchement gaie. Il le fallait : c'était un divertissement *officiel*.'[1]

L'Anglais à Bordeaux received a lukewarm reaction in the critical sphere and Favart's play failed to cause any 'bruit' despite its brief success at the Comédie-Française and provincial theatres. It was performed one time in front of the king at his private theatre in Versailles and enjoyed a final performance at the end of the eighteenth century in Brussels.[2] But Favart's play was not a sentimental tragedy. *L'Anglais à Bordeaux* did not attempt to forge an emotional commonplace with French spectators who had just felt the anguish of crushing military and personal losses. Favart's comedy tried to gloss over the emotional complexities of post-war France and never achieved any status on a *national* level — an accomplishment that de Belloy would achieve just two years later with *Le Siège de Calais*, self-propelled by its author as 'la première tragédie française où l'on ait procurer à la Nation le plaisir de s'intéresser pour elle-même'.[3]

France's various 'pièces d'intérêt national' or examples of 'théâtre patriotique' were not a genre *en bloc*. Plays that evoked patriotic reactions were sometimes historical tragedies and sometimes serious comedies with themes inspired by current geopolitical events. As far as the tragic genre is concerned, patriotic examples were incongruent to the vast majority of tragedies from the period: *tragédies patriotiques* or *nationales* spurned antiquity to show French people that their own land, history and ancestors should be defended both militarily and artistically. This geographical and linguistic common ground is at the heart of all plays about *la patrie*. French dramatic patriotism, above all, was a representation of a collective spirit that sought to bring French people together, reduce the importance of class difference on the stage, and *teach* French subjects about the underpinnings of their political, social or geographical history.

Patriotism was a polyvalent, ambiguous concept in theoretical works during the period, but is there more unity in the term when it was employed for the stage? In 'The Language of Patriotism', Campbell assesses the term *patrie* against

---

1. Jacques Truchet, 'Notice' to *L'Anglais à Bordeaux*, in *Le Théâtre français du XVIIIe siècle*, II, p. 1421.
2. For more information on the performance and publication history of *L'Anglais à Bordeaux*, consult the *CESAR* database.
3. De Belloy, 'Préface', *intra.*, p. 63.

several conceptual categories including language, idea, ideology and discourse. Campbell asserts that patriotism could not have been an ideology because, owing to the disparate conceptions of the term (analyzed at length above), it could never coherently 'predetermine choices and directions'. Instead, Campbell (following David Bell in *Cult of the Nation*) argues that we should understand patriotism as a discourse, or more specifically, as 'part of an ambiguous discourse that was exploited rhetorically and strategically [...]'.[1] In his article, Campbell goes on to show how patriotism worked and unworked itself in so many ways that negated the term's overall ability to alter the political or social paths of pre-revolutionary French subjects.

Campbell's conception of *la patrie* renders more complex the existing literature on patriotism; the author refuses to read patriotism in a binary (and often fruitless) manner, which asserts the term as either a prescient sign of the Revolution or a governmental stop-gap to nascent revolutionary sentiment. Campbell's anti-ideological standpoint — his reluctance to assert that patriotism could affect the actions of people — conflates the various deployments of patriotism into an artistic, political and philosophical discourse. De Belloy's use of patriotism, like Voltaire's in *Tancrède*, was *theatrical* — a discursive field that submits authorial strategies to the checks and balances of spectator participation in an audio-visual event. Moreover, de Belloy's patriotism, when staged at a cultural institution, appeared under the guise of 'literature' or 'the arts' — cultural milieus with separate (and 'safer') codes and norms when compared to the political arena of eighteenth-century France.

Perhaps the patriotism in *Le Siège de Calais* was an ideology — a discourse with the power 'to predetermine choices and directions' — but inside the cultural, not political field. By choosing *la patrie* as a subject matter and by staging characters that *looked* and *spoke* like the audience members in the theatre, de Belloy, to a greater degree than Voltaire (who staged medieval knights from only the nobility), sought to forge a more identificatory and immediate relationship with his public. By choosing France as his setting, de Belloy weighed in on the political and social underpinnings of his own society. Spectators were 'predetermined' to have, at base, a response of either acceptance or refusal of the author's depiction of their shared culture. Patriotic drama was thus inherently ideological because it validated France as a *representable* and *defendable* space — a culture that should be protected by soldiers and political leaders, but also by authors, readers and spectators. De Belloy and other authors of staged patriotic plays in the 1760s argued that France, its history and its theatrical patrimony were just as important for French people to study as those of ancient Rome, Greece or any other society. The representation of a shared culture, even with disparate political aspirations or conceptions of sovereignty, included the ideological

---

1. Campbell, 'The Language of Patriotism', pp. 2-3.

impetus to justify the representation of 'Frenchness'. On a personal level, theatre about *la patrie* determined de Belloy's subsequent 'actions' by justifying a career dedicated to theatrical representations of France and its history. After *Le Siège de Calais*, de Belloy committed himself to the 'genre patriotique'; the majority of plays that he penned thereafter staged issues of national concern. Perhaps not politically coherent, patriotism, at least in its staged dramatic manifestations, was capable of changing actual professional trajectories and cultural norms.

The patriotic genre gained currency as a distinct theatrical and literary mode and earned its most prominent spokesman, de Belloy, the institutional recognition of a chair at the Académie française. Patriotism 'predetermined the choices and directions' of de Belloy and a host of other writers who penned patriotic dramas in the wake of the Seven Years' War. Inside the world of eighteenth-century theatre production, patriotism, in a similar fashion to concepts like *vertu* or *amour familial*, jarred with France's neoclassical dramatic norms and helped usher in modern representations of agency and class on the stage and thus in a cultural, but not explicitly political field. The ideas proffered under the umbrella of patriotism by Saint-Pierre, Aliénor and the other characters in *Le Siège de Calais* were *played* out on the stage of the Comédie-Française — ideas like autonomy, equality and sacrifice that would become essential components of the *political* ideologies of Revolutionaries just several decades later. Writing on the eve of the Revolution, for example, Louis-Sébastien Mercier, author of several patriotic *drames*, argues that the identificatory bond elicited from patriotic drama has become the ultimate *public* experience: 'Le public, appelé à juger de l'exacte ressemblance, descendrait à son tour dans l'âme d'un homme qui a vraiment existé, achèverait l'ouvrage du poète et le sentirait avec transport.'[1] According to Mercier, the public is theatre's true critic; it enjoys emotionally charged scenes (scenes with 'transport') and one method for achieving 'transport' is for authors to present these new critics with the historical underpinnings of their own political and social identities.

France's new critical force — the spectators and readers who made plays like de Belloy's tragedy successful — was, however, a fundamentally different group of people just several decades after the debut of *Le Siège de Calais*. During the Revolution, theatres in Paris and the provinces saw a genuine proliferation of plays staging national interests or historical moments; de Belloy's tragedy failed to present the type of patriotism that republican playwrights and government officials envisioned for the new nation.

---

1. Mercier wrote this in the preface to his own patriotic drama, *Montesquieu à Marseille*, in 1784. See Bonnet, *Naissance du Panthéon*, p. 126.

Conclusion: *Le Siège de Calais*, Revolution and History

Despite the political turmoil, 1789 was an excellent year for de Belloy's *Le Siège de Calais*. The editor Belin published an affordable, small-format *Petite bibliothèque* series of the play with detailed stage directions, ensuring coherency in the way de Belloy's patriotic text was performed around France and its colonies.[1] The play saw nine performances in Paris — its most in a single year since it premiered in 1765 — and it was performed in Brussels and in the provinces during the Revolution's early years. Initial triumphs did not last; after three performances in 1790 and just one performance in 1791, *Le Siège de Calais* lost favour after the Republic was established on 21 September 1792. The play saw very little stage time during the nineteenth century; it was performed just twice in 1814 to celebrate Louis XVIII's ascension to the throne and the brief restoration of the Bourbon monarchy. After 1814, de Belloy's tragedy was published in numerous collections and anthologies but it was never again performed, to our knowledge, on a main stage in France. De Belloy's overt support of Valois and the origins of the modern French monarchy was a clear affront to republican spectators and readers under the two Empires and even during the reign of the 'bourgeois King', Louis-Philippe (r. 1830–1848). It appears that the new nation, during the turbulent political changes of the nineteenth century, simply could not permit a type of sentimental theatre in which characters cried and moaned their support for France's now-defunct royal machine.

The beginning of the public demise of *Le Siège de Calais* coincided with the fall of the Bastille in 1789. Marie-Joseph Chénier, France's most established tragic dramatist of the Revolutionary years, threw perhaps the heaviest stone, claiming that in fact it was he, and not de Belloy, who had invented 'la tragédie nationale' with his play, *Charles IX ou l'Ecole des rois* (1789). According to Chénier, de Belloy had failed to capture the genre's true nature because of his 'arbitrary' type of patriotism and the overt monarchical spin of his conclusions:

> On a écrit, dans ces derniers temps, quelques tragédies sur des sujets français ; mais ces pièces sont une école de préjugés, de servitude et de mauvais style. L'auteur [de Belloy] a substitué aux grands intérêts publics, des faits sans importance, et des rodomontades militaires ; il a sacrifié sans cesse à la vanité de quelques maisons puissantes, et à l'autorité arbitraire. Il n'a donc point fait des tragédies nationales ; et si tout homme un peu lettré souffre en écoutant de pareils ouvrages, ce n'est pas, dans le fond, parce qu'ils ne sont point assez conformes à l'histoire, c'est parce qu'ils ne sont point du tout conformes au sens commun.[2]

---

1. De Belloy, *Le Siège de Calais*. Petite Bibliothèque des Théâtres — Tragédies françoises, vol. 19 (Paris: Belin, 1789) (**PB1789**). This version serves as one of the main variants of the tragedy in the present edition.
2. Chénier, 'Discours préliminaire', to *Charles IX ou l'Ecole des rois* (1789) (Paris: GF Flammarion, 2002), p. 78.

Chénier's arguments are grounded in a Revolutionary discourse of political equality and literary revisionism, but his take on the merits of his play are not too distant from de Belloy's own self-fashioning strategies to build popularity in the wake of Le Siège de Calais. Like de Belloy, Chénier published extensive annexes, historical anecdotes and prefaces to accompany the different versions of his dramatic text.[1]

De Belloy, according to Chénier, did not write a *tragédie nationale*, he merely taught unreasonable nonsense ('préjugés') by parading around on stage the Valois monarch (the 'quelques maisons puissantes' alluded to by Chénier). According to the author of *Charles IX*, de Belloy's patriotism exemplifies an outdated political program and fails to capture the true *national* sentiment of a people. Chénier then takes de Belloy to task for his lack of tact and style, and then, for his convoluted plot and dull representations of battlefield minutiae instead of important issues of State.

Perhaps what is most interesting about Chénier's critique of de Belloy's tragedy is the reinterpretation of the relationship between history and theatre in the 'Discours préliminaire'. Chénier argues that de Belloy's staging of Calais's bombardment is indeed historically accurate, but it does not 'conform' to the type of story that merits representation in front of France's new public. *Le Siège de Calais* tells the story of a real, historical event, but it does not portray the kind of French behaviour that Chénier and other Revolutionaries will later prescribe in a post-Revolutionary context — a context that sought to show theatregoers that enemies exist inside as well as outside French society. For Chénier, historical accuracy in cultural materials such as theatre should cede ground to an ideological mission that, for now, cannot condone the representation of strong emotional attachments to the former regime's political families. It is more important, according to Chénier, for writers to promulgate more *national* and revolutionary themes than to depict ambivalent events from French history. For example, with his own play about France's Wars of Religion, Chénier hopes to show spectators that citizens need not necessarily rally around a monarch following a political struggle, social upheaval or foreign war. King Charles IX, as Chénier so adeptly demonstrates, was not responsible for healing a broken nation after the Saint Bartholomew's Day Massacre; he in fact allowed the treacherous event to occur and thus divided the French *patrie* by letting it slide into dangerous partisan (and religiously fuelled) zealotry.

For French Revolutionaries, at least during the 'early stages' of political turmoil in 1789, it was more important to focus on the future possibilities of the nation than to dwell on the ambiguities of former or even current political systems: the

---

1. For more information on Chénier's publication strategies, see Charles Walton, '*Charles IX* and the French revolution: Law, vengeance, and the revolutionary uses of history', in *The European Review of History*, 4, no. 2 (autumn 1997), pp. 127–46.

past was nefarious and the future was supposedly bright. Many theatrical works during the period of the French Revolution took an understandably hard line against previous political and religious institutions; these plays often reflect a binary, black-and-white conception of the past and the future in order to reassure the public that the precipitous governmental institutions in place were preferable to the corruption of the previous regime.[1] It is important, however, to read *Le Siège de Calais* for what it was in 1765, almost twenty-five years before the fall of the Bastille: a charge to defend France's existent political regime and country against foreign powers and domestic greed. De Belloy presented this charge without any notion of the Revolution on the horizon.

The author's praise of the Salic law, and thus the Franco-French monarchy, is impossible to bury behind nuances and alternative readings of his characters' speeches. The characters in *Le Siège de Calais* are unequivocal in their support of the monarchy. But it is important to note that in fourteenth-century France, falling in line with the Valois dynasty was a logical alternative to rule by a foreign monarch. Moreover, it is equally essential to reiterate that Philippe de Valois's emissary arrives too late in the play to assert his lord's will or to save Calais's brave citizens; de Belloy's characters chart their own moral, and to some degree political, paths. In addition, one of the only staged members of the *French* nobility, Harcourt, ends up a turncoat, realizing at the play's conclusion (and thanks to Saint-Pierre's emotional arguments) that he made a tremendous mistake by supporting the English. De Belloy's French nobles are absent, weak or appropriated by Calais' bourgeois citizens (as in the case of Aliénor, who despite her noble origins, increasingly identifies herself as Saint-Pierre's daughter by referring to him as 'Père').[2] In fact, one might even say, anachronistically, that de Belloy's bourgeois characters are good citizens in a very 'revolutionary' sense of the term: they actively discuss and debate the laws which govern the land, they fear foreign invasion, and their decision-making is sacrificial to the common good and allegedly devoid of personal interest.

If we follow Chénier's argument a bit further in his 'Discours préliminaire', another criticism emerges that helps explain the 1792 vanishing act of *Le Siège de Calais* without the prism of politics. De Belloy, like other writers during the *Ancien régime*, supposedly lacked the stoic virtues necessary to create national

---

1. Jean-Louis Laya's *L'Ami des lois* provides a clear example of how dangerous calls for moderation or critiques of the status quo had become during the height of the Revolution. In this satirical comedy, Laya attempts to provide a moderate vision of contemporary politics. As a result, the author almost lost his head, suffering persecution from both sides of the ideological spectrum. For an introduction to *l'Ami des Lois* and to the complexities of French theatre during the Revolution, see Mark Darlow and Yann Roberts' recent critical edition of the play (London: MHRA, 2011), pp. 7–127.
2. A clear example of how de Belloy combines disparate members of society to create the new 'bourgeois family' occurs in I. 3, when Aliénor tells Saint-Pierre, 'Vous remplissiez vers moi ses devoirs paternels' because her father (Vienne) is off at war.

tragedy: their characters, according to Chénier, were too effeminate, too emotional and too focused on romance and *amour propre* to care about anything as self-effacing as *la patrie*. Chénier writes that 'L'ennemi constant [to the new nation] [...] c'est cet esprit de galanterie, fruit de l'ignorance de nos ancêtres ; esprit contraire au vrai but de la société, esprit humiliant pour le sexe qui est convenu d'être trompé, et plus encore pour celui qui trompe'.[1] Chénier groups de Belloy together with other writers from the *Ancien régime* who (over)emphasize love in their works — steamy narratives that trick characters and audience members into passionate entrapment, forcing them to lose sight of more pertinent political issues such as patriotism, inequality and despotism. But is this a fair assessment of de Belloy's depiction of love in *Le Siège de Calais*?

At the beginning of the play Aliénor is in love with the traitor Harcourt. By the final act, however, she renounces her intention to marry him, despite the fact that Edward has offered Calais's governorship to Harcourt. Aliénor's patriotism — the commitment to her perception of what is in the best interests of France and not necessarily herself — transcends any romantic interest. In a display of persuasive patriotism, and not romantic love or 'trickery' based on her sex, she convinces Edward to spare the lives of Saint-Pierre and his municipal staff by explaining to the monarch that he would be committing a public relations nightmare in the society over which he hopes to reign by putting the Calaisians to death (V. 5. and V. 6.). Then, commenting on the bittersweet ending of the play (Edward conquers Calais but Saint-Pierre and his cohort live), Aliénor, not Edward or Saint-Pierre, exclaims the final lines of the play (V. 7):

EDOUARD.
C'est par d'autres vertus qu'on va me reconnaître :
Je veux faire aux Français regretter un tel maître.

SAINT-PIERRE.
Seigneur, par vos vertus attendez des Français
Respect, estime, amour, et non de tels regrets.
Daignez, en ce moment, recevoir notre hommage.
L'honneur d'un beau trépas a flatté mon courage ;
Mais je vais vous devoir le bien de mon pays.
Ma vie est un présent qui m'est doux à ce prix.

ALIÉNOR.
Grand prince, avec mon roi que nos nœuds vous rassemblent !
Le ciel fit pour s'aimer les cœurs qui se ressemblent.
Ah ! De l'humanité rétablissez les droits !
A l'Europe, tous deux, faites chérir ses lois ;
Que, par vous, des vertus cette Mère féconde,
Soit la Reine des Rois, et l'Oracle du Monde ![2]

1. Chénier, 'Discours préliminaire', p. 79.
2. It is important to note that Aliénor's final declaration is crossed-out in the Comédie-Française manuscript (**M1765**). For more analysis, see *intra.*, pp. xii–xiii.

Chénier's reading of *Le Siège de Calais*, like most historians' political analyses of the play, glosses over the powerful agency of de Belloy's male and female characters, the affective bond between spectator-readers and protagonists and the possibility that Saint-Pierre and his staff are citizens of the law and the land, not of a particular person. De Belloy's characters are not republicans, but they certainly reason well and participate in important political decisions. And perhaps most alarmingly for Chénier, de Belloy's female characters are equally as strong as the noble or bourgeois men in *Le Siège de Calais*.

The 1765 tragedy, for Chénier and much subsequent criticism, is little more than a royalist '*Vive le roi!*' The conflictual, sentimental, *drame*-like and even at times feminist overtones fade behind the deafening blares of a binary political discourse that lumps *Le Siège de Calais* into the 'préjugés' category in the neo-classical, 'masculine' tragic criticism of the Revolution.[1] If we read *Le Siège de Calais* through the lens of a rigid Revolutionary discourse on theatre and politics, then it is easy to denounce the play's facile mission as simply to 'rappeler l'absolue légitimité du roi de France.'[2]

It is possible that monarchical propaganda was in fact de Belloy's intention in 1765 — a period in which France's subjects actively questioned every issue from the monarch's mishandling of international politics to his unstable domestic fiscal policy and during which the crown still maintained a tight control over cultural institutions such as the Comédie-Française. But authors do not always get to decide how audiences react, interpret and use their works; de Belloy had to submit his play to the interpretive possibilities of his various publics — from the spectators at the play's 1765 premiere to the readers of this edition today. Some spectators or readers at the time may have believed Aliénor to be overly sentimental or insubordinate; for others, she perhaps demonstrated a powerful and emotional agency that helped right the injustices at the end of the play. Readers and spectators of *Le Siège de Calais* brought (and continue to bring) a variety of emotional connections, readings and artistic experiences into dialogue with de Belloy's tragedy.

During the nineteenth century, temporal distance from the Revolution and Terror, as well as the occasional anti-republican regime, brought *Le Siège de Calais* back to the printing press. The play was published in several anthologies during the first half of the nineteenth century, often in collective editions such as the *Répertoire général du théâtre français composé des tragédies, comédies et*

---

1. It is interesting to note the divergent representations of women in Chénier's *Charles IX* and de Belloy's *Le Siège de Calais*. In Chénier's tragedy, the lead female character is Catherine de Medici, who the author casts as responsible for the tragic massacre of French Protestants. In *Le Siège de Calais*, Aliénor, by contrast, is one of the lead heroes of the play, sacrificing her future family life and stable social position to support Saint-Pierre and the other bourgeois.
2. De Hillerin, 'L'image du roi', p. 127.

drames des auteurs du premier et du second ordre (1818) or the *Répertoire du théâtre national du second ordre* (1834). In sum, the play became a full-fledged member of the 'patriotic canon' but a 'secondary' canon nonetheless, which descended in prestige over the course of the nineteenth century.[1] In fact, since 1789, most criticism of *Le Siège de Calais* begins and ends with the play's relationship to the Revolution — a teleology that de Belloy could never have predicted and that might not bring readers today any closer to the exact scope of patriotism in *Ancien régime* France. Perhaps it is best to conclude with a final anecdote on the *real* reception of de Belloy's play — on how the play was put into actual competing discourses in 1765 France and on how the play was both jeered and cheered for its patriotic sentimentality.

Several months after the boisterous premiere of *Le Siège de Calais*, the duc d'Ayen, a French noble and military general, apparently made a disparaging comment about the play after the private showing for the king at Versailles. Upon hearing the remark, Louis XV — an obvious supporter of *Le Siège de Calais* — stopped the general and allegedly asked him: 'Vous n'êtes donc pas bon Français?' to which d'Ayen replied, 'Sire, je voudrais que les vers de la pièce fussent aussi bon Français que moi'.[2] This aesthetic critique — an attempt to judge *Le Siège de Calais* as an example of art and not necessarily as a 'new genre' or political tract — was an important critical consideration at the time but an inconsequential opinion after 1789, when commentary on de Belloy's art eclipsed behind more political interpretations of the play. Today, the Revolution is a distant memory and there is certainly no political pressure influencing our opinions about the play in one direction or another; we are thus in a privileged position to reflect authentically on de Belloy's tragedy and on controversial drama from this tumultuous period in history.

We should read *Le Siège de Calais* on its own terms, with clear focus on audience/reader reception and inside a field of discourses that actually existed in 1765 — discourses reflected in the pamphlets, letters, anecdotes, warnings and justifications that accompanied the script as it circulated in eighteenth-century France, and which can be found in the appendices to this edition. By opening up the dramatic text to include all of these 'paratexts' and by closely analyzing the

1. For the publication history of de Belloy's play as part of a larger repertoire see, among others, *Le répertoire du théâtre français*, v, 'Tragédies nouvelles' (Paris: Petitot, 1803); *Le Siège de Calais, tragédie, par de Belloy*, in the *Répertoire général du théâtre français, théâtre du 2ᵉ ordre* (Paris: Ménard et Raymond, 1813); *Le Siège de Calais, tragédie par M. de Belloy*, in *Répertoire du Théâtre français*, t. xiv: *Œuvres de Guimond Latouche, Lemierre, Saurin, Diderot, Rochon de Chabannes, de Belloy* (Paris: Baudouin, 1828); and *Le Siège de Calais*, in *Chefs-d'œuvre tragiques de Rotrou, Crébillon, Lafosse, Saurin, De Belloi, Pompignan et La Harpe*, I (Paris: Firmin Didot, 1843). See *intra.*, pp. viii–xi for a full list of editions of *Le Siège de Calais*.
2. Quoted in a 'Notice' on de Belloy by an anonymous author in *Chefs-d'œuvre tragiques ...* (1843), p. 318.

specificities of Saint-Pierre's irreverent speeches or Aliénor's emotive arguments, we are able to garner a richer image of patriotic art during the eighteenth century. At the time, patriotism was an opaque set of principles that, like the tragic genre in eighteenth-century France, tested a host of different methods for attaching members of society to one another in order to face collectively the difficulties inherent to modern struggles of identity, sovereignty and representation.

The themes evoked by de Belloy in *Le Siège de Calais* were at odds with the political aspirations of a post-Revolutionary France. Perhaps, they mean even less to us today, almost two and a half centuries later. After sweeping nationalist projects in the nineteenth century and a marked de-nationalization through the virtualization of communications networks and the establishment of pan-national programs like the European Union, we might have trouble identifying with a spectator or reader who would have viewed France's monarchical system as a normal means to exercise political power in a country. But it is vital to underscore the sense of belonging that spectators could have felt when viewing their own political institutions and national interests on stage at the Comédie-Française. Would this confrontation with collective history have reinforced or questioned the status quo in 1765?

The 'political' interpretation of *Le Siège de Calais* is more complex than post-1789 critics care to admit, especially when we take into account the diversity of reactions that spectators would enjoy from the same audio-visual experience. As theatre houses in France became more socio-economically diverse and repertoires transformed to meet the needs of these new publics, what can we really say about how *any* play in eighteenth-century France represented a homogenous message or goal? The depiction of history in de Belloy's tragedy, like all attempts to show a collective consciousness, evokes larger tensions of representation that surpass the specificity of 1765 France. In his study on contemporary adaptations of plays depicting powerful moments like the French Revolution or the Holocaust, Freddy Rokem describes the relationship between theatre and history:

> Collective identities, whether they are cultural/ethnic, national, or even transnational, grow from a sense of the past; the theatre very forcefully participates in the ongoing understanding of the historical heritage on the basis on which these identities have been constructed, sometimes reinforcing them.[1]

For Rokem, the staging of history has a two-pronged effect: it may reinforce a collective identity for some spectators and create new identities and new possibilities for others. Theatre is a powerful tool, but because of the inherent multiplicity and temporality of performance, it is difficult to unite that power into a common political message. In short, theatre is art and not *just* a political

1. Freddie Rokem, *Performing History: Theatrical Representations of the Past in Contemporary Theatre* (Iowa City, IA: University of Iowa, 2000), p. 3.

tract. Saint-Pierre's actions or Aliénor's sentimental speeches reified the historical legitimacy of the French crown for some spectators. But when these characters are portrayed as having played important roles in the political course of France, they may have opened up new ideas of agency and representation to other spectators in the theatre.

In *Le Siège de Calais*, de Belloy, consciously or unconsciously, creates this tension between critique and reinforcement with the dialogues and actions of his characters. Moreover, these theatrical tensions resonated with spectators and readers who inevitably felt similar tensions as members of French society at the end of the *Ancien régime*. Contrary to most critics during the Revolution and after, it is important to separate de Belloy's tragedy from the overtly monarchical paratexts — the multiple declamations of 'Vive le roi' that dominate his letters, *avertissements*, prefaces, acceptance speeches and *notices*. These documents, obviously deployed for strategic reasons of personal prestige and professional gain, perhaps merit the 'traditionalist' and 'conservative' labels that critics apply to *Le Siège de Calais* in general. These texts are also fascinating indications of how authors cleverly traversed different types of relationships and personalities inside France's Republic of Letters under the *Ancien régime*. But we should not project a simplistic, dichotomous model of 'for the Revolution or against it' onto de Belloy's tragedy. France's publics in 1765 did not have time machines or crystal balls; they could only interpret the play inside the matrix of theatrical and political discourses in circulation at the time, and only through the filter of their own subjectivities — processes, for spectators, that were even further influenced by the ambiguities and improvisations of performance.

For a variety of reasons, *Le Siège de Calais* was an irrefutable success during the last half of the eighteenth century. Instead of judging the period itself — a difficult and fruitless task — we should perhaps try to better understand the radical difference between cultural productions in eighteenth-century France and those in our own societies at present. After the recent questionable geopolitical acts of western countries, the manifestation of new social and economic tensions at the heart of the European Union and in other denationalized zones and the increasingly widespread reach of communication systems — after the advent of these important differences between us and the eighteenth century — but also after the decline of tragedy as a popular public discourse, we should think twice before projecting our values on a temporally, ethically and politically different site. It would be best, perhaps, to read with ideological distance and historical proximity — and appreciate on its own terms — a unique representation of patriotism, sentimentalism and modern notions of statehood that also constituted one of the last moments when serious drama asserted its role as a *popular* force.

Le Siège de Calais,

tragédie de Pierre-Laurent de Belloy

De Belloy, Pierre-Laurent Buirette, *Le Siège de Calais, tragédie, dédiée au Roi, par M. de Belloy ; représentée pour la première fois, par les Comédiens-Français ordinaires du Roi, le 13 Février 1765. Suivie de notes historiques* (Paris : Duchesne, 1765)

AU ROI.[1]

SIRE,

De tous les peuples de la terre, le vôtre est celui qui fait le mieux aimer ; et vous êtes le Roi qu'il a jugé le plus digne de son amour. Père de la patrie, daignez agréer un ouvrage entrepris pour elle. Ce drame, tout faible qu'il doit paraître, a été l'occasion des nouveaux témoignages de tendresse mutuelle que la France et son maître viennent de se donner. Dès que l'on parle à ma nation de ce zèle ardent qui l'a toujours enflammée pour ses souverains, avec quel secret plaisir, avec quels doux transports tous les cœurs se tournent vers VOTRE MAJESTÉ ! Calais a rappelé Metz :[2] époque à jamais attendrissante, devenue l'éloge immortel du monarque et de son peuple. Ah ! SIRE, que vous sentez vivement tout ce que méritent de tels sujets ! Mais aussi que ne doit pas attendre d'eux un prince qui leur fait adorer sur le trône l'âme la plus vertueuse de son Empire ? le cri public ajoute, la plus modeste : et ce mot m'avertit que le silence est mon devoir.

Je suis avec la vénération profonde que je dois à votre personne sacrée, et la reconnaissance respectueuse qu'exigent vos bienfaits,

DE VOTRE MAJESTÉ,

Le très-humble, très-obéissant et très-fidèle sujet, DE BELLOY.

---

1. De Belloy was granted permission to dedicate *Le Siège de Calais* to the king after a private performance for Louis XV at his Versailles palace. For more information, see *Mémoires secrets* (March, 1765), reprinted in t. 1 (Paris: Garnier, 1874), p. 136.
2. The Battle of Metz (1552) was a strategic French victory against Charles V, King of Spain and Emperor of the Holy Roman Empire during the Hapsburg-Valois War (1551–1559).

PRÉFACE

Voici peut-être la première tragédie française où l'on ait procuré à la nation le plaisir de s'intéresser pour elle-même.[1] J'ai dû à cet avantage de mon sujet un succès que je n'aurais pu mériter à d'autres titres. Les étrangers se demandent comment il est possible que, chez un peuple qui est en possession depuis plus d'un siècle de l'emporter sur tous les autres peuples dans l'art dramatique, on ait si peu puisé dans son Histoire les sujets dont on a enrichi son théâtre. Le grand homme qui, depuis quarante années, soutient la gloire de la scène française avec tant d'éclat, est le seul qui y ait fait entendre quelquefois des noms chers à la patrie.[2] Mais un intérêt national, fondé sur un événement purement historique, était encore un sujet que le Sophocle français n'avait pas traité.

Cependant la plupart des tragédies anglaises sont tirées de l'Histoire d'Angleterre.[3] Les Grecs n'empruntaient guère aux étrangers les grandes actions qu'ils célébraient dans leurs Drames. Nous voyons singulièrement dans la tragédie des *Perses*,[4] dans celle des *Suppliantes*[5] et dans celle d'*Œdipe à Colonne*,[6] que la gloire des Athéniens y fut le premier objet d'Eschyle, de Sophocle et d'Euripide. Mais les Grecs n'avaient pas eu avant eux d'autres peuples célèbres, et surtout des Romains, dont l'Histoire pût leur fournir, comme à nous, tant événements dignes du cothurne.

D'ailleurs, on a grand soin dans notre enfance de nous instruire aussi peu de notre Histoire que de notre langue. Nous savons exactement tout ce qu'on fait César, Scipion, Titus : nous ignorons parfaitement les actions les plus fameuses de Charlemagne, de Henri IV, du Grand Condé. Demandez à un enfant qui sort

---

1. De Belloy's declaration is more strategic than factual. For a discussion of de Belloy's predecessors in the 'genre patriotique' see *intra*. pp. 44–51.
2. This is a reference to Voltaire, who had already tried his hand at patriotic literature in numerous works, including *Zaïre* (1732), *Adélaïde du Guesclin* (1734), *Le Poème de la Ligue* (1723), and of course, the complete *Henriade* (1728). Voltaire had most recently staged French bravery in a medieval setting in 1760 with the tragedy *Tancrède*.
3. The author is evoking Shakespeare's 'History Plays' as justification for his own staging of national events (*The Life and Death of King John, Edward III, Richard II, Henry IV, Henry V, Henry VI, Richard III* and *Henry VIII*).
4. Reference to Aeschylus's *The Persians*, often deemed the oldest surviving play in the history of theatre.
5. Reference to Aeschylus's *The Suppliants* (also called *The Suppliant Maidens*). This was the first play in the *Danaid Tetralogy*, along with *The Egyptians, The Daughters of Danaus*, and *Amymone*.
6. Sophocles' tragedy in which a blinded Oedipus arrives at Colonus. Written after both *Oedipus Rex* and *Electra*, the plot nonetheless takes place between the two Theban plays.

du collège, quel fut le Général vainqueur à Marathon[1] ou à Trébie;[2] il vous répondra sur le champ. Demandez lui quel Roi, ou quel Général français gagna la bataille de Bouvines,[3] d'Ivry,[4] de Fornoue,[5] ou de Ravenne ;[6] il restera muet.

Imitons les Anciens en nous occupant de nous-mêmes : et sans vanité, nous en valons bien la peine. Que le brave *Eustache de Saint-Pierre* n'était-il bourgeois d'Albe ou de Préneste ! tous les poètes de la république romaine auraient chanté son courage intrépide. Ils ne se seraient pas embarrassés si le nom de ce généreux citoyen pouvait prêter au ridicule. Les Romains ne riaient pas quand on leur nommait *Régulus*, dont le nom cependant ne devait pas être bien majestueux à Rome, puisqu'il signifie un *Roitelet*. Accoutumons-nous à dresser des monuments aux vertus de nos compatriotes. C'est en excitant la vénération de la France pour les grands hommes qu'elle a produits, qu'on parviendra à inspirer à la Nation une estime et un respect pour elle-même, qui seuls peuvent la rendre ce qu'elle a été autrefois. L'âme est entraînée par l'admiration à imiter les vertus, surtout quand elle ne les voit pas absolument hors de sa portée. Qu'on ne dise plus sans cesse, en sortant de notre théâtre : les grands hommes que je viens de voir représenter étaient Romains, je ne suis pas né dans un pays où je puisse leur ressembler. Mais que l'on dise au moins quelquefois : je viens de voir un héros français, je puis être héros comme lui.

Voilà le nouveau genre que je désirais de voir introduit sur notre scène, et que j'ai eu le bonheur de faire goûter à ma nation. Le premier de mes vœux, celui qui fera le plus facilement rempli, c'est de me voir surpassé dans la nouvelle carrière où je suis entré. Les grâces que le Roi a daigné répandre sur moi, les bontés dont le public m'accable, ne doivent être regardées que comme un encouragement qu'ils donnent à ceux qui sont en état de les mériter mieux. J'ai voulu être utile à ma patrie : elle m'a su gré du projet : que ne doivent pas attendre les génies heureux qui l'exécuteront ? Du moins ai-je donné occasion aux Français de prouver encore aux étrangers que la légèreté de notre esprit n'ôte rien de la force de notre âme ;[7]

---

1. Decisive victory for the Greeks in which the general Miltiades defeated the Persian general Artaphernes.
2. Reference to Hannibal's victory over the Romans during the Second Punic War.
3. Philippe Augustus (Philippe II) (1214).
4. Henri IV (1590).
5. Charles VIII and Bayard (1495).
6. The duc de Nemours and Bayard (1512).
7. Writers often evoked the question of 'national character' at this precise time. For a synthesis of the various conceptions of 'Frenchness' during the eighteenth century, see David A. Bell and Pauline Baggio, 'Le caractère national et l'imaginaire républicain au XVIIIe siècle', in *Annales. Histoire, Sciences Sociales*, 57.4 (2002), pp. 867–88. Bell and Baggio underline an important question which de Belloy hopes to address with his tragedy: 'Le Français, 'naturellement' sociable, léger et poli, est-il capable de devenir plus sérieux, constant, masculin et vertueux ?' (p. 873). For a more detailed discussion on 'patriotic literature', see *intra.* pp. 31–44.

et qu'il ne faut qu'une étincelle pour enflammer à l'instant ces semences de feu que nous portons toujours au fond du cœur. Je crois bien connaître ma Nation, je l'ai bien étudiée : voilà pourquoi je l'aime si passionnément.

Venons au sujet particulier de cette tragédie. Je le regarde comme un des plus grands événements de notre Histoire. La couronne de France disputée à l'héritier légitime par le monarque le plus illustre que l'Angleterre ait vu sur son trône ; la politique profonde et insinuante de l'ambitieux Edouard qui déployait tous ses talents et toutes ses grâces pour séduire les grands et le peuple ; la généreuse résistance des citoyens de Calais, que les armes ni les bienfaits ne purent vaincre ; le courage héroïque de ces six bourgeois, qui se dévouèrent au supplice pour la gloire de l'état, pour le salut de leurs concitoyens, et pour le soutien des lois fondamentales de la monarchie. Voilà sans doute les plus belles sources de ce pathétique sublime qui pénètre l'âme sans l'amollir, et qui l'élève en l'attendrissant. Je suis très surpris qu'aucun de nos grands maîtres ne se soit emparé avant moi d'un champ si vaste et si fertile. Eh ! que de beautés n'en aurait pas tiré le génie brillant de l'auteur de *Cinna*,[1] ou le génie brillant de l'auteur de *Brutus*[2] ! La force du sujet a soutenu ma faiblesse : l'amour de la Patrie a donné à mon âme un essor qui l'a élevée au dessus d'elle même. Tout mon mérite, a été de me bien pénétrer de mon sujet et de l'apercevoir dans toute son étendue.

Ceux qui n'avaient pas approfondi cette époque si intéressant de notre Histoire, n'attendaient dans ma tragédie que la peinture d'une action courageuse, faite dans un siège ordinaire, pour dérober au ressentiment du vainqueur un peuple malheureux et soumis. Sous ce point de vue même, le sujet offrait déjà de grandes beautés. Et c'est ainsi qu'il a été présenté par tous nos historiens, et par le roman ingénieux que l'on relit encore avec tant de plaisir.[3] Mais lorsque je regardai cette action dans son principe, dans ses suites, et entourée, pour ainsi dire, de tout l'appareil de ces circonstances, je conçus une bien plus haute idée de mon sujet, et des richesses qu'il semblait me prodiguer de toutes parts. Je m'applaudis surtout d'y voir réuni ces deux objets utiles que le citoyen de Genève,[4] et l'auteur du

---

1. *Cinna*, tragedy by Pierre Corneille, was first performed in 1639 and then published in 1643.
2. Voltaire's tragedy *Brutus* debuted at the Comédie-Française in 1730.
3. Reference to Madame de Tencin's novel, also called *Le Siège de Calais*, published in 1739. For a modern edition, see Claudine-Alexandrine de Guérin de Tencin, *Le Siège de Calais, nouvelle historique* (Paris: Desjonquères, 1983).
4. De Belloy is referring to Rousseau's *Lettre à D'Alembert sur les spectacles*, in which the *citoyen de Gèneve* lambastes *philosophes* for wanting to establish a theatre in his hometown. De Belloy is perhaps responding here to Rousseau's argument that theatre lacks the power to promote identification and admiration. Rousseau writes: 'L'on croit s'assembler au spectacle, et c'est là que chacun s'isole ; c'est là qu'on va oublier ses amis, ses voisins, ses proches, pour s'intéresser à des fables, pour pleurer les malheurs des morts ou rire aux dépens des vivants'. Rousseau, *Lettre à D'Alembert sur les spectacles* (1758) (Paris: Garnier-Flammarion, 1967), p. 66. It seems that de Belloy is trying to forge bonds between 'voisins' and 'proches' with his patriotic tragedy.

Journal Etranger[1] se plaignaient de ne rencontrer dans aucune de nos tragédies : je veux dire la peinture des mœurs de notre Nation, et l'avantage de lui faire aimer, par cette peinture même, ses lois et son gouvernement.

Je commençai donc par défendre à mon imagination de travailler au plan de la pièce. Il aurait été bien maladroit, dans un ouvrage qui devait être entrepris pour l'honneur de la Nation, de prêter aux des exploits imaginaires ou des vertus supposées. Je voulus que les événements, même épisodiques, fussent tirés de l'Histoire ; et je trouvai heureusement dans les temps voisins de ce fameux siège, quelques faits qui pouvaient marier avec l'action principale.

Tel est l'épisode du comte d'Harcourt. Ce seigneur qui commandait la première ligne de l'armée anglaise à la journée de Créci,[2] trouva mort sur le champ de bataille son frère Louis ou Jean d'Harcourt, qui combattait contre lui pour les Français. Il fut tellement frappé de ce malheur terrible, qu'il abandonna le camp d'Edouard et vint se jeter aux pieds de Philippe de Valois, qui lui pardonna. J'ai reculé de quelques mois ce fait si intéressant, pour le lier à mon sujet ; et j'ai cru que les remords violents de ce seigneur rebelle, formeraient un contraste agréable avec la vertu tranquille des fidèles bourgeois de Calais.

Les propositions qu'Edouard fait à la fille du comte de Vienne, pour l'attirer dans son parti, elle et son père, ne lui ont pas été faites réellement ; puisque le personnage d'Aliénor est le seul que l'imagination ait placé dans ma pièce. Mais ce prince avait négocié et même conclu de pareils traités avec plusieurs grands du royaume, notamment avec Godefroi d'Harcourt. Il avait gagné le comte d'Eu, Connétable de France : et que pouvait-il avoir promis à un homme revêtu de la première charge de l'Etat, si ce n'est le rang de Vice-Roi, ou de Lieutenant-Général du Royaume, qu'il avait déjà offert au duc de Brabant ?[3]

Je pourrais donc dire de cette pièce, ce que le grand Corneille a dit de sa tragédie de la *Mort de Pompée*, qu'il n'y a guère de drame *où l'Histoire soit plus conservée et en même tems plus falsifiée*.[4] En général tous les événements de ma tragédie sont vrais, mais ils sont souvent revêtus de circonstances différentes de celles qui les ont réellement accompagnés. On sait que c'est là le droit de la poésie dramatique. Une tragédie n'est pas une histoire. Le poète est obligé de plier les faits historiques aux règles du théâtre et cela est peut-être plus difficile que de créer une fable nouvelle que l'on peut remanier à son gré et selon ses besoins. Aussi avouerai-je avec franchise que, tout simple que puisse paraître le plan de cette pièce, il m'a beaucoup plus coûté que celui de *Zelmire*.[5]

---

1. This is a reference to Jean-Baptiste Antoine Suard, journalist and 'homme de lettres', who served as official censor and Director of the *Journal Etranger* between 1754 and 1764.
2. The Battle of Crécy was a decisive English victory beginning on 26 August 1346.
3. Jean III de Brabant (1300–1355) was an initial supporter of Edward before eventually fighting for Valois toward the end of his life.
4. This is the first line of the *Examen* of Corneille's *La Mort de Pompée* (1644).
5. De Belloy's tragedy, *Zelmire*, debuted at the Comédie-Française on 6 May 1762; for more information, see *intra.*, p. 5.

Quelques personnes trouveront extraordinaire que je n'aie point fait paraître le Gouverneur de Calais. Jean de Vienne[1] était, je l'avoue, un des plus braves et des plus habiles officiers de son temps : mais la valeur et la prudence qu'il avait fait briller pendant le cours du siège, devinrent des vertus inutiles au moment de la capitulation. Edouard voulut que le Gouverneur et la garnison restassent prisonniers de guerre; et sa colère ne demanda le sang que des seuls bourgeois. Il aurait donc été très peu avantageux de faire paraître Vienne,[2] uniquement pour consoler ou exhorter les héros de Calais, qui n'avaient besoin, ni de conseil ni d'encouragement.[3] J'aurais pu feindre peut-être qu'il se voulût le premier, aurait ôté tout le mérite de cette action héroïque au généreux Eustache de Saint-Pierre, qu'il serait odieux de priver d'une gloire si légitime : et Vienne, se dévouant en second, eût été un personnage dégradé : on aurait pu dire avec raison qu'il devait donner l'exemple et non le recevoir. J'ai trouvé plus à propos de me borner à parler de lui comme en parle l'Histoire, et de ne le point montrer dans un moment où sa vertu ne pouvait point agir. Je lui ai donné une fille qui le remplace à quelques égards, et qui n'étant pas liée par les mêmes devoirs, peut paraître plus grande que lui, même en faisant moins qu'il n'aurait fait.

On m'a reproché d'avoir employé pour vaincre la fureur d'Edouard, un autre ressort que celui de l'Histoire. Mais si j'ai conservé à la reine d'Angleterre l'honneur d'avoir demandé la grâce des bourgeois de Calais, je n'ai pu mettre ce fait en action, ni en faire le dénouement de ma pièce : parce que le personnage de la reine ne pouvait jamais être lié dans l'intrigue ; et qu'un rôle, comme celui de Livie[4] dans *Cinna*, n'aurait sûrement pas été du goût de notre siècle. J'ai cru ne pouvoir mieux faire que d'employer contre la colère d'Edouard cette ressource si touchante dont se sert Priam, dans Homère,[5] pour attendrir l'impitoyable Achille. Imitation qui m'a paru d'autant plus heureuse, que les circonstances rendent ce moyen plus fort sur le cœur d'Edouard qu'il ne pouvait être sur celui d'Achille

---

1. Note in PE1765: 'La Maison de Vienne est une des plus anciennes de Bourgogne : on fait par quels noms glorieux on y distinguait autrefois trois illustres familles : *les Nobles de Vienne, les Preux de Vergi, et les Barons de Beaufremont*. Le fils de Jean de Vienne, Gouverneur de Calais, fut Amiral de France. Cette tige fameuse a encore des rejetons dignes d'elle et de leur Patrie'. **Correction of the note in OC1779**: 'C'était son neveu et non pas son fils, le Gouverneur de Calais n'a laissé qu'une fille' (note de l'Editeur, t. 11, p. 20).
2. Jean de Vienne (1321?-1396) was Governor of Calais during the siege and then a prisoner of Edward III. Later, he would become Admiral of France.
3. Reference to the 'democratic' or at least 'non-noble' undercurrents in *Le Siège de Calais*. For a more detailed discussion of how de Belloy represents class differences in his play, see *intra.*, pp. 25-23.
4. This is a reference to the fourth act of Corneille's *Cinna*, in which the queen Livie arrives for the first time on stage in an attempt to convince her husband to spare Cinna for having tried to assassinate him.
5. De Belloy, in an obvious attempt to increase the magnitude of his tragedy, ties the denouement of *Le Siège de Calais* to several scenes from Homer's *Iliad*. This connection does not seem to have been reaffirmed by any critic of de Belloy's play.

même. Pelée n'avait que l'âge de commun avec Priam ; le sort ne lui avait jamais fait éprouver des malheurs semblables à ceux dont gémissait le roi de Troie. Ici Edouard s'est trouvé à peu près dans la même situation que le fils d'Eustache de Saint-Pierre. C'est cette conformité intéressante que m'a fait saisir avec joie l'occasion de mettre sur la scène un des morceaux les plus pathétiques de toute l'*Iliade*. Il est même encore surprenant que l'on ne m'ait pas prévenu depuis que l'on fait des tragédies, et surtout dans celle où nous avons vu représenter Priam redemandant à Achille le corps d'Hector.[1]

Il y a des gens qui ont prétendu que cette imitation d'Homère affaiblissait la fin de ma pièce ; qu'Edouard se rendait trop tard ; que le seul retour des bourgeois devait le déterminer à la clémence ; et que l'image de son père mourant était un petit moyen ! Le ressort de la nature un petit moyen ! Je ne conçois rien à cette façon de sentir. Il me paraît que ce n'est pas connaître la marche du cœur humain, que de vouloir qu'Edouard se rende à une action de générosité, moins sublime que celles auxquelles il a résisté depuis le commencement de la pièce. Car il y avait bien plus d'héroïsme aux six bourgeois de s'être dévoués quand rien ne les y forçait, quand ils pouvaient attendre sans honte la décision du sort, qu'il n'y a de grandeur à se remettre dans les fers, quand ils savent qu'on les en a délivrés par un artifice,[2] qu'ils ne pourraient pas seconder sans infamie. Je crois donc que l'âme violente d'Edouard s'étant roidie longtemps contre le sentiment de la générosité, ce sentiment devient un ressort usé que n'a plus de prise sur elle. Au lieu qu'elle peut céder tout-à-coup à un autre mouvement imprévu, peut-être plus faible en lui-même, mais que la seule nouveauté rend plus fort pour le moment. Ainsi Achille n'est que surpris, qu'interdit à l'aspect de Priam, qui vient seul au milieu d'un camp ennemi baiser les mains sanglantes du meurtrier de son fils : mais à ces mots, *Achille, souvenez-vous de votre père* ; il est attendri, les larmes coulent de ses yeux cruels : Voilà la nature, Homère en est le plus grand peintre.

A l'égard des critiques que l'on a faites contre le fond de cette pièce, en soutenant que ce n'est pas une tragédie, que les caractères n'en sont point tragiques, et qu'elle est contre toutes les règles du théâtre ; j'avouerai que j'ai quelque honte de réfuter des idées aussi évidemment fausses.[3] Quoi ! l'action de ces six généreux citoyens qui se dévouent à la mort pour sauver leurs compatriotes ; ce pathétique qui suit partout leur héroïsme ; ces larmes d'admiration qu'ils arrachent à quiconque lit leur histoire ; tout cela n'est point tragique ? Ce serait un grand malheur pour notre art, si l'on n'y voulait plus

---

1. OC1779: Note: *Cette pièce fut jouée il y a cinq ans.*
2. This is reference to act IV of the play when Harcourt tries to trade the Calaisians' freedom for his own life.
3. Fréron made this exact criticism of the play in March 1765: '[...] Il n'y a point de combat ou de variété de passions; et sans combat ou variété de passions, point de tableau ni de tragédie' (*Année littéraire*, VIII (1765), p. 292).

admettre ce genre d'admiration, ce genre de Corneille, dont l'impression est aussi forte et plus agréable que celle des autres genres. Il n'y a personne qui ne se fâche plus de gré de pleurer à la mort héroïque de Gusman,[1] ou à ces mots, *soyons amis, Cinna* ; qu'à la reconnaissance de Rhadamiste,[2] ou à l'assassinat de Zopire.[3]

Je vois que depuis quelques années on répand dans des préfaces et dans des journaux, que la tragédie n'est faite que pour le développement des passions. Quand cette erreur serait une vérité, l'amour de la Patrie, porté jusqu'à l'enthousiasme, devrait être mis au rang des grandes passions :

Passion des grands cœurs, amour de la patrie.

Voltaire.[4]

Mais ceux qui débitent cette morale, rétrécissent bien cruellement la sphère de l'art dramatique. Les anciens Grecs, les Français du dernier siècle disaient que la tragédie doit développer les *sentiments*, et non pas les seules passions. Aussi n'y a-t-il aucune passion dans *l'Œdipe* de Sophocle, ni dans *l'Atalie* de Racine.[5] Est-ce par les passions que le caractère de Mérope,[6] ou celui du vieil Horace,[7] émeuvent si puissamment l'âme des spectateurs ?

Il y aurait bien des choses à dire sur tous les dogmes nouveaux que l'on débite aujourd'hui. Chacun se sait sa petite poétique particulière. On veut réduire la vaste carrière de l'art, au petit coin que l'on y occupe. On s'attache à une branche, et on prétend qu'il n'y en a point d'autre. On juge les tragédies de ses confrères d'après la dernière tragédie que l'on a faite soi-même. Je n'entends rien à cette logique. Plus j'ai étudié nos grands maîtres, plus j'ai voulu approfondir mon art : et plus j'en ai découvert l'immense étendue.

Je sens qu'il devient absolument nécessaire de ramener les esprits du public dont *le goût est égaré par tous nos Raisonneurs*.[8] Je me propose de donner incessamment un ouvrage sur la tragédie ; dans lequel, en rappelant les grands exemples qu'on cherche à faire oublier, je tacherai de raffermir les principes

---

1. Gusman is the main character in Voltaire's tragedy, *L'Alzire ou les Américains* (1736).
2. *Rhadamiste et Zénobie*, a violent tragedy by Crébillon *père*, debuted at the Comédie-Française on 23 January 1711.
3. Zopire is the hero of Voltaire's tragedy, *Mahomet* (1741).
4. From Voltaire's *La Henriade: Le poème de Fontenoy*:

   O vous, Gloire, Vertu, déesses de mon roi,
   Redoutable Bellone, et Minerve chérie,
   Passion des grands coeurs, amour de la patrie,
   Pour couronner Louis prêtez-moi vos lauriers;
   Enflammez mon esprit du feu de nos guerriers;
   Peignez de leurs exploits une éternelle image.

5. Racine's *Athalie* (1691), a sentimental 'biblical tragedy', was his last dramatic work.
6. Voltaire's tragedy, *Mérope*, one of his most successful, was first staged at the Comédie-Française in 1743.
7. This is a reference to Pierre Corneille's *Horace* (1640).
8. Note in OC1779: *Ce sont les termes d'une Lettre de M. de Voltaire à M. de Belloy.*

fondamentaux que l'on ébranle à force de discussions. Cet ouvrage est le fruit de douze années d'étude ; et j'espère y prouver que je fais aussi bien les règles du théâtre que les auteurs qui m'accusent de les ignorer. En attendant, je peux dire à plusieurs autres de mes critiques ce que Racine disait, d'après un Ancien, à des courtisans qui soutenaient qu'une de ses tragédies blessait toutes les règles : *À Dieu ne plaise que vous soyez jamais si malheureux, que de savoir ces règles-là mieux que moi !*[1]

Au reste, je ne suis pas assez aveugle pour prétendre que ma tragédie soit sans défauts. Mais quand elle serait aussi voisine de la perfection, qu'elle en est éloignée, je prétendrais encore moins qu'elle dût plaire à tout le monde. *Phèdre*, le chef-d'œuvre du génie, fut sifflée par le duc de Nevers et par Madame Deshoulières.[2] C'étaient cependant des personnes de beaucoup de mérite, des beaux-esprits très célèbres dans leurs temps. Mais ce n'est pas le bel-esprit, c'est le sentiment qui doit juger le génie. Pour moi, trop faible disciple de Racine, je n'aspire pas follement à me voir mieux traité que mon Maître. Au contraire, je me tiendrai fort honoré si je parviens à mériter des censeurs aussi illustres que les siens.

Fin de la Préface.

---

1. These words are from Racine's preface to *Bérénice* (1670). Racine also writes in the same work that 'La principale règle est de plaire et de toucher' — a maxim that de Belloy employed several times in his letters and tracts défendant *Le Siège de Calais*. See Racine, 'Préface' to *Bérénice, tragédie* (Paris: Barbin, 1671).
2. Racine's *Phèdre* was not the only *Phèdre* to appear in 1677. Racine's version competed with Nicolas Pradon's own *Phèdre* for the attention of spectators and government officials.

PERSONNAGES

ÉDOUARD III, *Roi d'Angleterre.*
GODEFROI DE HARCOURT, *l'un des Généraux de l'Armée Anglaise.*
ALIÉNOR, *fille du comte de Vienne, Gouverneur de Calais.*
MAUNI, *Chevalier Anglais*
LE COMTE DE MELUN, *Chevalier Français*
EUSTACHE DE SAINT-PIERRE, *Maire de Calais*
AURÈLE, *son fils.*
AMBLÉTUSE, *Bourgeois de Calais.*
UN OFFICIER *Anglais.*
TROUPE DE CHEVALIERS *Anglais.*
TROUPE DE BOURGEOIS *de Calais.*
UN HÉRAULT D'ARMES.
GARDES *d'Edouard.*

La scène est à Calais.

Les trois premiers actes et le cinquième se passent dans la salle d'audience du palais du Gouverneur ; le quatrième, dans la prison, qui est un souterrain du même Palais.

LE SIÈGE DE CALAIS, TRAGÉDIE.

ACTE I

Scène 1.

Eustache de Saint-Pierre, Amblétuse.

SAINT-PIERRE.
Quoi ! Le comte de Vienne est sorti de Calais,
Et son ordre avec vous m'enchaîne en son palais ?
Il combat pour nos jours, et sa prudence active
Borne à des soins obscurs notre valeur oisive ?
Prêts à voler soudain aux postes menacés,
Au centre de nos murs son choix nous a placés ;
Mais l'Anglais prodiguant de trompeuses alarmes,
Pour affaiblir nos coups a divisé nos armes…
Ô patrie ![1] … ô tourment pour un vrai citoyen ! …
Je vois ton sang versé sans y mêler le mien !
De ce fier gouverneur la funeste vaillance
Toujours aux grands périls réserve sa présence.

AMBLÉTUSE.
Ô maire de Calais, modérez vos douleurs :
L'absence des dangers afflige nos deux cœurs :
Mais vous avez un fils que Vienne vous envie,
Qui peut au champ d'honneur mourir pour la patrie.
Près de Vienne et d'Harcourt, par ses exploits naissants,
L'éclat de sa jeunesse honore vos vieux ans.
Pendant ce siège affreux, son zèle et son courage
De notre délivrance ont commencé l'ouvrage.
Quel bonheur si ce jour, consommant nos travaux,
Joignait son nom vainqueur aux noms de nos héros ;
S'il obtenait ce prix, le plus flatteur peut-être,
Le plus cher aux Français, l'estime de son maître !

---

1. PB1789: *à part.*

SAINT-PIERRE.

Généreux Amblétuse, en vain à ma douleur
D'un avenir si doux tu présentes l'erreur ;
Par un trouble inconnu malgré moi je rejette
L'image d'un bonheur que mon âme souhaite.

AMBLÉTUSE.

Quoi ! Vous désespérez du sort de ce combat ?

SAINT-PIERRE.

J'espère tout, ami, des destins de l'état.
Malheur aux nations qui, cédant à l'orage,
Laissent par les revers avilir leur courage,
N'osent braver le sort qui vient les opprimer,
Et pour dernier affront cessent de s'estimer !
De notre espoir encore rien ne tarit les sources ;
C'est par les grands malheurs qu'on apprend ses ressources.
Je pourrai dans ce jour périr avec mon fils,
Mais ma mort peut servir au bien de mon pays ;
Et si nos citoyens tiennent tous ce langage,
Du salut de l'état c'est le plus sûr présage.

AMBLÉTUSE.

Ils ont appris de vous à triompher du sort ;
Croyez qu'ils béniraient leur chute avec transport,
Si Calais, en tombant, pouvait sauver la France.

SAINT-PIERRE.

C'est-là, je l'avouerai, ma plus ferme espérance.
Je doute qu'en nos murs nous voyions introduit
Le secours qu'à grands pas le roi même y conduit.
Peut-il forcer ce camp d'étonnante structure,
Ce chef-d'œuvre de l'art servi par la nature,
Qui, nous environnant d'immenses boulevards,
Forme un autre Calais autour de nos remparts ?
Comment Vienne et le roi, que l'ennemi sépare,
Se concerteront-ils pour l'assaut qu'on prépare ?
Du vainqueur de Crécy le fatal ascendant,
Du succès d'Édouard est le triste garant.[1]
En vain Louis d'Harcourt, à Valois si fidèle,

---

[1]. Saint-Pierre is again referring to the Battle of Crécy, a decisive English victory. After Crécy, it was the 'beginning of the end' for Philippe VI's army (the loss opened up the entire northeastern part of the country to attack). Edward laid siege to Calais just several days after this battle, on 3 September 1346.

Contre un frère proscrit vient signaler son zèle :
Ce coupable héros, ce bouillant Godefroi,
Longtemps l'espoir des lis, aujourd'hui leur effroi,
Bravant de nos guerriers l'imprudence hardie,
Accable la valeur sous l'effort du génie.
Pour ses yeux pénétrants l'art n'a plus de secrets ;
La France doit sa perte aux talents d'un Français.[1]

AMBLÉTUSE.
Des brigues de la cour quel effet déplorable !
Ce fut en l'outrageant qu'on le rendit coupable ;
Innocent et plongé dans l'horreur des cachots,
La seule excuse, hélas ! Des erreurs d'un héros,
La vengeance égara son ardente jeunesse ;
L'exil accrut encore cette sanglante ivresse.
Aux rigueurs du ministre opposant l'attentat,
Un seul homme opprimé fit les maux de l'état.

SAINT-PIERRE.[2]
J'entends toujours gronder ces foudres mugissantes.

AMBLÉTUSE.
L'écho des mers répond sous nos voûtes tremblantes.

SAINT-PIERRE.
Eh ! que peut désormais tout l'effort d'un grand cœur
Contre les noirs volcans d'un airain destructeur,
Qui semble renfermer le dépôt du tonnerre,
Et dont le seul Anglais effraie encor la terre,
Mais qui, des nations réglant bientôt le sort,
Dans le monde étendra l'empire de la mort,
Monument infernal d'un siècle d'ignorance,
Où l'art de se détruire est la seule science ? …
[3]Grand dieu ! C'est pour punir les crimes des humains
Que du feu de l'enfer tu viens d'armer nos mains ;
Et tu peux t'en remettre à nos cœurs sanguinaires
De rendre ce fléau plus mortel à nos frères.
À Amblétuse, en n'entendant plus le bruit du canon.
Amblétuse, le bruit est soudain suspendu.

---

1. De Belloy accurately describes the Harcourt family during the Hundred Years' War, which saw members of the family on both sides of the dispute. For more information on Godefrey, Louis, Jean and other Harcourts, see Franck Marthaz's thesis: *La famille de Harcourt à la fin du Moyen Âge, XIVe et XVe siècles*, mémoire de DEA, Université de Rouen, 1994.
2. PB1789: *entendant le bruit du canon.*
3. PB1789: *à part.*

AMBLÉTUSE.[1]

Ô silence effrayant !

SAINT-PIERRE.[2]

Ami, tout est perdu !
Je ne vois point flotter l'étendard de la gloire,
Qui devait, sur la tour, m'annoncer la victoire.

AMBLÉTUSE.

Il n'en faut pas douter, nos guerriers sont vaincus.

SAINT-PIERRE.

S'il est vrai, je frissonne ! ah ! mon fils n'est donc plus.
Il n'a jamais su fuir … sa chaleur indiscrète
Voit comme un déshonneur la plus sage retraite …
[3]Il est mort ; et mes pleurs … que fais-je ? ô mon pays !
Quand je t'aurai sauvé, je pleurerai mon fils !
Amour de la patrie, ô pure et vive flamme,
Toi, mère des vertus ; toi, l'âme de mon âme,
Rallume dans mon sein tes transports généreux ;
Que mes pleurs paternels soient séchés par tes feux.
C'est mon pays, mon roi, la France qui m'appelle,
Et non le sang d'un fils qui dut mourir pour elle …[4]
Courez à nos remparts, allez tout éclaircir.

Amblétuse sort.

Scène 2.

SAINT-PIERRE.[5]

Voici donc le moment que j'ai su pressentir !
De tant de jours cruels voici l'heure dernière.
Mais elle ouvre à l'honneur la plus vaste carrière ;
C'est l'instant du héros … rien ne paraît encore.
Digne fille de Vienne, intrépide Aliénor,
Qu'allez-vous devenir ? … du haut de nos murailles
Elle a dû voir le sort de ces tristes batailles ;
Et Vienne, qui toujours rentrait ici vainqueur,
Ne voulait point survivre à son premier malheur …[6]
Elle approche.

1. PB1789: *à part, après avoir écouté un moment.*
2. PB1789: *regardant au-dehors.*
3. PB1789: *à part.*
4. PB1789: *à Amblétuse.*
5. MS1765: *seul.*
6. PB1789: *voyant paraître Aliénor.*

Le Siège de Calais

Scène 3.

Aliénor, suivie de ses femmes ;[1] *Saint-Pierre.*

ALIÉNOR.[2]

Ô mon père !

SAINT-PIERRE.[3]

À peine elle respire ...[4]
Madame, eh quoi ! Vos pleurs ...

ALIÉNOR.[5]

Ils doivent tout vous dire.
Si des revers plus grands pouvaient nous accabler,
Le destin contre nous saurait les rassembler.
Le roi, mon père, Harcourt, d'une ardeur incroyable,
Ont assailli partout ce camp si redoutable.
J'ai vu périr Harcourt ; on dit le roi blessé,
Et mon père est captif d'un vainqueur courroucé.
Nos soldats s'avançaient dans un calme terrible.
Soudain tonne l'airain, jusqu'alors invisible ;
Et ses bouches de feu vomissent dans nos rangs
Les instruments de mort qu'il porte dans ses flancs.
Nos braves chevaliers et mon père à leur tête
De cent globes de fer ont bravé la tempête,
Quand sous des coups mortels son coursier chancelant
L'entraîne et se débat sur mon père sanglant.
Plus prompts que tous mes cris, qu'ils ne pouvaient entendre,
Les Français éperdus volent pour le défendre.
Combien l'amour encore embrassait leur valeur !
Pour leur père commun ils avaient tous mon cœur !
Mais, toujours plus fatal pour les plus magnanimes,
Ce foudre inépuisable entasse ses victimes ;
Et nos rangs écrasés par ses feux renaissants
Ne sont qu'un long monceau de cadavres fumants.
Sur les restes épars de ce vaste carnage,

---

1. MS1765: *en pleurs, soutenue sur une de ses femmes.*
2. PB1789: *en pleurs, soutenue sur une de ses femmes, à Saint-Pierre.*
3. PB1789: *à part.*
4. PB1789: *à Aliénor.*
5. PB1789: *l'interrompant.*

Le glaive a de la flamme achevé le ravage ;[1]
Et des Anglais vainqueurs, en détestant ses jours,
Mon père enfin reçoit des fers et des secours.
C'est au fils d'Édouard,[2] jaloux de sa vaillance,
Qu'on dit qu'il a rendu les débris de sa lance.

SAINT-PIERRE.

Quel sort ! ... autant que vous je m'en dois affliger ...
Mais ma bouche frémit de vous interroger,
Madame. Je fus père ... ah ! Ce combat funeste
M'enlève-t-il encore le seul fils qui me reste ?

ALIÉNOR.

Je l'ai vu, malgré lui, porté par nos soldats,
Qu'il inondait du sang qui coulait de son bras.
Tant qu'il a pu combattre, il fut notre espérance.

SAINT-PIERRE.

Il respire, et son sang a coulé pour la France ![3]
Double faveur des cieux qui se répand sur moi !
J'ai donc un fils encore à donner à mon roi ?

ALIÉNOR *à part*.

Dieu ! l'admiration a suspendu mes larmes ! ...
À Saint-Pierre.
Ô cœur vraiment français ! ô transport plein de charmes !
Quand Vienne me quittait pour ses devoirs cruels,
Vous remplissiez vers moi ses devoirs paternels.
Je le revois toujours dans votre âme intrépide ;
Quel cœur auprès de vous peut être encore timide ?

SAINT-PIERRE *voulant sortir*.

Je cours sur les remparts recueillir nos débris.

---

1. M1765:
    ~~Et nos rangs écrasés par ses feux renaissants~~
    ~~Ne sont qu'un long monceau de cadavres fumants.~~
    ~~Sur les restes épars de ce vaste carnage,~~
    ~~Le glaive a de la flamme achevé le ravage;~~
2. A reference to the King of England's son, Edward Woodstock (1330–1376), nicknamed the 'Black Prince'.
3. PB1789: *à part*.

ALIÉNOR.[1]

Demeurez. C'est un soin qu'Aurèle a déjà pris.
L'Anglais est retiré ; son camp paraît tranquille :
Tout est en sûreté sur les murs de la ville.
Mais du sort de mon père il faut nous occuper :
Au courroux du vainqueur pourra-t-il échapper ?
Pour savoir ses destins ma frayeur et mon zèle
Députent vers l'Anglais un écuyer fidèle ...
Pardonnez ! Ses périls, présents à mes douleurs,
Ébranlent mon courage et m'arrachent des pleurs.
Vous le voyez, hélas ! Sage et brave Saint-Pierre,
Édouard, peu content du trône d'Angleterre,
Veut encore, dans Paris, hériter de nos rois ;
De sa mère avec faste il réclame les droits :
Valois même à ses yeux n'est qu' un prince rebelle ...
S'il va punir mon père en sujet infidèle ![2]

SAINT-PIERRE.

Édouard, des Français, cherche à gagner les cœurs,
Et non à les aigrir par d'injustes rigueurs.
Mais si de son courroux la prompte violence
Peut sur la politique emporter la balance,
Le jeune Harcourt, qui brille entre ses favoris,
Harcourt, que votre père éleva comme un fils,
Lui qui, formant l'espoir du plus tendre hyménée,
Vit à sa noble ardeur votre main destinée,
Lui, l'auteur de vos maux qu'il plaint au fond du cœur,
Saura fléchir ce roi, que lui seul rend vainqueur.

ALIÉNOR.

Ah ! C'est le seul Français parjure à son vrai maître ;
Que j'aurais à rougir des bienfaits de ce traître !
Son nom est mon opprobre, et ses perfides mains
Ont brisé dès longtemps tous les nœuds les plus saints.

---

1. **PB1789**: *l'arrêtant.*
2. Aliénor alludes here to the Salic Law, an important tenet of French royal succession and a recurrent theme in de Belloy's play. Although the interpretations of the law are numerous since the Middle Ages, it is generally viewed as a means to proscribe foreign princes and princesses from marrying into French power. Salic law also prevents women from serving as chief monarchs in France (contrary to England and other European countries). For more information on the complexity of the Salic Law, its history and its interpretations, see Eliane Viennot, *La France, les femmes et le pouvoir, Volume 1, L'invention de la loi salique (V^e–XVIe siècle)* (Paris: Perrin, 2006).

Il outragea l'amour ... l'amour qui parle encore
Pour l'ingrat qui l'oublie et qui le déshonore.
Quand j'acceptai son cœur, il méritait le mien :
L'attrait de ses vertus fut mon premier lien.
Mes feux n'empruntaient pas ces ombres du mystère,
Des coupables amours refuge nécessaire :
Dans la simplicité d'une innocente ardeur
On ose à l'univers avouer son vainqueur.
Soit que dans les tournois, école de la gloire,
Il fît le noble essai des jeux de la victoire ;
Soit que son bras, vengeur des chrétiens avilis,
Abattît le croissant et relevât les lis,
Mes chiffres, mes couleurs ornaient toujours ses armes :
Toujours il crut son sang trop payé par mes larmes.
Ah ! Ce sang était pur. En plaignant son malheur,
L'amour était, du moins, consolé par l'honneur ;
Mais il me faut pleurer, dans son triomphe impie,
Des exploits dont l'éclat augmente l'infamie.

Scène 4.

Aliénor, Saint-Pierre, Amblétuse.

AMBLÉTUSE *à Saint-Pierre.*

Il n'est plus d'espérance, et j'ai vu votre fils
Blessé, mais plus ardent, rassembler nos débris.
À travers la pâleur qui couvrait son visage,
Ses yeux étincelaient du feu de son courage.
À peine de son sang on arrête les flots
Qu'au-devant de la mort il retourne en héros ;
Et, du brave Mauni repoussant les bannières,
Il a pour la retraite assuré nos barrières.
Il voulait plus. Nos soins retiennent sa chaleur,
Imprudence excusable à sa jeune valeur ...[1]
Le voici.

---

1. **PB1789**: *voyant paraître Aurèle.*

Scène 5.

Aliénor, Saint-Pierre, Aurèle,[1] *Amblétuse.*

SAINT-PIERRE.[2]
Viens … reçois le prix de ton courage,
Mon cher fils ! De mon sang tu fais un digne usage.
Le pressant sur son cœur.
Du plaisir de le voir noblement répandu,
Sens tressaillir ce cœur de qui tu l'as reçu.

AURÈLE.
J'en conserve, mon père, en ces moments funestes,
Assez pour honorer et vendre chers ses restes,
Et pour tenir, peut-être, à nos fiers ennemis
Ce qu'en d'autres combats mes essais ont promis …
De mes sens trop émus excusez la faiblesse ! …[3]
Vos yeux baignent mon front de larmes d'allégresse …
Que ne puis-je en triomphe expirer dans vos bras,
Vous montrer ces remparts sauvés par mon trépas,
Donner, en vrai Français, à mon heure dernière,
Mon sang à ma patrie et mes pleurs à mon père ! …
À Aliénor.
Madame, savez-vous le nom de mon vainqueur ?
Sous le bras d'un héros je tombe avec honneur.
Je défendais Harcourt mourant sur la poussière ;
Un guerrier m'a blessé … j'ai reconnu son frère :
Dans cet instant fatal ils se sont vus tous deux …
Jugez si le mourant est le plus malheureux !

ALIÉNOR, *à part.*
Ciel ! Tu veux lui choisir les plus chères victimes !
Qu'il doit être effrayé du bonheur de ses crimes !

AMBLÉTUSE, *à Saint-Pierre en voyant, de loin, arriver les chefs des bourgeois.*
Ami, les chefs du peuple, en ce moment d'effroi,
Sur leurs derniers devoirs viennent prendre ta loi.

---

1. PB1789: *le bras en écharpe, et soutenu par un bourgeois.*
2. PB1789: *à Aurèle, allant à lui et l'embrassant.*
3. MS1765 and PB1789: *il s'assied; son père le serre entre ses bras.*

SAINT-PIERRE, *faisant signe qu'on les laisse entrer.*
À Aliénor.
Rendez-leur votre père en gouvernant leur zèle ;
Que votre sexe en vous ait toujours un modèle.
Souverain des Français, il peut tout sur leurs cœurs.
C'est lui qui fait souvent leur gloire ou leurs malheurs ;
Et lorsque les vertus sont un droit pour lui plaire,
En aimant la patrie, il nous la rend plus chère.
D'un peuple sans espoir éclairez la valeur :
Vous êtes son oracle ; il consulte l'honneur.

Scène 6.

Aliénor, Aurèle, Saint-Pierre, Amblétuse, chefs des bourgeois.

SAINT-PIERRE.[1]
Défenseurs de Calais, chefs d'un peuple fidèle,
Vous, de nos chevaliers l'envie et le modèle,
Faudra-t-il, pour un temps, voir les fiers léopards
À nos lis usurpés s'unir sur nos remparts ?
La seconde moisson vient de dorer nos plaines
Et de tomber encore sous des mains inhumaines,
Depuis que d'Édouard l'ambitieux orgueil
Dans nos forts ébranlés voit toujours son écueil.
La valeur des Français dispute à leur prudence
L'honneur de tant d'exploits et de tant de constance.
Vingt fois de ses travaux comptant le dernier jour,
L'Anglais de l'autre aurore appelait le retour,
Et par nos murs ouverts respirant le cannage,
Sur leurs restes tombants méditait son passage :
Le jour reparaissait ; et ses regards surpris
Trouvaient un nouveau mur formé des vieux débris.
Ses pièges destructeurs renversés sur lui-même,
Ce courage plus grand que son courage extrême,
L'ont enfin, malgré lui, contraint de renoncer
Aux périls, aux assauts qui n'ont pu vous lasser.
Il remit sa victoire à ses fléaux terribles,
De l'humaine faiblesse ennemis invincibles.
Nous vîmes ces fléaux, l'un par l'autre enfantés,
Multiplier la mort dans ces lieux dévastés.

---

1. **PB1789**: *aux chefs des bourgeois.*

Du ciel et des saisons les rigueurs meurtrières,
La disette, la faim nous ont ravi nos frères ;
Et la contagion, sortant de leurs tombeaux,
De ces morts si chéris fait encore nos bourreaux.
Le plus vil aliment, rebut de la misère,
Mais, aux derniers abois, ressource horrible et chère,
De la fidélité respectable soutien,
Manque à l'or prodigué du riche citoyen ;
Et ce fatal combat, notre unique espérance,
Nous sépare à jamais des secours[1] de la France,
Tandis que cent vaisseaux, environnant ce port,
Renferment avec nous l'indigence et la mort.
Si d'un peuple assiégé la dernière infortune
Ne nous avait réduits qu'à la douleur commune
De céder au vainqueur vaillamment combattu,
J'y pourrais avec vous résoudre ma vertu.
Mais l'injuste Édouard nous ordonne le crime :
Il veut qu'en abjurant notre roi légitime,
Sur le trône des lis, au mépris de nos lois,
Un serment sacrilège autorise ses droits.
Il prétend recevoir ses conquêtes nouvelles,
En prince qui pardonne à des sujets rebelles.
Vous ne donnerez point à nos tristes états
Cet exemple honteux … qu'ils n'imiteraient pas.
Vous n'irez point souiller une gloire immortelle,
Le prix de tant de sang, le fruit de tant de zèle.
Nous mourrons pour le roi, pour qui nous vivions tous.
Choisissez le trépas le plus digne de vous.
Je vous laisse l'honneur de tracer la carrière,
Content que ma vertu s'y montre la première.

ALIÉNOR, *aux bourgeois.*

Citoyens, j'entrevois quel effort courageux
Attend, sans le prescrire, un chef si généreux.
Mon père projetait un noble sacrifice …
Quel bonheur que sans lui sa fille l'accomplisse !
Ah ! J'en rends grâce au ciel ! Calais fut mon berceau,
Et je veux avec vous y trouver mon tombeau.
Puisque votre valeur ne peut plus s'y défendre,
Faisons-nous un bûcher de la patrie en cendre.

---

1. MS1765: des ~~rives~~ (*secours* added in margin).

Songez que, cette nuit, le vainqueur furieux,
Peut, au premier assaut, se voir maître en ces lieux.
De ce peuple, épuisé par tant de funérailles,
À peine un faible rang couronne nos murailles ;
Attendrez-vous, amis, ainsi que dans Beauvais,
Que le soldat féroce, avide de forfaits,
Sur le sein palpitant des femmes égorgées,
Traîne vos fils sanglants, vos filles outragées ?
Ah ! Prévenez le crime en cédant au malheur ;
Que la mort soit, du moins, l'asile de l'honneur !
Vous verrez, comme moi, vos épouses[1] fidèles
Encourager vos mains heureusement cruelles ;
Et pressant dans leurs bras leurs pères, leurs époux,
Sous nos toits enflammés s'élancer avec vous …
Qu'Édouard n'ait conquis, dans une année entière,
Qu'un stérile monceau de cendre et de poussière ;
Que le parjure Harcourt, confus, désespéré,
Reconnaisse les cœurs dont il s'est séparé ;
Qu'il en meure de honte, et que mon digne père
Me pleure, en m'admirant…comme il pleura mon frère.
Enfin, qu'au sein des feux qui vont nous dévorer,
Où notre gloire encore va se voir épurer,
Nous puissions dire au moins, que, sans changer de maître,
Cessant d'être français, Calais a cessé d'être.

AURÈLE.[2]
Ô noble emportement ! Désespoir de l'honneur,
Qui ranime mes sens et passe dans mon cœur ! …
Aux bourgeois.
Oui, d'un œil inquiet la France nous contemple,
Et son sort désormais dépend de notre exemple.
Il faut, pour relever ses peuples abattus,
Hors du terme commun leur montrer des vertus.
Pour chasser de nos bords ce vaillant insulaire,
Pour ravir notre sceptre à sa race étrangère,
Prouvons-lui que son bras peut nous anéantir,
Peut nous réduire en poudre, et non nous asservir.
L'Anglais nous enviera nos sépulcres de flamme.
Si d'une faible argile il affranchit son âme,
S'il brave la nature et l'ose surmonter,
Notre amour pour nos rois peut aussi la dompter.

1. MS1765: vos ~~compagnes~~ épouses (in margin).
2. PB1789: *à part*

Il prend la main de son père et s'arrête.[1]
Courrons ... mais je verrai, par des flammes cruelles,
Dévorer cette tête et ces mains paternelles ! ...
Je ne le verrai point ... ils en frémissent tous...
Plus jeune, je saurai m'y plonger avant vous.
Il veut sortir.[2]

SAINT-PIERRE, *l'arrêtant.*
Aux bourgeois.
Demeure ... ô mes amis ! C'est le ciel qui m'inspire,
Vous vivrez. J'ai sauvé des héros que j'admire.
Au monarque, à l'état, conservez vos grands cœurs ...
À Aliénor.
Déclarons à l'Anglais vos projets destructeurs ;
Offrons d'y renoncer, de lui rendre la ville,
Et l'or, et ces dépôts de richesse inutile,
S'il nous laisse partir, guerriers, femmes, enfants,
Et porter tous au roi nos services constants.
Je conçois d'Édouard la rage frémissante ...
Pour sauver sa conquête il faut qu'il y consente.
Eh ! qu'importe à Philippe, en ses nobles projets,
De perdre des remparts, s'il garde ses sujets ?
Abandonnons pour lui nos biens, notre patrie,
Sacrifice plus grand que celui de la vie.
Son malheur nous appelle auprès de ses drapeaux,
Oublions nos revers dans des périls nouveaux ;
Qu'il remette en nos mains, aux combats exercées,
Ses remparts les moins sûrs, ses villes menacées,
Et qu'en nous y trouvant les Anglais rebutés
Reconnaissent Calais dans toutes nos cités ...[3]
Madame, à ce discours vous voyez que la joie,
Comme sur votre front, dans leurs yeux se déploie ! ...
À Amblétuse.
Partez, brave Amblétuse. Allez, en sûreté,
Au conquérant anglais proposer ce traité ...[4]
Nous, annonçons au peuple un bonheur qu'il ignore ...
À part.
Quel présent je vais faire au maître que j'adore ![5]

1. PB1789: *il veut sortir, mais il prend la main de son père et s'arrête.*
2. PB1789: *il veut encore sortir.*
3. PB1789: *montrant les bourgeois.*
4. PB1789: *aux bourgeois.*
5. PB1789: *Amblétuse sort d'un côté, Aliénor et les chefs des bourgeois sortent d'un autre.*

ACTE II

Scène 1.

Eustache de Saint-Pierre, Amblétuse.

LE COMTE D'HARCOURT.
Dans mes sens soulevés quel tumulte confus !
Je rougis de moi-même et ne me connais plus !
Cité que je remplis d'infortune et de gloire,
Contemple ton vainqueur ; il pleure sa victoire …
Cher Harcourt ! ô mon frère, à mes yeux immolé !
Ô mortel vertueux ! … à qui j'ai ressemblé,
Sans cesse autour de moi je vois ton ombre errante ;
J'entends les longs sanglots de ta bouche expirante.
Que de devoirs sacrés, méconnus si longtemps,
Rentrent tous dans mon âme à tes derniers accents !
Ils frappent, par ta voix mon oreille éperdue ;
Ton sang de tous côtés les retrace à ma vue.
La honte, les remords, la rage, la douleur,
Mille poisons brûlants fermentent dans mon cœur ;
Et l'amour, plus terrible en ce désordre extrême,
S'accroît par les tourments qu'il redouble lui-même.
Ô toi dont j'ai trahi la respectable ardeur,
Dont j'ai semé les jours d'amertume et d'horreur,
Si la vengeance habite en ton âme outragée,
Viens jouir de mes maux : ils t'ont assez vengée.

Scène 2.

Harcourt, un officier anglais.

HARCOURT.
Eh bien ! Qu'a-t-elle dit ?

L'OFFICIER.
Elle vient sur mes pas ;
Et j'ai rempli votre ordre en ne vous nommant pas.

HARCOURT.[1]
Je brûle de la voir … et tremble à son approche ! …
De ceux qu'on a trahis l'aspect est un reproche.
Il fait signe à l'officier de se retirer, et l'officier sort.

Scène 3.

Harcourt, Aliénor.

ALIÉNOR, *du fond du théâtre, marchant vers le conte, sans l'envisager.*[2]
Seigneur, je l'avouerai, d'un monarque vainqueur
Je n'osais point attendre un tel excès d'honneur.
Quoi ! Pour me rassurer sur le sort de mon père,
Il m'envoie …
À part, en reconnaissant Harcourt, qui se jette à ses pieds.
À Harcourt.
             ah ! Grand dieu ! C'est Harcourt … téméraire !
Qui peut donc m'exposer à l'horreur de te voir ?

HARCOURT.
Le repentir en pleurs, l'amour au désespoir.
Ah ! Calmez un moment cette ardente colère !

ALIÉNOR.
Obéis à ton roi … parle-moi de mon père.

HARCOURT.
Édouard vous promet de respecter ses jours.

ALIÉNOR, *avec joie.*[3]
Ah ! … je peux donc cesser d'entendre tes discours …[4]
Adieu.

HARCOURT, *la suivant.*
        Vous m'entendrez, ou ma mort est certaine.
Mon amour furieux servira votre haine …
L'arrêtant.
Demeurez, ou mon sang va rejaillir sur vous.
Il met la main à son épée.

---

1. PB1789: *à part.*
2. PB1789: *ne le reconnaître d'abord.*
3. PB1789: *à part à Harcourt.*
4. PB1789: *faisant quelques pas pour sortir.*

ALIÉNOR.
Ce crime te manquait pour les couronner tous ! ...
Malheureux ! Meurs encore sans réparer ta vie.

HARCOURT.
Je veux la réparer, c'est mon unique envie.
Daignez servir de guide aux aveugles transports
De ce cœur forcené jusqu'à dans ses remords.
Ce choc tumultueux des remords et du crime,[1]
Va m'égarer peut-être au sortir de l'abîme.
Un regard sur moi-même obscurcit ma raison.
Opprobre de l'amour, fléau de ma maison,
Horreur du nom d'Harcourt dont j'ai flétri la gloire ...

ALIÉNOR, *l'interrompant*.
Le nom d'Harcourt flétri ? Lâche ! Oses-tu le croire ?
Va, le nom des héros par un traître porté
N'arrive pas moins pur à l'immortalité.
Leur gloire, sur ton front repoussant l'infamie,
Sert à mieux l'éclairer sans en être obscurcie.
Ta honte est à toi seul ; et tes fils glorieux[2]
Oublieront ton néant pour nommer leurs aïeux.
Te voilà retranché d'une race immortelle,
Que déjà tu couvrais d'une splendeur nouvelle.
De ces fameux Harcourt les mânes empresses
S'attendaient à l'honneur de se voir surpassés :
Ton cœur a démenti sa promesse sublime ;
Tu fais de cent vertus les instruments du crime.
Avec moins de talents, ton frère, plus humain,
Lui qui vient de périr, peut-être sous ta main,
Offrait à notre amour, par un rare assemblage,
Le citoyen, l'ami, le guerrier et le sage.
Utile à sa patrie et fidèle à ses rois,
Ses illustres revers flétrissent tes exploits.
Contre lui, contre Vienne, armant tes bras perfides,
Tes victoires étaient autant de parricides.
Achève ... ose, cruel, sous ces murs malheureux,

---

1. MS1765: the lines 'De ce cœur forcené jusqu'à dans ses remords./ Ce choc tumultueux des remords et du crime' were added to the manuscript (impossible to see original underneath).
2. MS1765: 'Ta honte est à toi seul ; toi que leur sang anime,/ Et qui fais des vertus les instrumens du crime'. Then the text is crossed out until the line 'Avec moins de talens, ton frère, plus humain'.

Me voir plonger vivante en des torrents de feux.
Cueille ces vils lauriers que l'Anglais veut te vendre,
Trempés du sang d'un frère et couverts de ma cendre !

HARCOURT.
Ah ! Quels traits déchirants vous plongez dans mon sein !
Que d'horreurs ! ... quoi ! Mon frère expirer par ma main ?
Non ... mais sa mort me rend[1] à l'espoir de ma race.
Que n'étiez-vous présente au jour de ma disgrâce !
L'ascendant que sur moi vous donnaient vos appas
Sur le penchant du crime eût retenu mes pas.
En me privant de vous on me rendit rebelle.
Exilé de la France et soupirant vers elle,[2]
Je m'armai pour punir un ministre oppresseur,
Pour l'en chasser moi-même en y rentrant vainqueur.
Ah ! De ses fils absents la France est plus chérie :
Plus je vis d'étrangers, plus j'aimai ma patrie.[3]
C'est pour elle et pour vous que j'ai tout entrepris.
Ma valeur en vous deux voyait son plus doux prix.
Édouard sut flatter mon amour, ma vengeance ;
Édouard me parut le vrai roi de la France.
Mais le trépas d'Harcourt, terrassant ma fureur,
Vient, par un coup de foudre, éclairer mon erreur.
Sur des morts entassés me frayant un passage,
Mon courroux poursuivait les débris du carnage.
Je m'entends appeler d'une mourante voix :
À part. À Aliénor.
Je m'arrête ... ô mon frère ! ... à mes pieds je le vois,

---

1. MS1765: ~~sa mort va me rendre~~ mais sa mort me rend (in margin).
2. OC1779: *Note de l'éditeur* : Il y avait dans cet endroit vers de Madrigal que le goût de l'auteur a retranché :

    De climats en climats je portai mes fureurs,
    J'y voulus de la France oublier les douleurs :
    Tel un amant fougueux, dans son débit extrême
    Rabaisse les appas de l'ingrate qu'il aime.

    Le Comte d'Harcourt parlait aussi à Aliénor, qui se nommait alors Aglaé, *De la céleste flamme qui embellissait tous les jours et ses yeux et son âme* : l'auteur n'a pas eu besoin qu'on l'avertît de supprimer ce langage, indigne de la tragédie.
3. This famous and patriotic line of the play is repeated in the vast majority of reviews. For example, see Fréron, *Année littéraire* t. VIII (1765), p. 315; Manson, *Examen impartial du Siège de Calais, poème dramatique de M. de Belloy* (Calais: Unknown publisher, 1765); Jean Marie Bernard Clément et Joseph de La Porte, *Anecdotes dramatiques*, t. 1 (Paris: Duchesne, 1775), p. 170.

Me tendant une main déchirée et tremblante ;
Le sang coule à longs flots de sa tête fumante.
Ses cheveux tout trempés, et sur son front épars,
Me laissent avec peine entrevoir ses regards :
« Viens, qu'au dernier soupir, viens, qu'un frère t'embrasse !
Puisse ma mort du moins[1] m'obtenir une grâce !
Le roi perd un soldat ; qu'il trouve plus en toi :
Va lui rendre un héros ; meurs un jour comme moi ».
Je l'embrasse, et son sang est lavé par mes larmes;
Il expire … je tombe étendu sur ses armes.
On nous porte tous deux aux tentes des vainqueurs.
Mes sens sont ranimés par l'excès des douleurs.
Votre nom prononcé dans ces moments terribles,
Vos dangers, le récit de vos projets horribles,
Vienne et ses durs mépris, tout confondant mes vœux,
En a tourné vers vous le reflux orageux ;
Et je sens que l'amour, lorsque l'honneur l'épure,
Donne encore plus de force au cri de la nature.

ALIÉNOR.

Eh bien ! ose venger nos maux et tes forfaits.
Je peux tout oublier … viens délivrer Calais.
Rends un malheureux père à sa fille tremblante,
Et la gloire et la vie à la France expirante.
De quelle ardeur j'irais te couvrir des lauriers
Qu'un noble amour prépare aux dignes chevaliers !
Mais, hélas ! … vaine erreur ! Songe de l'espérance !
Le salut de Calais n'est plus en ta puissance :
La faim vient d'énerver un reste de soldats ;
Leurs intrépides cœurs ne trouvent plus de bras.
D'ailleurs, de tous nos chefs la promesse sacrée,
De ces murs à l'Anglais offre déjà l'entrée.

HARCOURT.

Oui, je connais[2] l'abîme où je suis entraîné.
À des crimes encore par mon crime enchaîné,
La vertu m'offre en vain de tardives lumières,
J'ai mis entr'elle et moi d'invincibles barrières ;
Mais je puis des Français rejoindre les drapeaux …
Que dis-je ? Eh ! Pensez-vous qu'à mes serments nouveaux

1. MS1765: du moins dit-il, (in margin)
2. MS1765: Hélas! Je vois Oui, je connais (in margin)

L'inflexible Valois rende sa confiance ?
Édouard a des droits sur ma reconnaissance :
Sa fidèle amitié me livra ses secrets.
Irai-je contre lui m'armer de ses bienfaits,
Moi qui, malgré la voix de son sénat auguste,
J'ai seul précipité dans cette guerre injuste !
Ah ! le comte d'Artois traîna jusqu'à la mort
L'horrible désespoir d'un impuissant remord ;
Et cet exemple affreux vient de montrer peut-être
L'inévitable fin de qui trahit son maître.

ALIÉNOR.[1]

Qui s'avance en ces lieux ?[2] Je vois, de toute part,
Les chefs des citoyens …

HARCOURT.[3]

C'est l'ami d'Édouard,
C'est le brave Mauni que cette garde annonce,
Et qui vient de son prince apporter la réponse.

Scène 4

Harcourt, Aliénor, Mauni, Aurèle, Amblétuse,
Eustache De Saint-Pierre, chefs des bourgeois, écuyers.

MAUNI.[4]

Rebelles, qui bravez dans Édouard vainqueur
Les droits de sa naissance et ceux de sa valeur,
Si ma main n'arrêtait les traits de sa colère,
Les supplices seraient votre commun salaire ;
À la fureur du glaive il vous livrerait tous,
Et vos toits foudroyés s'écrouleraient sur vous.
Mais il dédaigne enfin une foule insensée,
Qui court à sa ruine en victime empressée,
Et des lois d'un héros ignorant la douceur,
Se punit elle-même en fuyant son bonheur.
Partez, prenez encore l'usurpateur pour maître ;
Mais sachez qu'un tel roi n'a pas longtemps à l'être,

---

1. PB1789: *voyant paraître beaucoup de monde.*
2. MS1765: ~~Mais qui s'avance ici?~~ *Qui s'avance en ces lieux?* (in margin)
3. PB1789: *apercevant Mauni avec les chefs des bourgeois.*
4. PB1789: *aux chefs des bourgeois.*

Et que sous ses drapeaux, s'il peut les relever,
Le bras de vos vainqueurs saura vous retrouver.
D'Édouard, cependant, la sévère justice
Exige ! Et j'en frémis, un sanglant sacrifice !
« Ma clémence, dit-il, n'a fait que des ingrats.
Et par l'impunité j'invite aux attentats :
Le châtiment du crime en détruira l'exemple ».
Il veut qu'avec terreur la France vous contemple ...
Sans dureté.[1]
Au glaive des bourreaux il vient de condamner
Six de vos citoyens, qu'il faut m'abandonner.
Qu'en partant de ces murs votre choix me les livre.
Allez ; c'est à ce prix qu'il vous permet de vivre.[2]

AMBLÉTUSE.

À cette indignité nous nous verrions réduits ?

ALIÉNOR, *à Harcourt.*

Et de ton crime encore voilà de nouveaux fruits !

HARCOURT.

Ah ! Dieu !

SAINT-PIERRE, *à part.*

Soutiens, ô ciel ! La vertu malheureuse !

AURÈLE, *à part.*

Ô de la cruauté recherche industrieuse !
Férocité tranquille en sa feinte douceur,
Qui même avec le jour veut nous ravir l'honneur !
L'Anglais va doublement repaître sa furie
Du sang de nos guerriers et de notre infamie.

---

1. PB1789: *avec embarras.*
2. De Belloy does not stray too far from his putative source's take on the events. According to chapter CXLVI of Froissart's *Chroniques*, Edward asked his generals to deliver six bourgeois with nooses around their necks, dressed in white tunics, and ready to die for Calais's insubordination. The six bourgeois, according to Froissart, were Saint-Pierre, Jean d'Aire (who is actually a character in M1765 but not in the subsequent editions of the play), Andrieu d'Ardres, Jean de Fiennes, Jacques de Wissant, and his brother, Pierre de Wissant. Although de Belloy follows the *Chroniques* through the first few acts, he asserts his poetic license with the character Aliénor — a purely 'invented' character — who becomes more and more important during the final two acts. In the end, it is Aliénor, and not the real-life Philippa d'Hainault (Edward's queen) who pleads with the English monarch for the lives of the Calaisians (according to Froissart, it was indeed Philippa, who travelled to Calais for the sole purpose of convincing her husband not to kill Saint-Pierre and his men). For more information, see Froissart, *Chroniques* I, chapter CXLVI (Paris: Lettres gothiques, 2004).

C'est peu pour Édouard d'immoler six héros,
Il veut qu'en les livrant nous soyons leurs bourreaux.
Nous, placer sous le fer les têtes les plus chères,
Un père, des amis, nos enfants ou nos frères ?
Ah ! je frémis d'horreur qu'on ose à des Français
Prescrire insolemment de si lâches forfaits ! ...
À Mauni.
Qui peut les ordonner les commettrait sans doute ;
C'est la honte en ces lieux, non la mort qu'on redoute.
D'un peuple vertueux le courage éprouvé
Par un an de combats, doit vous l'avoir prouvé ;
Et ses derniers moments[1] vont encore vous l'apprendre ...
Aux bourgeois.
Tombons, braves amis,[2] sous notre ville en cendre ...
À Aliénor.
Vous nous l'aviez bien dit : c'est l'unique secours
Qui sauve notre gloire au défaut de nos jours.
Privons notre ennemi, par cet effort insigne,
Du fruit de ses exploits, dont il se rend indigne ...
À Mauni.
Qu'aux yeux de l'avenir la place où fut Calais
Consacre nos vertus, atteste vos forfaits,
Et soit le monument le plus brillant, peut-être,
Que l'amour des Français ait offert à leur maître !

Les bourgeois font un pas pour sortir.

HARCOURT, *impétueusement*.[3]

Non, braves citoyens, non, je ne puis souffrir
Cette sublime horreur où je vous vois courir.
Je prétends envers vous expier ma victoire,
Et chéri d'Édouard, je vais sauver sa gloire.
Je dois à mon honneur, au sien, à vos vertus,
D'arracher le bandeau de ses yeux prévenus.
J'emploierai tous mes droits, tout jusqu'à mes larmes ...
Avec dépit.
C'est par moi qu'il n'a plus à craindre d'autres armes ...
Mais s'il me rejetait, si l'orgueil du bonheur
À tout ce qu'il me doit pouvait fermer son cœur,

---

1. MS1765: Et ~~ses~~ nos derniers ~~moments~~ projets.
2. MS1765: ~~Tombons, braves amis,~~ Remplissons-les : tombons (in margin).
3. PB1789: *aux bourgeois, en les retenant.*

Je confondrai mon sang au sang des six victimes ;
Et ce mélange heureux pourra laver mes crimes.
Vous verrez qu'un cruel, artisan de vos maux,
Peut encore mourir de la mort des héros …
À Aliénor.
Mon cœur en vous perdant regrettera la vie ;
Mais mon dernier regret sera pour ma patrie.
Il sort.

Scène 5.

Aliénor, Mauni, Saint-Pierre, Aurèle, Amblétuse, autres chefs des bourgeois.

MAUNI, *aux bourgeois.*
Qu'il fléchisse Édouard, il comblera mes vœux !
J'ai dû vous annoncer un ordre rigoureux ;
Mais je peux vous montrer, sous un front moins funeste,
L'âme d'un chevalier et d'un vainqueur modeste.[1]
Des fureurs de mon roi je gémis plus que vous ;
Vingt fois pour les calmer j'embrassai ses genoux ;
Sa cour, qu'attendrissait le respect et l'estime
Qu'inspire à ses vainqueurs un vaincu magnanime,
En vain pour le fléchir secondait mes efforts ;
Rien ne peut apaiser sa haine et ses transports :
Il croit qu'en ce moment la rigueur tyrannique
Est une loi d'état, un devoir politique ;
Et je crains que d'Harcourt l'impétueux courroux,
En voulant vous sauver, ne le perde avec vous.

AMBLÉTUSE.
Eh bien ! Le désespoir éclaire mon courage :
Pourquoi tourner sur nous notre inutile rage ?
En courant à la mort d'un visage affermi,
Que ne la portons-nous au sein de l'ennemi ?
Ce n'est point à mourir que la gloire convie,
C'est à rendre sa mort utile à sa patrie.
Un aveugle courage est-il une vertu ?
Qui ne sait que mourir, ne sait qu'être vaincu.
Qu'aux tentes des Anglais la fureur nous entraîne.
Allons ensanglanter leur victoire inhumaine ;

---

1. Not all critics appreciated Mauni's heavy-handed statement. For instance, Diderot wrote that these specific lines 'étaient ceux que je devais penser dans le parterre ; mais c'en était d'autres qu'il fallait dire sur la scène' (In Grimm, *Corr. litt.* IV [1 April 1765], p. 252).

De notre perte encore forçons-les à gémir.
Si l'on ne peut les vaincre, il faut les affaiblir.
Sous leur nombre accablant si la valeur succombe,
Elle peut entraîner ses vainqueurs dans sa tombe !
Expirons dans leur sang ; et que notre pays,
En perdant ses vengeurs, comptent moins d'ennemis.

ALIÉNOR.[1]

Faisons plus : vous voyez qu'illustrant ses ruines,
La France est maintenant féconde en héroïnes:
L'épouse d'Édouard[2] et l'altière Monfort
N'ont pas seules le droit de mépriser la mort.
Allons ; il faut armer vos compagnes chéries,
Ou réservez le fer pour vos mains aguerries,
Tandis que les flambeaux qui vont brûler Calais
Seront lancés par nous sur le camp des Anglais.
Ah ! Peut-être, en voyant l'ardeur qui nous anime,
Harcourt y mêlera sa fureur légitime …
À Mauni.
Et saura, vous privant d'un bras toujours vainqueur,[3]
Vers la justice enfin ramener le bonheur.

Les bourgeois veulent encore sortir.

SAINT-PIERRE, *retenant les bourgeois.*

Français, où courez-vous ? Quel transport vous égare ?
L'héroïsme en vos cœurs ne peut être barbare …
À Aliénor et à Amblétuse.
Pardonnez, votre avis est par moi combattu :
Un long âge m'apprit l'emploi de la vertu.
Sous des cheveux blanchis la valeur est tranquille :
Elle perd quelque éclat et devient plus utile …
Aux bourgeois.
Vous voyez qu'Edouard nous rend à notre roi :
C'est le plus doux espoir qui flattât notre foi.
Comptables de nos jours au monarque, à la France,
Irons-nous, dans l'ardeur d'une altière imprudence,
Perdre un peuple si cher, que l'on peut conserver,

---

1. MS1765: The text underneath is blocked out. It is evident that 'Faisons plus …' to '… sur le camp des Anglais' was an addition.
2. Philippa d'Hainault (1314–1369), Queen of England. She was the daughter of Guillaume I d'Hainault and Jeanne de Valois and the granddaughter of Philippe III, King of France (r. 1270–1285).
3. MS1765: ~~vengeur~~ vainqueur (in margin).

Puisqu'enfin six mortels ont droit de le sauver ?
Je sens qu'avec justice on craint l'ignominie
De livrer des Français à qui l'honneur nous lie ;
Mais, pour fuir cette honte, il est un choix permis :
Je livre le premier ... moi-même.

AURÈLE, *vivement*.
Et votre fils !

SAINT-PIERRE.
Oui, tu dois partager la gloire de ton père.

AURÈLE, *à part, en se jetant aux pieds de son père*.
Grand dieu ! Qu'en ce moment ma naissance m'est chère !

AMBLÉTUSE, *à part*.
Patrie, ah ! Tombe aux pieds de ton libérateur ...
Que dis-je ? En la sauvant, il lui perce le cœur.
Ô sacrifice affreux plein d'horreur et de charmes ! ...
À Saint-Pierre.
En attendant mon sang, ami, reçois mes larmes ...
À Mauni.
Seigneur, je vois qu'ici les plus braves mortels
Aux yeux de votre roi sont les plus criminels.
Ce sont eux, les premiers, que sa haine menace ...
Montrant Saint-Pierre et Aurèle.
Après ces deux héros il a marqué ma place.

MAUNI, *à part, les larmes aux yeux*.
Dieu ! Que ne suis-je né dans les murs de Calais ?

ALIÉNOR, *le surprenant, et avec vivacité, aux bourgeois*.
Citoyens, jouissez des pleurs de cet Anglais ...
Plus faite à vos vertus, en paix je les contemple ;
Mais leur plus digne éloge est d'en suivre l'exemple.
Oui ...

SAINT-PIERRE,[1] *très vivement*.
Madame, arrêtez. Je conçois votre espoir.
De nos sexes ici distinguez le devoir.
Je puis, sans faire outrage à la gloire du vôtre,
Réclamer un honneur qui n'appartient qu'au nôtre ...[2]
Ceux qui, le fer en main, défendaient ce rempart,
Ont tous droit avant vous aux rigueurs d'Édouard ...

1. PB1789: *l'interrompant,*
2. MS1765: the preceding 2 lines were added to the manuscript (blocked out underneath).

À Mauni, en lui rendant son épée.
De mes jours dévoués, seigneur, voici le gage.
Ce glaive, cinquante ans, seconda mon courage ;
Mais l'âge allait m'en faire un frivole ornement :
Pouvais-je le quitter dans un plus beau moment ? ...
À son fils qui donne aussi son épée à Mauni.
La France attendait plus du tien, mon cher Aurèle !
Mais tu vécus assez puisque tu meurs pour elle.

Amblétuse remet son épée à un écuyer de Mauni. Tous les chefs des bourgeois mettent la main à leur épée, et paraissent prêts à la donner aussi.

Que vois-je, mes amis ? à ce concours jaloux,
Il semble qu'en triomphe on vous appelle tous !
Mais il ne manque plus ici que trois victimes,
Et le reste du peuple a des droits légitimes.
Venez ; à votre gloire il faut qu'il soit admis.
Vos débats généreux au sort seront remis.
En consacrant trois noms, sur tous il va répandre
L'espoir d'un si beau choix et l'honneur d'y prétendre.
Ce choix fait, vers son roi tout Calais se rendra,
Sans regretter ses murs, qu'un jour il reverra.
Nous, aux mains d'Édouard remettant notre tête,
Nous irons lui livrer sa nouvelle conquête ...
À Aliénor.
Adieu, voyez mon maître, et qu'il soit informé
Comment il fut servi, combien il est aimé.

MAUNI, *à Aliénor.*
Édouard en ces lieux vous prescrit de l'attendre,
Madame; de vos soins leur grâce peut dépendre.
J'ignore ses desseins ; mais ...

ALIÉNOR, *l'interrompant.*
Que veut-il de moi ? ...
À Saint-Pierre.
Magnanime héros,[1] je te donne ma foi
De ne point consentir à racheter ta vie,
Que par des actions que ta grande âme envie.

SAINT-PIERRE.
Ah ! Voilà la vertu qui sied à votre cœur.
Bravez plus que la mort, en bravant le malheur.[2]

1. **MS1765**: ~~Viens, se~~ ... (other words crossed out but illegible) Magnanime héros.
2. **PB1789**: *les chefs des bourgeois sortent d'un côté, et Aliénor et Mauni sortent d'un autre.*

ACTE III

Scène 1.

Édouard, Harcourt, chevaliers anglais, gardes.

ÉDOUARD.
Elle est soumise enfin, cette superbe ville ![1]
J'ai ployé sous le joug son orgueil indocile,
Et je puis dans son sein rassembler désormais
Les foudres destinés aux rebelles français.
Les rives d'Albion, glorieuses, tranquilles,
Pour nos fiers ennemis ne seront plus fertiles.
Les vaisseaux ravisseurs, dans ce port recélés,
Ne s'élanceront plus vers nos champs désolés.
Qu'il m'est doux d'asservir cette illustre contrée !
De mes nouveaux états c'est la plus digne entrée.
C'est d'ici que César, triomphant des Morins,[2]
Étonna l'océan sous l'aigle des Romains,
Et joignit aux Gaulois, par le droit de la guerre,
Ces Bretons séparés du reste de la terre.
C'est dans le même port que le roi des Anglais
Réunit leur empire à l'empire français.[3]
Il n'est plus aujourd'hui de mer qui les divise ;
Confondons pour jamais la Seine et la Tamise …
À un chevalier.
Vous, au sénat de Londres annoncez mes exploits :
Qu'il juge s'il préside aux triomphes des rois …[4]
Sortez tous.[5]

---

1. Calais was conquered on 3 August 1347, after approximately eleven months of English bombardments and starvation techniques. The English maintained control of the strategic port city until the Duc de Guise's army retook Calais for the French in 1558.
2. The Morini were an ancient tribe that occupied northern Gaul (Picardy, Pas-de-Calais, parts of modern-day Belgium) during the expansion of the Roman Empire. See de Belloy's *Notes historiques, intra.* pp. 149–51.
3. Reference to William the Conqueror, first Norman king of England (r. 1066–1087).
4. PB1789: *à tous les chevaliers et aux gardes.*
5. PB1789: *les chevaliers et les gardes sortent, et Édouard retient Harcourt, qui faisait quelques pas pour sortir aussi.*

Scène 2.

Édouard, Harcourt.

ÉDOUARD.

Je te dois cette heureuse conquête,
Prémices des lauriers que la gloire m'apprête.
Ton zèle, de mon fils guidant la jeune ardeur,
Joint l'éclat des talents au feu de sa valeur.
Écoute : il faut qu'ici, dans l'essor de ma joie,
Mon amour pour la France à tes yeux se déploie.
Tu sais que sur son trône abandonnant mes droits
J'approuvai le décret qui couronna Valois ?
L'Aquitaine dès lors, mon antique héritage,
Envers ce nouveau prince exigeait mon hommage,
Devoir honteux, dont rien ne pouvait m'affranchir…
J'en rougis ; mais les temps me forçaient de fléchir.
Je parus… mon rival, ivre de sa victoire,
M'éblouit, m'indigna, m'accabla de sa gloire.
L'éclat de son empire, avec faste étalé,
Me montra tous les biens dont j'étais dépouillé ;
Mes yeux, voyant de près et son peuple et son trône,
De mes pertes confus, dévoraient sa couronne ;
Et quand mon vain devoir jura de la servir,
Je sentis que mon cœur fit vœu de la ravir.
Ô supplice éternel d'une âme ambitieuse !
Quel tableau !… je sortais de mon île orageuse,
Climat toujours sanglant, par la nécessité
Des querelles du trône et de la liberté ;
Où le peuple, rival et tyran de son maître,
Veut qu'il le rende heureux et refuse de l'être :
Dans leurs jaloux débats le prince et les sujets
Divisent, par honneur, leurs communs intérêts.
Bientôt leur défiance est mère de la haine :
Le chef, pour maintenir sa puissance incertaine,
Est contraint sur lui seul de rassembler ses soins,
Et du corps de l'état néglige les besoins.
N'ai-je pas vu moi-même un sénat téméraire
De son trône avili précipiter mon père,[1]

---

1. This is a reference to the tumultuous life of Edward II (Edward III's father). Edward II was deposed by a *fronde* consisting of his wife, Isabelle, and her companion, Roger Mortimer, because Edward supported the Despenser family in a war among nobles. The anti-Edwardian

Charger, couvrir d'affronts son monarque enchaîné,
Pour recevoir des lois d'un enfant couronné ?
Mais que voyais-je en France ? Un roi, maître suprême,
En qui vous révérez la divinité même ;
Des grands, que son pouvoir a seul rendus puissants,
Du bras qui les soutient appuis reconnaissants ;
Un peuple doux, sensible ... une famille immense,
À qui le seul amour dicte l'obéissance,
Qui laisse tous ses droits à son père asservis,
Sûre qu'il veut toujours le bonheur de ses fils ...
À part.
Valois trop fortuné ! Quel roi, digne du trône,
Ne demande au destin le peuple qu'il te donne ?
Rendre heureux qui nous aime est un si doux devoir !
Pour te faire adorer, tu n'as qu'à le vouloir.

HARCOURT.
Seigneur, à cet excès la France vous est chère,
De ses peuples aimés vous voulez être père,
Et je vois sur Calais votre extrême rigueur ...

ÉDOUARD.[1]
Quand il est dédaigné, l'amour devient fureur.
Eh ! Pourrais-je inventer un supplice trop rude
Pour punir tant d'affronts et tant d'ingratitude ?
Pendant plus d'une année arrêtant mes exploits,
Calais à ma poursuite a dérobé Valois.
J'ai perdu sous ses murs la fleur de mon armée,
Et la saison de vaincre en projets consommée.
Aujourd'hui ces vaincus, refusant ma bonté,
Haïssent plus mes lois qu'ils n'aiment leur cité ;
Et quand j'y vais régner, abjurant leur patrie,
Jusqu'à l'embraser poussaient la barbarie.
J'allais à leur fureur les livrer sans effroi ...
Les dangers d'Aliénor m'ont alarmé pour toi,
Et ces six criminels borneront ma vengeance.
C'est en vain que pour eux tu pressais ma clémence.[2]

---

group also criticized the king for his inability to retake Gascony and the rest of Aquitaine from the French. For more information on Edward II and on Edward III's legitimacy arguments stemming from his father, see Michael Prestwich, *Plantagenet England: 1225-1360* (Oxford: Oxford Univ. Press, 2007) or Boris Bove, *Le Temps de la guerre de Cent Ans 1328-1453* (Paris: Belin, 2009).

1. PB1789: *l'interrompant*.
2. MS1765: this line, as well as Harcourt's response, are additions to the manuscript.

HARCOURT.
Eh quoi ! Vous me flattiez qu'en généreux vainqueur …

ÉDOUARD.[1]
Ce que je viens de voir met la rage en mon cœur.
Ce peuple de mourants, ces déplorables restes
Des foudres de la guerre et des fléaux célestes,
Conservaient leur fierté dans des yeux presqu'éteints ;
Sous la pâleur encore leurs fronts étaient sereins.
Leur joie a consterné mon armée immobile :
Ils semblaient triompher en fuyant de leur ville.
Un seul tournait vers elle un regard désolé ;
On lui nomme son roi ; je le vois consolé.

Scène 3.

Édouard, Harcourt, Mauni, Saint-Pierre,
Aurèle, Amblétuse, trois autres bourgeois, gardes.

Les six bourgeois ont des chaînes aux mains.

MAUNI, *à Edouard.*
Par votre ordre, seigneur, j'amène vos victimes.

ÉDOUARD, *aux bourgeois.*
Perfides ! Qui longtemps illustrés par vos crimes,
Outragiez le vainqueur et le roi des Français …

AURÈLE, *l'interrompant.*
Vous leur roi ?

SAINT-PIERRE, *à son fils.*
Titre vain, sans l'aveu des sujets !
À Édouard.
Aux pieds de mon vainqueur j'apporte ici ma tête.

ÉDOUARD.
Crois qu'elle y va tomber : ton supplice s'apprête.
Sois sûr que l'échafaud où tu seras livré
Du trône qui m'attend est le premier degré.
Traître ! C'est donc par toi, par ta perfide audace
Que ma victoire ici devient une disgrâce ?
Je veux gagner des cœurs, eh ! Quel prix est le mien ?
Une vaste cité sans un seul citoyen,
Des toits, de vains séjours qu'habite le silence,
Et d'un amas de murs la solitude immense.

---

1. PB1789: *l'interrompant.*

SAINT-PIERRE.
Dans Londres à vos vertus tous les cœurs vont s'offrir …
Valois n'en laisse point en France à conquérir.
Le peuple de Calais instruit votre prudence.
Dussent tous les Français s'exiler de la France,
Si vous prétendez voir nos cités vous servir,
De nouveaux citoyens il faudra les remplir.

ÉDOUARD.
Va, ton sang éteindra l'ardeur de ce faux zèle,
Et bientôt la terreur glace un peuple rebelle …
Mais qui sont ceux de vous dont le sort a fait choix ?

SAINT-PIERRE, *les montrant.*
D'Aire, les deux Wissans, noms obscurs autrefois,
Maintenant immortels aux fastes de l'histoire,
Dans ma seule famille ont renfermé la gloire
Dont tous nos citoyens se montraient si jaloux.

ÉDOUARD, *avec une surprise mêlée d'admiration.*
Quoi ! C'est là ta famille ?

AMBLÉTUSE.[1]
          Oui ; quel honneur pour nous !
Valois sans vos rigueurs n'aurait pu nous connaître ;
Et nous allons mourir pleurés par notre maître.

AURÈLE,[2] *avec vivacité.*
Que n'avez-vous pu voir le triomphe inouï
Dont par vous seul, seigneur, nos regards ont joui
Quand ce peuple, quittant des demeures si chères,
L'espoir de ses enfants, les tombeaux de ses pères,
Prêt à nous laisser seuls dans ces remparts déserts,
Apportait à nos pieds tant d'hommages divers !
Ô mélange touchant de douleur, d'allégresse,
D'envie et de pitié, d'horreur et de tendresse !
Les femmes, les vieillards, nous serraient dans leurs bras :
Leurs fils venaient baiser la trace de nos pas.
Nos visages, nos mains se trempaient dans leurs larmes …
Ah ! Seigneur, la victoire eut pour vous moins de charmes.

---

1. MS1765: these lines are attributed the character D'Aire, who was one of the six bourgeois sentenced to death by Edward in Froissart's narrative. In subsequent editions, D'Aire's lines are attributed either to Amblétuse or to 'Un bourgeois'.
2. PB1789: *à Édouard,*

ÉDOUARD.[1]

Tout m'étonne et m'irrite … ah ! c'est trop me braver.
De ma juste fureur[2] rien ne peut les sauver.

HARCOURT.

J'en appelle à vous-même, et je prends leur défense.
Vous aviez à mon choix remis ma récompense,
Quand mes vœux modérés, retranchant vos bienfaits,
Toujours à vos bontés laissaient quelques regrets ;
Eh bien ! N'ordonnez pas, hors des champs de la gloire,
Que le sang des Français souille encore ma victoire.
C'est là l'unique prix que je veux obtenir,
En partant pour l'exil où mes jours vont finir.

ÉDOUARD.

Quel discours ! Un exil ?

HARCOURT.

                  Je ne puis vous le taire ;
Mes yeux sont dessillés par la mort de mon frère.
Ah ! Mon zèle pour vous m'a fait son assassin,
Je commandais au bras qui lui perçait le sein ;
Doublement parricide, hélas ! Ma barbarie
Frappe, depuis trois ans, le sein de ma patrie ;
Les feux qui dévoraient nos moissons, nos cités,
Ont éclairé partout mes pas ensanglantés.
Envers vous et Valois pour n'être plus perfide,
Je retourne aux climats où le remords me guide ;
Je vais près du Jourdain, rejoindre ces guerriers
Dont un sang fraternel ne teint pas les lauriers,
Et le mien …

ÉDOUARD.[3]

        Quel transport de votre âme s'empare ?
Dans quel oubli honteux la douleur vous égare !
Pleurez la mort d'un frère, et surtout ses erreurs.
La patrie à mes yeux coûtait aussi des pleurs …
Mais, quoi ! C'est en son chef, en moi qu'elle réside,
Montrant les bourgeois.
Non dans l'obscur ramas de ce peuple perfide.[4]

1. PB1789: *à part.*
2. MS1765: ~~Que l'on me venge allons~~ De ma juste fureur (in margin).
3. PB1789: *l'interrompant.*
4. Edward's argument is that sovereignty exists in the body of the King, not in the people. By making this argument through the lens of his antagonist, de Belloy seems to be offering a critique of the absolutist strand of monarchism.

HARCOURT.

Seigneur...

ÉDOUARD.[1]

Ecoutez-moi. Bien loin de consentir
À cet exil suspect, que je dois prévenir,
Si j'épargnais pour vous ce maire et ses complices,
Je voudrais pour leur grâce enchaîner vos services.

SAINT-PIERRE, *vivement à Harcourt.*

Ne la méritez pas. Votre noble remord,
S'il vous rend à mon roi, paie assez notre mort.

ÉDOUARD, À SAINT-PIERRE,[2] À DES SOLDATS.

Sortez... dans la prison qu'on aille les conduire ;
Qu'ils attendent l'arrêt que je dois vous prescrire.

Les six bourgeois sortent.[3]

[4]*À Mauni.*
Appelez Aliénor... non ; vous-même, Mauni,
Priez-la de vous suivre et de se rendre ici.
Mauni sort.

[5]HARCOURT, *à Édouard.*

Quoi ! Seigneur, Aliénor...

ÉDOUARD, *l'interrompant.*

Dans le trouble où vous êtes,
Vous répondriez mal à mes bontés secrètes.
J'attendais ce grand jour pour les faire éclater...
Vous serez bien ingrat, si vous m'osez quitter.
C'est la seule Aliénor qui peut, avec prudence,
Régler, dans vos destins, les destins de la France,[6]
Et décider du sort de ces vils citoyens,
Dont vous osez mêler les intérêts aux miens.

1. PB1789: *l'interrompant.*
2. PB1789: *et aux autres bourgeois.*
3. PB1789: *avec des soldats qui les emmènent.*
4. PB1789: Beginning of III. 4.
5. PB1789: Beginning of III. 5.
6. Aliénor, a character with the ability to 'régler les destins de la France', provoked a lively polemic among critics. According to Fréron, de Belloy created the character only in order to please the actress, Mlle Clairon. Fréron argues that de Belloy gives too much power to an 'invented' female character, an oversight that the public ignores due to Clairon's star status: 'Comme ce rôle d'Aliénor est de pure invention, et destiné espécialement à faire briller

HARCOURT.

Vous espérez en vain ...

ÉDOUARD.[1]

À Mauni

Je la vois. Qu'on nous laisse.[2]

À Harcourt
Allez.[3]

Scène 4.[4]

[5]*Édouard, Aliénor, gardes.*

ÉDOUARD.
Tant de vertus ornent votre jeunesse,
Que leur éclat célèbre exige des tributs,
Jusqu'ici dans mon cœur à regret suspendus ;
Je viens vous les offrir ; ils sont dignes, madame,
Et du profond génie et de la grandeur d'âme
Dont j'ai même admiré les dangereux excès.
Je dépose en vos mains les plus grands intérêts,
Les miens, ceux de l'état, d'un amant et d'un père ;
Enfin les jours proscrits de ce coupable maire ...
Ils s'asseyent.
La victoire, fidèle au plus juste parti,
Va traîner à son char mon peuple assujetti.
Déjà laissant partout des traces de ma gloire,
J'ai franchi la Dordogne et la Seine et la Loire,
Avant que ma valeur triomphât de Créci,
J'ai porté mes drapeaux jusqu'aux champs de Neuilly.

---

l'Actrice [Clairon], l'auteur n'a rien épargné pour la faire valoir. Il a rassemblé tous les lieux communs, tous les traits généraux, toutes les grandes maximes qui, débitées avec emphase, sont toujours bien reçues de la multitude'. Fréron, *Année littéraire*, viii (1765), p. 314.

1. PB1789: *l'interrompant, en voyant paraître Aliénor.*
2. PB1789: Qu'on nous laisse.
3. PB1789: Je la vois.
4. PB1789: This edition includes the following short scene (III. 6):

Édouard, Harcourt, Aliénor, Mauni, gardes.

ÉDOUARD, *à Harcourt et à Mauni.*
Qu'on nous laisse ; allez.

Harcourt et Mauni sortent. Les gardes se retirent dans le fond.

5. PB1789: beginning of III. 7.

Encore une bataille et Paris me couronne.
Mais les premiers Français qui, m'appelant au trône,
De mes droits reconnus sont les dignes appuis,
Doivent de ma grandeur cueillir les premiers fruits.
Prenez ce titre auguste à ma reconnaissance :
Vous avez sur un père une entière puissance ;
Son exemple et le vôtre, en tous lieux révérés,
Entraîneront les cœurs par ma gloire attirés.
Je mets à ce service un prix inestimable.
J'élève votre père au rang de connétable.
D'Harcourt, que vous aimez, je fais un souverain ;
Et vice-roi de France, il reçoit votre main.
Londres plus que Paris exige ma présence ;
Vous serez mon égale et reine en mon absence.
C'est au trône, en un mot, que vous pouvez monter :
Mon estime vous l'offre ; osez le mériter.

ALIÉNOR.

J'oserai plus, seigneur ... mais, sans que je l'annonce,
Puisque vous m'estimez, vous savez ma réponse.

ÉDOUARD.

Croyez-moi, consultez un père.

ALIÉNOR.

Moi, seigneur ?
Je ne l'outrage point ; j'ai consulté mon cœur.

ÉDOUARD.

J'entends ce fier refus. Mais Vienne plus facile ...

ALIÉNOR, *l'interrompant*.

Ah ! N'en attendez point un refus si tranquille.
Mais si le poids de l'âge eût ébranlé sa foi,
Je pleurerais mon père et servirais mon roi.[1]
Pour Harcourt, il m'est cher. Il dut cesser de l'être
Dès le premier moment qu'il vous choisit pour maître ;
Mais à vos dons nouveaux s'il vend son repentir,
L'amour ne daigne plus l'honorer d'un soupir.

ÉDOUARD.

Cet excès de hauteur a lieu de me surprendre.
Votre maître au respect devait du moins s'attendre.

1. Aliénor is referring to the comte de Vienne, governor of Calais.

ALIÉNOR, *se levant.*
Vous n'êtes point mon maître, et vous savez nos lois :
Je respecte Édouard, s'il respecte Valois.

ÉDOUARD, *se levant aussi avec vivacité.*
Quelles lois, ou plutôt quel nom imaginaire
Opposez-vous aux droits que je tiens de ma mère ?
Est-ce à vous de citer, comme loi de l'état,
Un abus condamné dans tout autre climat,
Dont l'équité gémit, dont la raison s'indigne,
Qui pour tout votre sexe est un affront insigne,
Contraire aux douces mœurs de ce peuple vanté,
Qui sert également la gloire et la beauté,
Qui, du rang de ses rois bien loin de vous proscrire,
Au-dessus de leur trône élève votre empire ?
Ah ! vous nous surpassez dans l'art de gouverner.
Ma mère est le héros qui m'apprit à régner.
De vos trois derniers rois cette sœur magnanime
M'a transmis sur les lis un titre légitime.[1]
Qui peut d'un droit si saint me priver désormais ?
Quel autre doit régner sur la France ?

ALIÉNOR.
              Un Français.
Lorsqu'en nommant un roi, nos généreux ancêtres
Ont nommé dans ses fils la race de nos maîtres,
Quand des soldats vainqueurs portaient sur un pavois
Le plus vaillant soldat, père de tous nos rois,
D'un peuple libre et fier, qui se donnait lui-même,
Tel fut le premier vœu, la loi juste et suprême,
Que son sceptre en tout temps aux Français réservé,
Jamais par d'autres mains ne pût être enlevé ;
Et si la même loi, mais sans nous faire outrage,
De ce trône à mon sexe interdit l'héritage,
C'est de peur que l'hymen, qui doit nous engager,
Ne couronne en nos fils les fils de l'étranger.
Avant vous cette loi contre vous fut portée.
Écrite au fond des cœurs dont la voix l'a dictée,
Elle s'est affermie à l'ombre des lauriers,

---

1. In another attempt to claim legitimacy, Edward underlines that his mother (Isabelle) was the daughter of Philippe IV, King of France. According to Edward, he deserves the crown because he is the next male in that lineage.

Par trois races de rois et neuf siècles entiers.
Le Français dans son prince aime à trouver un frère,
Qui, né fils de l'état, en devienne le père.
L'état et le monarque à nos yeux confondus,
N'ont jamais divisé nos vœux et nos tributs.
De là cet amour tendre et cette idolâtrie
Qui dans le souverain adore la patrie :
Sublime passion d'un peuple impétueux,
De l'empire des lis fondement vertueux ;
Et qui, le distinguant par les plus nobles marques,
Fait à cent souverains envier nos monarques.

ÉDOUARD.

Vous irritez l'ardeur dont je suis enflammé …¹
C'est moi qu'à cet excès j'aurais dû voir aimé,
Peuple ingrat ! … mais il faut que ta haine fléchisse,
Ou que, juste à la fin, la mienne t'en punisse …²
Choisissez à l'instant les dons de ma bonté,
Ou l'immuable arrêt de ma sévérité.
Du sang qui va couler je vous rends responsable.
Si vous ne dépouillez cette fierté coupable,
Cette fausse vertu, ce préjugé des lois
Qui traite en étranger le pur sang de vos rois,
Vous livrez à la mort ces citoyens rebelles,
Dont vous pouviez sauver les têtes criminelles.
L'honneur de conquérir et votre père et vous
M'allait faire pour eux oublier mon courroux.

ALIÉNOR.

Je le vois à regret, seigneur ; la renommée
Vous peint fidèlement à l'Europe alarmée.
Autant vous déployez de grâce et de douceur
Quand d'un sujet utile il faut gagner le cœur,
Autant vous vous armez d'une haine terrible
Pour celui que vos dons trouvent incorruptible :
Mais je ne peux changer. Ces braves citoyens,
Qui, mourant pour l'état, en sont les vrais soutiens,
Savent qu'à leur grand cœur mon âme porte envie ;
Et ma gloire n'est point la rançon de leur vie.
Plus qu'eux-mêmes, il est vrai, leur mort me fait frémir …
Je verrai leur courage : il pourra m'affermir.

1. PB1789: *à part.*
2. PB1789: *à Aliénor.*

ÉDOUARD.
Vous les immolez donc par votre orgueil barbare ?...[1]
Gardes, que sans tarder l'échafaud se prépare.[2]

Scène 5.[3]

Édouard, Harcourt, Aliénor, troupe de soldats.

ALIÉNOR, *à Harcourt, en le voyant entrer avec des soldats.*
Ah ! De nos citoyens viens défendre les jours.
Songe à quel titre ici tu leur dois tes secours.
Toi seul les a perdus ; et s'ils meurent j'expire.

HARCOURT, *vivement, à Édouard.*
À tant de cruauté pourrez-vous bien souscrire ?
La valeur de ce maire et ses rares vertus ...

ÉDOUARD, *l'interrompant.*
La valeur d'un rebelle est un crime de plus.

HARCOURT.
Qu'entends-je ?

ALIÉNOR.
À Édouard.
    Ton arrêt ... jamais à son courage
Je n'aurais pu tracer une leçon plus sage,[4]
Mais pour ces malheureux j'oserai tout tenter.
Je sais quel défenseur je peux leur susciter :
Un cœur pour qui le vôtre est peut-être sensible,
Que le bonheur encore ne rend pas inflexible ...
Que dis-je ? Votre armée où je porte mes pleurs,
Vous fera malgré vous abjurer vos fureurs.
Ses chefs ne voudront pas que de votre injustice
Le sanglant déshonneur sur leurs fronts rejaillisse ;
Que l'univers accuse un peuple de héros
D'avilir sa victoire en servant vos bourreaux.
L'Anglais n'obéit plus lorsque son roi l'outrage ...
À Harcourt.
Toi, vers nos citoyens que ta foi se dégage.

---

1. PB1789: *aux gardes.*
2. PB1789: *des gardes sortent.*
3. PB1789: beginning of III. 8.
4. MS1765: the preceding 2 lines are additions.

Sans tes honteux exploits, maîtres de leurs destins,
Je les verrais vainqueurs, et vainqueurs plus humains.
Songe, si de la mort ton bras ne les délivre,
Que tu m'as fait serment de ne leur point survivre.
Elle sort.

Scène 6.[1]

Édouard, Harcourt, gardes.

ÉDOUARD, *à part.*

Quoi ! Je veux pardonner, on me force à punir !
Je vois par mes bontés tous les cœurs s'endurcir !
À Harcourt.
Savez-vous bien quel prix j'ai mis à ma clémence ?
Je voulais vous nommer vice-roi de la France,
Par l'hymen d'Aliénor combler votre bonheur :
Elle a refusé tout.

HARCOURT.

        Elle l'a dû, seigneur.
Puis-je me plaindre, hélas ! De sa vertu sévère ? ...
Si j'accepte vos dons, je vends le sang d'un frère.
Non, il n'est qu'un seul prix qui convienne à mon sort :
Sauvez ces malheureux pour qui mon frère est mort.
Leur supplice est ma honte, et mon cœur le partage.
La mort de Régulus[2] déshonora Carthage ...
Très vivement.
Craignez qu'un même affront ne vous couvre aujourd'hui :
Ceux que vous immolez sont aussi grands que lui ;
Aux mêmes intérêts leur cœur se sacrifie,
À la gloire, à l'amour, au bien de la patrie.
Vous, sur qui l'héroïsme eut des droits si sacrés,
Vous n'êtes plus vous-même, ou vous les admirez.
Votre âme en les perdant gémira la première.
Vous démentez le cours de votre vie entière.
De cet égarement n'osez-vous revenir ?

---

1. PB1789: beginning of III. 9.
2. Reference to Marcus Atilius Regulus, the Roman consul who led several military campaigns during the Punic wars. Regulus was captured by his enemies and sent to Rome to negotiate a prison exchange and according to legend, he refused to give up himself or any of his own soldiers in return for the liberation of Carthagian soldiers. He was subsequently tortured and killed in Carthage for insubordination. Nicolas Pradon, one of Racine's rivals, staged a successful tragedy, *Régulus*, in 1688.

Quel faux honneur encore semble vous retenir ?
Seigneur, à tout mortel l'erreur est excusable.
Un prince y peut tomber sans devenir coupable ;
Il l'est si sa fierté refuse d'en sortir.

ÉDOUARD.

Vous voulez me quitter et croyez me fléchir ?
Vous pensez pour autrui désarmer ma vengeance,
Quand vous vous apprêtez à trahir ma clémence ?
Non, non ; avec plaisir je perds ces malheureux,
Puisque c'est vous, ingrat ! Que je punis sur eux.

HARCOURT.

Ingrat ! … qu'ai-je reçu pour prix de mes services ?
J'aspire à vous sauver d'horribles injustices :
Écoutez ma prière, et c'est vous acquitter.
Vos reproches cruels me forcent d'ajouter
Qu'en défendant, seigneur, ces illustres victimes,
Sur elles près de vous j'ai des droits légitimes.
Si je n'eusse vaincu dans les champs de Créci,
Auriez-vous une grâce à refuser ici ?

ÉDOUARD.

C'en est trop ! Réprimez cette audace importune.
Vous avais-je mandé lorsque votre infortune
Vint par mes prompts secours relever ses débris ?
Vos services dès lors sont des devoirs remplis.
Votre sang appartient au véritable maître
Qu'un serment libre et saint vous force à reconnaître.
Je le suis, et je sais contraindre au repentir
Ceux de qui l'insolence en perd le souvenir.
Il sort.

Scène 7.[1]

HARCOURT.

Quelle confusion, et quel reproche infâme !
Je ne vis plus … la honte est le néant de l'âme,[2]
Voilà le terme affreux du bonheur passager
Qu'un rebelle sujet trouve chez l'étranger !
Sitôt qu'il peut déplaire, on dépouille sans crainte

---

1. PB1789: beginning of III. 10.
1. MS1765: Ah! Je respire à peine et cette honte infâme/ Dans un néant affreux semble plonger mon âme (see note 2, p. 112).

Le faste intéressé d'une amitié contrainte ;
La faveur disparaît : les flétrissants mépris
Lui rejettent l'horreur qu'il fait à son pays ;
Et, tirant de sa faute un cruel avantage,
On veut que sans murmure il dévore l'outrage.
On est juste ... ah ! J'invite à marcher sur mes pas.
Ingrat, suis-je surpris de trouver des ingrats ? ...
Tremblez, faibles sujets qui trahissez vos maîtres :
Un roi punit toujours ceux qu'il a rendus traîtres ...
Mais allons voir ce maire, et partageons son sort.[1]
Qu'un si beau désespoir éternise ma mort ;
Qu'on dise, en apprenant cet effort magnanime :
« Il serait mort moins grand, s'il eût vécu sans crime. »[2]

---

1. MS1765: ~~Mais en est fait. Allons: j'ay decide mon sort.~~ Mais allons voir ce Maire et partageons son sort (in margin).
2. Note in PE1765: Plusieurs personnes ont exigé que l'on rétablit les deux premiers vers de ce monologue, qui n'ont pas été bien entendus à la première représentation et qui ont été changé ainsi aux représentations suivantes : 'Ah ! je respire à peine et cette honte infâme/ Dans un néant affreux semble plonger mon âme./ Voilà le terme, hélas ! etc.'

ACTE IV

Scène 1.

(Le théâtre représente la prison.)

Saint-Pierre, Aurèle, Amblétuse, trois autres bourgeois, tous enchaînés.

SAINT-PIERRE, *à Aurèle et aux autres bourgeois.*
Ô mon fils ! Mes amis, qui l'eût pensé jamais,
Que nous habiterions ce séjour des forfaits ?
Ah ! sans doute avant nous ces chaînes flétrissantes
Ont courbé sous leur poids les vertus gémissantes :
Mais combien de mortels voudraient nous disputer,
Nous ravir aujourd'hui l'honneur de les porter !…
À part.
Que je te dois d'encens, souverain de mon être !
Pour quels brillants destins ta bonté me fit naître !
Si dans l'obscurité tu plaças mon berceau,
Les rayons de la gloire entourent mon tombeau.
Je vois ce noble éclat étendu sur la France
Des siècles reculés franchir l'espace immense ;
Et Calais recevant de vingt peuples jaloux
Un hommage immortel qu'il ne devra qu'à nous …[1]
Jouissons, mes amis, de notre heure dernière,
Et des fruits qu'elle laisse à la patrie entière.
Dans le sein l'un de l'autre épanchons à loisir
Ces délices du cœur, ces larmes de plaisir
Qu'après le beau succès de leurs efforts suprêmes
Répandent les vertus contentes d'elles-mêmes.

AURÈLE, *se jetant dans les bras de son père.*
Ah ! que né d'un tel père un fils s'en applaudit :
Mon âme entre vos bras s'enflamme et s'agrandit :
Voilà comme aux vertus guidant mes pas dociles,
Vous saviez[2] m'aplanir leurs sentiers difficiles !
J'ai vu leur front sévère avec vous s'embellir :
Vous prêtiez au devoir les charmes du plaisir.
Dieu, qui place ma mort si près de ma naissance,

---

1. PB1789: *à son fils et aux autres bourgeois.*
2. MS1765: Il sçavait.

Vous donne de vos soins la digne récompense.[1]
Que me désiriez-vous après les plus longs jours ?
Qu'une fin glorieuse en terminât le cours :
Plus que le champ de Mars votre échafaud m'illustre.
Aux autres bourgeois.
Oui, son opprobre, amis, nous donne un plus beau lustre :
Aux victimes d'état qui livrent leur grand cœur
Ce théâtre de honte est l'autel de l'honneur.

SAINT-PIERRE, *lui montrant des bourgeois.*

Ah ! j'y crois voir leur sang, le tien qui se confondent …
À tes derniers sanglots mes entrailles répondent …
À Amblétuse, en montrant Aurèle.
Avais-je, en l'élevant dans l'espoir le plus beau,
Formé tant de vertus pour le fer d'un bourreau ? …
Se reprenant avec chaleur[2]
Vous qui me connaissez, pardonnez ce murmure ;
On pleure sa victoire en domptant la nature ;
Jamais un cœur français ne la peut étouffer,
Mais il en est plus grand d'oser en triompher.
Dans ces combats affreux tout son sang se soulève ;
Il marche au sacrifice, il frémit … et l'achève.

Scène 2.

Mauni, Saint-Pierre, Amblétuse, Aurèle, et les trois autres bourgeois.[3]

MAUNI, *à Saint-Pierre, en lui prenant la main.*

Je viens, digne Français, t'apporter des tributs
Que le plus juste orgueil n'aurait pas attendus :
Nos chevaliers anglais, jaloux de ton courage,
Me députent vers toi pour t'offrir leur hommage …
S'ils n'offensaient leur prince, au fond de ces cachots
Tu verrais à tes pieds cette cour de héros :
Mais libre en t'admirant, comme en jugeant son maître,
Londres va désirer de t'avoir donné l'être …
Aux autres bourgeois.
Votre amour pour vos lois et pour votre pays
D'un peuple juste et fier enchante les esprits.

---

1. MS1765: the 4 preceding lines are blocked out.
2. PB1789: *avec chaleur, à tous les autres bourgeois.*
3. MS1765: Mauni. Les six Bourgeois.

L'Anglais est citoyen, et sa raison suprême
Veut qu'une nation se chérisse elle-même.
Le lien fraternel qui joint tous les humains
Se serre en chaque état par d'autres nœuds plus saints.
Je sais que mis au jour, nourri par l'Angleterre,
Je lui tiens de plus près qu'au reste de la terre :
Je vois les mêmes nœuds de la France à ses fils.
Je hais ces cœurs glacés et morts pour leur pays,
Qui, voyant ses malheurs dans une paix profonde,
S'honorent du grand nom de citoyens du monde,
Feignent dans tout climat d'aimer l'humanité
Pour ne la point servir dans leur propre cité ;
Fils ingrats, vils fardeaux du sein qui les fit naître,
Et dignes du néant par l'oubli de leur être.[1]

SAINT-PIERRE.

Nous l'avouerons sans fard, mourant pour les Français,
Nous espérons laisser des noms chers aux Anglais.
Plus rivaux qu'ennemis d'un peuple magnanime,[2]
Notre plus beau laurier, seigneur, est son estime.

MAUNI.

Cette estime n'est pas un titre infructueux.
Sachez quels sont pour vous nos efforts vertueux:
L'épouse d'Édouard, l'intrépide Isabelle,[3]
Qui vient de triompher de l'Écossais rebelle,
Et qui, nous ramenant ses bataillons vainqueurs,
Peut-être en ce grand jour acheva vos malheurs,
À la voix d'Aliénor a pris votre défense,
Et d'un époux qui l'aime implore la clémence.
Vous avez vu leur fils qui, dès ses premiers jours,

---

1. Mauni's remark about 'citoyens du monde' was one of the most famous lines of the play and an obvious rebuke to the *philosophes*. Fréron, Diderot and Grimm all criticized de Belloy for his attack against *philosophes* (see *intra.*, pp. 19-25).
2. These lines are perhaps part of a concerted effort by de Belloy to criticize individual leaders and not the English *en bloc*, and thus, help France reconcile with England in the wake of the Seven Years' War. For more information on theatre and reconciliation after the war, see *intra.*, pp. 47-57.
3. Another reference to Isabella of France, wife of Edward II (1295-1358). Often referred to by her enemies as the 'she-wolf of France', Isabella formed an alliance with Roger Mortimer (whom she took on as her lover), separated from Edward II, and successfully deposed her former husband. Isabella then ruled *de facto* with Mortimer from 1327 until his execution in 1330, after which she supported her son, Edward III. For more information, consult Alison Weir, *Queen Isabella: She-Wolf of France, Queen of England* (London: Pimlico, 2006).

Éclipse Édouard même au plus haut de son cours ?
Héros dans le combat, homme après la victoire,
Les vaincus consolés lui pardonnent sa gloire.
Son père, qui lui doit les palmes de Créci,
Sans doute par ses soins va se voir adouci.
La nature et l'amour, pour vous d'intelligence,
Vont éteindre en son cœur cette soif de vengeance.

AURÈLE,[1] *avec transport.*

Mon père ! ... ah ! Vous vivrez !

MAUNI.

        Après son noble effort,
Vivant, il jouira de l'honneur de sa mort ...[2]
Mais je vois Aliénor et ses vives alarmes ...

Scène 3.

*Aliénor, une femme de sa suite, Mauni, Saint-Pierre,
Aurèle, Amblétuse, et les autres bourgeois.*

ALIÉNOR, AUX BOURGEOIS.

Illustres malheureux, pardonnez à mes larmes.
On daigne, en me forçant de partir de ces lieux,
Laisser quelques moments à mes derniers adieux.
Dans la cour du palais, au-dessus de vos têtes,
J'ai trouvé l'échafaud, les haches toutes prêtes.
Harcourt pâle, tremblant et les yeux égarés,
A détourné de moi ses pas désespérés.
Sa voix et ses sanglots expiraient dans sa bouche.
Ce seul mot a rompu son silence farouche :
« Ils vont mourir ... » il fuit, en m'arrachant le cœur.

MAUNI.

Quoi ! Rien n'a désarmé le courroux du vainqueur,
Ni les pleurs de son fils, ni les pleurs de la reine ?

ALIÉNOR.

Eh ! que peut la pitié sur cette âme inhumaine ?
N'a-t-il pas vu vingt fois d'un œil tranquille et fier
Tomber des légions sous la flamme et le fer,

---

1. **PB1789:** *à Saint-Pierre,*
2. **PB1789:** *apercevant Aliénor.*

Des débris et des morts couvrir les mers sanglantes,
Enfin des nations pour lui seul expirantes ?
Son orgueil s'accoutume à compter les mortels
Comme de vils troupeaux nourris pour ses autels.
Vous-mêmes, ses amis, aux dépens de vos têtes,
Il vous croit trop heureux d'acheter ses conquêtes.
Des pleurs, hélas ! Des pleurs peuvent-ils amollir
Un cœur qui dans le sang apprit à s'endurcir ?

MAUNI, *à part.*

Ah ! tant de résistance irrite mon audace.
Dût mon zèle rigide assurer ma disgrâce,
Faisons parler enfin la dure vérité ;
D'un homme et d'un Anglais montrons la liberté.

SAINT-PIERRE.

Généreux ennemi ! Qu'allez-vous entreprendre ?
Ah ! daignez écouter …

MAUNI, *l'interrompant.*

Je ne puis rien entendre :
Le danger, quel qu'il soit, est moins pressant pour vous :
Il vous couvre de gloire, et la honte est pour nous.
Il sort.

Scène 4.

*Aliénor, une femme de sa suite, Aurèle, Saint-Pierre, Amblétuse,
les autres bourgeois.*

ALIÉNOR, *à Saint-Pierre.*

Ah ! du cœur d'Édouard c'est en vain qu'il espère ;
Il est inexorable, et tout craint sa colère.
Tel est son ascendant sur l'esprit des soldats,
Qu'il réduit l'Anglais même à murmurer tout bas.
On blâme sa fureur, mais elle est obéie.
Mes cris, mon désespoir, mes refus l'ont aigrie.
Hélas ! Votre salut en mes mains fut remis ;
Mais je rougirais trop de vous dire à quel prix.

SAINT-PIERRE.

Vous avez fait le choix qu'on nous aurait vu faire ;
N'en parlons plus. Quel est le sort de votre père ?

ALIÉNOR.
Lui seul pour vous encore me peut faire entrevoir
La tremblante lueur d'un faible et doux espoir.
Édouard, consommant ses affreux sacrifices,
Voulait que ce héros partageât vos supplices.[1]
Ah ! cessez d'en frémir ... attendri par mes pleurs,
Son fils a prévenu ce comble des horreurs.
Par ses soins près du roi mon père va se rendre,
Et pour vous délivrer il veut tout entreprendre.
Vous connaissez Valois, et le tendre retour
Dont son cœur paternel a payé notre amour ?
Oui, dût-il pour vous seuls céder une province,
Des sujets tels que vous valent le plus grand prince.
Il va mettre à vos jours le même prix qu'aux siens,
Et la rançon des rois est due à leurs soutiens.

SAINT-PIERRE, *à part.*
Inspire mieux mon maître, ô puissance céleste !
Et défends sa bonté d'un conseil si funeste ! ...[2]
Partez, opposez-vous à ce dangereux soin ;
Qu'on permette ma mort : l'état en a besoin.
Vous voyez cette guerre, en disgrâces féconde,
De nos débris fameux couvrir la terre et l'onde :
Chez les Français toujours l'excès du sentiment
Augmente le bonheur, rend le malheur plus grand.
Peu faits aux longs revers, las de voir leur courage
Servir à leur défaite et hâter leur naufrage,
Dans un dépit amer, hélas ! Ils ont pensé
Que le siècle est déchu, que leur règne est passé.
Mais qu'il s'élève enfin, dans cette erreur commune,
Une âme inébranlable aux coups de l'infortune,
Digne de nos aïeux et de ces temps si chers
Où les lis florissants ombrageaient l'univers,
Et vous verrez soudain partout ce peuple avide
Saisir, suivre, égaler son audace intrépide.
Devenus ses rivaux de ses admirateurs,
Son noble enthousiasme embrassera les cœurs.
Indignés d'avoir pu désespérer d'eux-mêmes,
Ils forceront le sort par leur constance extrême,

---

1. **PB1789**: *voyant que Saint-Pierre et les autres bourgeois font un mouvement de frayeur.*
2. **PB1789**: *à Aliénor.*

Et peut-être à l'état rendront un plus beau jour
Que ces jours qu'ils croyaient regretter sans retour.
Voilà de notre mort les fruits inseparables ;
Notre sang va partout enfanter nos semblables.

     AMBLÉTUSE, *à Aliénor.*[1]
Bien plus, si du destin les nouvelles rigueurs
Chez nos neveux un jour ramenaient nos malheurs,
Du héros de Calais l'impérieux exemple,
Que la gloire à leurs yeux offrira dans son temple,
Jusques au fond des cœurs attendris et confus
Ira chercher l'honneur, éveiller les vertus ;
Et dans les citoyens, du rang même où nous sommes,
Déployer le génie et l'âme des grands hommes.
C'est ainsi qu'un mortel, surpassant ses souhaits,
Par une belle mort se survit à jamais,
Et qu'après un long cours de siècles et d'années,
De sa patrie encore on fait les destinées.[2]

     ALIÉNOR, *à part.*
Ô courage ! ô vertu, dont l'héroïque ardeur,
Étonnant la raison, s'empare de mon cœur !
Ils font presque approuver à mon âme ravie
Et désirer pour eux ce trépas que j'envie.
Valois leur devra tout ; et souvent, en effet,
Le sort des souverains dépend d'un seul sujet.
Harcourt trahit son prince, et d'Artois[3] l'abandonne ;
Un maire de Calais raffermit sa couronne…
Quelle leçon pour vous, superbes potentats !
Veillez sur vos sujets dans le rang le plus bas :
Tel qui sous l'oppresseur, loin de vos yeux, expire,
Peut-être quelque jour eût sauvé votre empire…
Aux bourgeois.
Malheureux ! Fiez-vous aux fureurs d'Édouard :
Les offres de Valois arriveront trop tard.

---

1. MS1765: These lines are attributed to the character d'Aire. In the margin, somebody has written 'Bon' twice.
2. MS1765: the preceding 4 lines were added; what is written underneath is illegible.
3. Reference to Robert III d'Artois, noble of Capetian descent who fought alongside Edward III during the Hundred Years' War.

Scène 5.

Aliénor, une femme de sa suite, Saint-Pierre, Aurèle, Amblétuse, et les trois autres bourgeois ; un officier anglais, gardes.

L'OFFICIER, *à Aliénor.*

Madame, éloignez-vous. Toujours plus implacable,
Édouard a signé cet arrêt exécrable …[1]
Montrant les six bourgeois.
Si vous ne vous hâtez de fuir ces tristes lieux,
On va sur l'échafaud les conduire à vos yeux.

ALIÉNOR, *à la femme de sa suite.*

Fuyons … soutenez-moi … la force m'abandonne.
L'appareil de leur mort me suit et m'environne …
À Saint-Pierre,[2]
Mon père, pardonnez, je tombe dans vos bras :
Recevez ce doux nom que je vous dois, hélas !
Vous m'avez inspiré la vertu…

SAINT-PIERRE, *l'interrompant.*
Le courage.

ALIÉNOR.

Ah ! Ce fatal moment n'en permet point l'usage.
Pleurer ceux qu'on admire est-ce les offenser ? …
Que n'ai-je sur Harcourt de tels pleurs à verser ! …
Quoi ! Le fer va frapper le fils auprès du père,
Sur les corps expirants de leur famille entière ? …
L'horreur glace mes sens et m'étouffe la voix.

SAINT-PIERRE, *un peu attendri.*
Adieu, madame.

ALIÉNOR.
Adieu, pour la dernière fois !
Elle sort.[3]

---

1. This line is missing a syllable.
2. **PB1789**: *en se jetant dans ses bras.*
3. **PB1789**: *avec la femme de sa suite.*

Scène 6.

Saint-Pierre, Aurèle, Amblétuse, et les trois autres bourgeois, l'officier, gardes.

SAINT-PIERRE, *à l'officier.*

Faut-il vous suivre ?

L'OFFICIER.

Hélas ! J'attends l'ordre terrible.

SAINT-PIERRE.[1]

Anglais ! Vous pleurez tous ?

L'OFFICIER.

Ton courage invincible
Semble épuiser le mien ... quel surcroît de douleurs
Quand la vertu sourit à ses bourreaux en pleurs !

SAINT-PIERRE, *à son fils.*[2]

On vient ... embrassons-nous ... je marche à votre tête ...
Martyrs de la patrie ! Allons, la palme est prête ...[3]
Mais que nous veut Harcourt ?

Scène 7.

*Harcourt, Saint-Pierre, Aurèle, Amblétuse, et
les trois autres bourgeois, l'officier, gardes.*

HARCOURT, *à l'officier et aux gardes.*

Sortez, braves guerriers !
J'ai des ordres secrets pour voir ces prisonniers.
L'officier et les gardes sortent.[4]
À part.
Français ! ... ah ! de ce nom ne pourrai-je être digne ? ...
À Saint-Pierre seul.
Je vois qu'à mon aspect votre vertu s'indigne :
Oui, j'ai perdu mon frère et vous et mon pays ...
Montrant sa main.
Cette main fume encore du sang de votre fils ...
Mais je viens adoucir le sort qui vous menace ...
Montrant Aurèle.
De ce jeune guerrier j'apporte ici la grâce.

---

1. PB1789: *à l'officier et aux gardes qu'il voit tous en pleurs.*
2. PB1789: *et aux autres bourgeois, en entendant venir quelqu'un, et en les embrassant, l'un après l'autre.*
3. PB1789: *il fait quelques pas pour sortir, et s'arrête en voyant paraître Harcourt.*
4. PB1789: beginning of IV. 8.

SAINT-PIERRE, *à part, avec joie.*

Ciel !

HARCOURT.

    Il serait affreux que du commun malheur
Une seule famille épuisât la rigueur.

SAINT-PIERRE.

Quoi ! Quelqu'autre pour lui s'offre-t-il au supplice ?

HARCOURT, *vivement, comme une chose qui lui échappe.*

Sans doute, un autre y court, avec plus de justice …
À Aurèle.
Partez, l'échange est fait, marchez au camp français.
Il n'est pas loin du nôtre, et vos guides sont prêts.
Allez ; et, renonçant à des vertus stériles,
Plus que votre trépas rendez vos jours utiles.
Vous pourrez, dans une heure, assurer à mon roi
Qu'Harcourt ne mourra pas sans lui prouver sa foi.

AURÈLE, *à Saint-Pierre, à Harcourt.*

Mon père ! … non, seigneur … qui ? Moi, que j'abandonne …

HARCOURT, *l'interrompant.*

C'est au nom d'Édouard qu'ici je vous l'ordonne.
Partez.

AURÈLE, *avec fureur.*

    Quel est celui dont l'injuste vertu
S'offrant pour me sauver …

SAINT-PIERRE, *l'interrompant.*

        Eh ! Le méconnais-tu ?
C'est Harcourt.

HARCOURT, *troublé.*

    Moi ?

SAINT-PIERRE, *l'interrompant.*

        Vous-même. Oui, je lis dans votre âme :
J'y surprends un projet que j'admire et je blâme.
Vous juriez ce matin de nous suivre au trépas …
Vous trompez Édouard … vous ne m'abusez pas.

HARCOURT.

Eh bien ! S'il était vrai ce projet équitable,
Qui, sauvant l'innocent, dévouerait le coupable ? …

AURÈLE, *l'interrompant.*
Quoi ! Je consentirais ?

SAINT-PIERRE, *à Harcourt.*
Vous oseriez penser ? ...

HARCOURT, *l'interrompant impétueusement, en montrant Aurèle.*
Il doit y consentir ... vous l'y devez forcer.
Je conçois vos refus ; j'entreprends de les vaincre.
C'est peu de vous toucher, j'aspire à vous convaincre ;
Le temps presse, écoutez. Ce n'est point vous, hélas !
Intrépide vieillard, que j'arrache au trépas.
L'honneur peut murmurer que ce grand sacrifice
Soit votre digne ouvrage, et sans vous s'accomplisse :
Je le sais ;[1] mais ce fils, qu'au milieu des tourments
Un zèle aveugle immole, à la fleur de ses ans,
Lui que dans votre cœur réclame la nature,
Lui, ce héros naissant, dont la grandeur future
Aux vœux de nos guerriers s'annonce avec éclat,
Vous devez ses vertus aux besoins de l'état.
Choisissez entre nous comme choisit la France.
Croyez-vous qu'un moment sa justice balance,
Qu'elle souffre qu'un sang si cher à son amour
Par mes crimes deux fois soit versé dans un jour ?
Mourant sans votre fils votre gloire est la même ;
Et si vous m'admettez à cet honneur suprême,
Quels que soient mes forfaits, je les répare tous :
C'est un laurier de plus pour la France et pour vous.
Songez surtout, songez qu'à ce jeune courage
Des fruits de votre mort vous devez l'héritage.
Avec combien d'ardeur on verra nos Français
Suivre aux combats le fils du héros de Calais !
Pour ses heureux talents quelle vaste carrière !
Ah ! voyez-le venger sa famille et son père,
Voyez-le s'ennoblir au milieu des lauriers,
Monter sur votre tombe au rang des chevaliers,
Et fonder de héros une race nouvelle,
Digne, dans tous les temps, d'une source si belle,

---

1. **MS1765** includes the following variant:

   Je le sais trop. Mais vous, qu'au milieu des tourmens
   Un Zele aveugle immole à la fleur de vos ans,
   Lui qui dans votre cœur reclame la Nature.

Se vouant, d'âge en âge, à la gloire des lis,
Et que vous immoliez dans ce vertueux fils ! ...
Voyant que Saint-Pierre s'attendrit.
Eh bien ! Ce tendre espoir vous arrache des larmes...
Avec transport, à Aurèle, en lui présentant son épée.
Pars : accepte ce fer ; rend l'honneur à mes armes.

AURÈLE.

Moi tromper Édouard, fuir et me parjurer ?
De mon père expirant oser me séparer ? ...
Moi qui m'étais flatté qu'une pitié soudaine,
Voyant tomber ma tête, épargnerait la sienne ?

HARCOURT.

Tu redoubles ses maux en y joignant les tiens.

AURÈLE.

Je soulage mes maux en partageant les siens.

HARCOURT.

L' espoir de le venger ...

AURÈLE, *l'interrompant.*
L'horreur de lui survivre ...

HARCOURT, *l'interrompant.*
Te défend de mourir.

AURÈLE.
Me contraint à le suivre.

HARCOURT.
Malheureux ! ... mais nos jours sont le bien de l'état.

AURÈLE.
Vivez donc en héros ; moi, je meurs en soldat.
Les besoins de l'état demandent un grand homme :
La France vous regarde et la gloire vous nomme.[1]

---

1. De Belloy here provides his most clear definition of patriotic duty. Patriotism is not heroism: instead of the visible glory associated with monarchs, patriots are supposed to suppress their personal ambitions and fall in line with whatever plan is best for the state. For more information on the 'types' of patriotism deployed in *Le Siège de Calais*, see *intra.*, pp. 31–44.

SAINT-PIERRE.

À Harcourt.
Mon fils, mon digne fils ! … calmez ces vains transports …
L'aveugle désespoir égare vos remords,
Seigneur … eh ! Se peut-il que votre âme séduite
Pense qu'envers mon roi votre mort vous acquitte ?
Vous, devenu coupable envers l'état et lui,
Pour les avoir privés de leur plus ferme appui,
Vous vous perdez encore, inutile victime ! …
Ah ! loin de réparer, c'est consommer le crime.
Allez sauver la France, et, d'une heureuse main,
Retirer tous les traits dont vous perciez son sein.
Que je rende, en mourant, à cette auguste mère
Le plus grand de ses fils et le plus nécessaire ! …
De nos jeunes Français l'imprudente chaleur
Des vertus du guerrier n'a plus que la valeur.
Vous seul, creusant encore l'art profond de la guerre,
Vous réglez d'un coup-d'œil les destins de la terre.
Par une longue étude et d'assidus travaux,
Vos talents ont surpris les secrets des héros.
Ramenez dans nos camps cette noble science,
L'âme du vrai courage et l'œil de la prudence ;
Cet art qu'apprit de vous notre injuste vainqueur…
Allez, que mon pays vous doive son bonheur.
Je vous mets dans les bras de la France affligée ;
Expirez digne d'elle après l'avoir vengée.

HARCOURT.
Ah ! Peut-elle jamais me confier son sort ?

Scène 8.[1]

Harcourt, Saint-Pierre, Aurèle, Amblétuse, et les trois autres bourgeois, l'officier, gardes.

L'OFFICIER, *à Harcourt.*
Montrant les bourgeois.
Seigneur, l'ordre est venu … je les mène à la mort.

---

1. PB1789: beginning of IV. 9.

HARCOURT, *à Saint-Pierre et à son fils.*
Vous triomphez, cruels ! Votre affreuse constance
Me ravit sans retour ma dernière espérance...
Mais, avant votre mort, venez voir mon trépas.
Il sort furieux.

SAINT-PIERRE,[1] *à son fils.*
Vivez pour votre Roi ... viens mourir dans mes bras.

---

1. Saint-Pierre's lines are absent in **PB1789**.

ACTE V

Scène 1.

Édouard, Mauni, gardes.

ÉDOUARD.
J'ai pesé vos raisons ; j'en conçois l'importance.
Souvent la politique invite à la clémence.
J'excuse dans Harcourt une aveugle chaleur,
Premier emportement de l'extrême douleur.
Sans vous, par son orgueil ma colère allumée,
L'eût dépouillé du rang de chef de mon armée.
Le peuple de Calais, dans mon camp retenu,
Peut-être par mes soins va m'être ici rendu.
Je ne puis trop tenter pour fléchir sa constance,
Et je sens qu'il y va du trône de la France.
Ces superbes vaincus, échappés à mes lois,
Iraient partout apprendre à rejeter mes droits.
Sur ce maire employons mon heureuse industrie.
Je connais le vulgaire, il chérit peu sa vie
Lorsqu'en un sort obscur il la voit consumer ;
Mais, s'il peut être grand, il commence à l'aimer.
Je sais ses préjugés et l'art de les détruire.
Tel brave les tourments, qu'un bienfait peut séduire ;
Et les rois ont toujours un charme impérieux
Sur ces derniers humains, nés et nourris loin d'eux.
Ce maire a vu de près l'appareil du supplice ;
Qu'il vienne en ce moment.

MAUNI.
          Je doute qu'il fléchisse…
Ô mon roi ! Si son cœur résiste à vos efforts,
Vous êtes grand, mais fier : redoutez vos transports.
Il sort.[1]

---

1. PB1789: *en faisant entrer Saint-Pierre.*

Scène 2.

Édouard, Saint-Pierre, gardes.

ÉDOUARD, *s'asseyant.*

Viens, superbe ennemi,[1] qui prends pour l'héroïsme
Le courage insensé d'un ardent fanatisme.
Un monarque indulgent qui chérit les vertus,
Daigne dans tes pareils en respecter l'abus.
Ma bonté, qu'indigna ton audace obstinée,
Veut à ton choix, enfin, laisser ta destinée,
Et, plaignant une erreur que tu peux abjurer,
Au lieu de te punir, consent à t'éclairer.
Ouvre les yeux. J'ai fait recueillir dans mes tentes
De tes concitoyens les troupes défaillantes.
Victimes de la faim et d'un farouche orgueil,
Ils tombaient ; les chemins devenaient leur cercueil.
Pour aller jusqu'au roi que leur cœur me préfère,
Il faut que ma bonté soutienne leur misère.
Déjà ces malheureux, par mes ordres nourris,
D'un bienfait imprévu paraissent attendris.
Tu pourrais, achevant leur conquête facile,
Les ramener d'un mot dans le sein de leur ville.
Tes jours sont à ce prix. Ton grand cœur plaît au mien,
Et mon fils se promet d'être l'ami du tien.
Cède au temps, au vainqueur que seul tu dois connaître.
Laisse au sort des traités à fixer ton vrai maître.
Voilà tous les devoirs où tu dois t'arrêter.
Crois-tu que ton supplice engage à t'imiter ?
Quels grands sur l'échafaud te prendront pour modèle ?
Va, les seuls rois heureux ont une cour fidèle ;
Et si je règne enfin, tu n'es dans l'avenir
Qu'un criminel obscur que la loi fit punir.

SAINT-PIERRE.

Seigneur, j'ai désiré, pour prix de mon courage,
Le bien de mon pays, sa gloire et son suffrage.
Si la France succombe enfin sous vos exploits,
Il m'est doux que mon nom périsse avec ses lois.
Vos armes, cependant, sont loin de les détruire.
Je le vois par les soins qu'on prend pour me réduire.

---

1. MS1765: ~~Approche, Malheureux~~ Viens, superbe ennemi (in margin).

Oui, sur ma nation, sur son génie ardent
D'un éclat de vertu vous craignez l'ascendant ;
Mais le coup est porté. Si jamais ma faiblesse
De mes premiers efforts démentait la noblesse,
Le sentier de l'honneur que mes pas ont tracé
Par mon lâche retour ne peut être effacé.
Vos bontés sur les cœurs obtiennent quelque empire ;
Mais le Français combat l'ennemi qu'il admire…
Leur valeur va s'accroître encore par vos bienfaits.
Ils voudront en vainqueurs les rendre à vos sujets.

ÉDOUARD.
Mais comptes-tu pour rien la faveur légitime ?

SAINT-PIERRE, *l'interrompant.*
J'aurais votre faveur, et perdrais votre estime.
Vous méprisiez d'Artois en le comblant d'honneurs ;
Vous allez m'envier chargé de vos rigueurs.
Eh ! Comptez-vous pour rien la foi pure et sacrée
Qu' à Valois votre bouche et la mienne ont jurée ?
Mon cœur la gardera jusqu'au dernier soupir ;
Je n'ai pas, comme vous, le droit de la trahir …
À part.
Dieu ! Que la politique avilit la couronne !
Que la probité simple honorerait le trône ! …
À Édouard.
Valois de ses serments ne sait point s'affranchir ;
Trompé par ses rivaux est-ce à lui d'en rougir ?
Eh ! Comment à mon roi deviendrais-je infidèle
Quand j'ai devant les yeux sa vertu pour modèle ?

ÉDOUARD, *se levant.*
Eh bien ! Cours au trépas que tu sembles chercher.
Ton insolent orgueil te pourra coûter cher.
À la rébellion tu joins encore l'outrage ;
Mais je ferai pâlir ton superbe courage.
Que le coupable sang de ton fils expiré[1]
Repaisse, avant ta mort, ton œil dénaturé !
Toi seul es son bourreau ; ses derniers cris peut-être
Dans le fond de ton cœur me vengeront d'un traître.

---

1. MS1765: déchiré expiré.

SAINT-PIERRE, *tremblant, à part.*
Ô mon fils ! Quel moment pour ce cœur paternel ! ...
Reprenant sa fermeté.
Mais tu souffrirais plus à me voir criminel.

ÉDOUARD.
Inhumain !

SAINT-PIERRE.
C'est trop perdre et menace et promesse :
J'ai honte que pour moi tant de fierté s'abaisse.
Je crois voir sur nous deux les yeux de l'univers,
Les yeux de l'avenir de toutes parts ouverts.
On regarde Édouard conseillant l'infamie,
Pour corrompre un sujet épuisant son génie.
Quel mortel de mon sort ne serait point jaloux ?
Vous me forcez ? Seigneur, d'être plus grand que vous.[1]

ÉDOUARD, *aux gardes.*
Gardes, qu'avec les siens on le traîne au supplice.

Quelques gardes emmènent Saint-Pierre.

Scène 3.[2]

Édouard, Aliénor, Mauni, un héraut d'armes ;[3] *gardes.*

ALIÉNOR, *à Mauni, en voyant emmener Saint-Pierre.*
Ah ! Mauni, suspendez ce fatal sacrifice.[4]
Mauni sort ; à Édouard.
Par votre ordre, seigneur, je quittais ces remparts ...[5]
Ce héraut de Valois a frappé mes regards,
Et sa voix m'annonçant les plus heureux présages,
Je reviens avec lui racheter nos otages.
Nous ignorons du roi le généreux dessein ...[6]
Lui-même en cet écrit l'a tracé de sa main,
Mais on sait seulement qu'une offre inespérée
De ses sujets proscrits, rend la grâce assurée.

---

1. PB1789: beginning of V. 3.
2. PB1789: beginning of V. 4.
3. PB1789: *tenant à la main une lettre.*
4. PB1789: beginning of V. 5.
5. PB1789: *montrant le héraut d'armes.*
6. PB1789: *montrant la lettre que tient le héraut d'armes, qui la présente à Édouard.*

ÉDOUARD, *prenant la lettre et la lisant haut.*
« Toi qui t'osant nommer le vrai roi des Français,
Dans les flots de leur sang fais chanceler leur trône,
Si tu veux épargner les héros de Calais,
Je t'offre les moyens d'acquérir ma couronne.
Viens seul, avec moi seul, par un noble combat,
Finir tous les malheurs de nos sujets fidèles.
Notre intérêt n'est point l'intérêt de l'état :
En dignes chevaliers terminons nos querelles. »
À part, avec transport. Aux gardes.
Tous mes vœux sont remplis ... qu'on brise l'échafaud ! ...
Montrant le héraut.
Que de riches présents on charge ce héraut.
Rendez-lui ces captifs, qu'à Valois j'abandonne ...
Valois mérite enfin de disputer mon trône ...
Au héraut.
Va ; qu'il choisisse l'heure et fasse ouvrir le champ.
Cours ; je me rends moi-même aux bornes de son camp.[1]

ALIÉNOR, *au héraut.*
Arrête ... il faut apprendre aux Français qui l'ignorent
Cet excès de vertu du maître qu'ils adorent ...
À part.
Peuple, ton souverain veut s'exposer pour toi,
Et l'on te blâme encore d'idolâtrer ton roi ! ...
À Édouard.
Non, seigneur, ce cartel qu'en frémissant j'admire,
Non, il n'aura jamais l'aveu de notre empire ...[2]
Mais Melun dans ces lieux ?

Scène 4.[3]

Édouard, Aliénor, Mauni, Melun, le héraut d'armes, gardes.

ALIÉNOR, *à Melun.*
Ah ! Comte, savez-vous
Pour quel dessein le roi vient de nous tromper tous ?

---

1. MS1765: variant of preceding 2 lines: 'Cours, vole : Dans une heure il peut ouvrir le champ./ Je me rends sur tes pas aux bornes de son camp'.
2. PB1789: *apercevant le comte de Melun.*
3. PB1789: beginning of V. 6.

MELUN.
J'ai surpris, dévoilé, publié ce mystère ;[1]
Et j'accours, sur le cri de notre armée entière,
Désavouer du roi l'imprudente valeur,
Et rompre ce combat, vain projet d'un grand cœur.[2]
Oui, prince, c'est en vain qu'il ouvre la carrière,
Tous nos cœurs à Valois serviront de barrière,
Non pas que le succès alarme nos esprits ;
Mais pour mon roi vainqueur voyons-nous quelque prix ?
Quand il vient hasarder le sceptre de la France,
Celui de l'Angleterre est-il dans la balance ?
Avez-vous consulté votre sénat jaloux ?
Ce combat inégal n'a de prix que pour vous.
Je sais que pour Valois, le meilleur de nos princes,
Notre sang épargné vaut toutes vos provinces ;
Mais, seigneur, le répandre est notre premier bien,
Puisqu'il en est avare et prodigue du sien.
D'ailleurs, maître de tout, l'est-il de sa personne ?
Peut-il à d'autres rois transporter sa couronne,
Aux mains d'un étranger l'exposer aujourd'hui ?
La loi qui fait le prince est au-dessus de lui.
Quand vous immoleriez Philippe et ses fils même,
Vainement votre front attend son diadème.
Tout le sang des Capets coulât-il par vos coups,
Les derniers des Français ont des droits avant vous.
Je parle au nom des grands, du peuple et de l'armée.
Mes devoirs sont remplis.
Il sort avec le héraut d'armes.

Scène 5.[3]

Édouard, Aliénor, Mauni, gardes.

ÉDOUARD, À PART ET FURIEUX.
Ô colère enflammée ! ...
L'accord de deux rivaux n'est donc qu'un vain bonheur !
Ingrate nation, qu'a chéri mon erreur,
Je vais justifier l'horreur que je t'inspire :

1. **MS1765**: ~~Madame, j'avois sçu pénétrer ce mistère~~ J'ai surpris, dévoilé, publié ce mystère (in margin).
2. **PB1789**: *à Édouard.*
3. **PB1789**: beginning of V. 7.

Qui ne peut te soumettre osera te détruire ;
Si je ne puis régner dans les murs de Paris,
Tremble, je régnerai sur leurs sanglants débris ...
C'est ici le dépôt de vengeance et de haine
D'où j'enverrai la mort aux rives de la Seine :
Je ferai de la France un plus affreux désert
Que celui qu'à mes yeux ces remparts ont offert ...
On verra, sous les coups d'un vainqueur et d'un maître,
Dans la flamme et le sang vos cités disparaître.
Que de la Loire au Rhin, des Alpes aux deux mers,
Des nuages de cendre obscurcissent les airs ! ...
À Mauni.
Qu'immolés à l'instant ce maire et ses complices
D'un courroux immortel consacrent les prémices ![1]
Il tombe dans un fauteuil, tout hors de lui.

MAUNI.

Seigneur ...

ÉDOUARD, *l'interrompant.*

Allez, vous dis-je.

ALIÉNOR, à *part.*

Ô transports pleins d'horreurs !
Altière ambition, voilà donc tes fureurs ?
Tu fais de l'homme un tigre, et ta rage effrénée ...

ÉDOUARD, *s'apercevant que Mauni ne part point.*

Avez-vous entendu la loi que j'ai donnée ?
Qu'on les mène à la mort.

MAUNI, *avec fermeté et noblesse.*

J'ai suivi vos drapeaux
Pour guider vos soldats, et non pas vos bourreaux :
Seigneur, je vous l'ai dit, et vous devez m'en croire,
Plus que votre faveur je chéris votre gloire.
L'Anglais n'est point esclave en vous devant sa foi.
Vous m'avez confié la gloire de mon roi ;
C'est un dépôt sacré dont j'aimais à répondre :
Si vous le retirez, j'en vais gémir à Londres.

---

1. MS1765: the preceding 2 lines were an addition (text underneath is blocked out).

ÉDOUARD, *toujours assis. À un officier des gardes.*
Téméraire ! Sortez ... vous, allez m'obéir.
Mauni sort,[1] *et l'officier sort.*[2]

[3]ALIÉNOR, *à Édouard.*
Harcourt vous abandonne, et Mauni va vous fuir ...
À part.
Ô maire de Calais ! Sois sûr de ta vengeance ;
Ton rival de ta mort va répondre à la France.

ÉDOUARD, SE LEVANT.
Comment ! Ce vil sujet vous l'égalez à moi ?

ALIÉNOR.
Un sujet vertueux, s'immolant pour son roi,
Vaut bien un roi, seigneur, cruel dans sa[4] victoire,
Embrasant l'univers pour une ombre de gloire.
Vous, vassal de la France, et sujet de Valois,
Du sang que vous versez vous rendrez compte aux lois ;
Par vos rebellions, les champs de l'Aquitaine[5]
Reviendront pour jamais sous la main suzeraine ;
Vos neveux, dépouillés de ce fief paternel,
Maudiront l'artisan d'un désastre éternel.
Né pour être l'exemple et l'amour de la terre,
Vous serez le fléau même de l'Angleterre ;[6]
Et l'humanité sainte, expirant dans les pleurs,
Viendra vous reprocher des siècles de malheurs.

Scène 6.[7]

Édouard, Harcourt, Aliénor, gardes.

HARCOURT, *à Édouard.*
Édouard, j'ai rendu vos fureurs légitimes ;
Mes soins à l'échafaud arrachent vos victimes :
Elles sont maintenant près du camp de mon roi.

---

1. PB1789: *d'un côté.*
2. PB1789: *d'un autre.*
3. PB1789: beginning of V. 8.
4. MS1765: ~~dont l'injuste~~ cruel dans sa (written above).
5. This is a prescient reference, for the English would indeed lose the rest of their territories in Aquitaine, thanks to Richemont and Bureau's military campaigns in 1451.
6. MS1765: ~~Vous la saurez des feux d'une immortelle guerre~~ Vous serez le fléau même de l'Angleterre (in margin).
7. PB1789: beginning of V. 9.

ÉDOUARD.

Perfide ! Oses-tu bien …

ALIÉNOR, *à part, et avec joie.*
Il est digne de moi !

ÉDOUARD, *à Harcourt.*
Quoi ! Ces Français si fiers, qui bravaient le supplice,
S'abaissent, pour le fuir,[1] au plus lâche artifice ?

HARCOURT.
Non … je les ai trompés, sans paraître à leurs yeux.
À peine le héraut est entré dans ces lieux,
J'ai publié, seigneur, qu'en vos mains apportée
À l'instant leur rançon venait d'être acceptée.
J'ai supposé votre ordre et hâté leur départ.
Avant Melun lui-même ils quittaient ce rempart.
Votre armée autour d'eux chantant leur délivrance,
Confirmait leur erreur et servait ma prudence …[2]
Entendez-vous ces cris ? … tous les cœurs sont jaloux
De vanter les vertus que j'annonçais en vous.
Pour ces infortunés je vous donne ma vie :
Qui causa leur malheur pour eux se sacrifie ;
C'est le moindre devoir. Remplissez donc vos vœux ;
Rassemblez sur moi seul leurs supplices affreux.

ÉDOUARD.
Tu les as mérités.

HARCOURT.
Ce n'est point quand mon zèle
Vient de vous épargner une honte éternelle ;
Mais lorsque, trahissant mon prince et mon pays,
J'ai porté la victoire à leurs fiers ennemis …
À Aliénor.
Ah ! j'en pleure de honte ! … ah ! Dites à mon maître
Que je meurs son sujet et digne enfin de l'être …
Avec transport.
J'abjure entre vos mains le serment détesté
Qu'à son rival heureux ma fureur a prêté.

---

1. MS1765: ~~Ont emprunté, pour fuire, le~~ S'abbaissent, pour le fuir, au (written above).
2. PB1789: *on entend des cris d'allégresse.*

ÉDOUARD.
Traître ! Qui m'as promis comme au roi légitime ...

ALIÉNOR, *l'interrompant.*
Le parjure est vertu quand on promit le crime.[1]

ÉDOUARD.
Votre amour fait son crime et sa perte en ce jour.

ALIÉNOR.
Il s'immole à sa gloire, et non à mon amour ...
Mais l'amour peut enfin reprendre sa puissance ;
Il ne fut point son guide, il est sa récompense.
À Harcourt.
Cher Harcourt, je te rends et te prouve ma foi ;
Je mourrai ton amante et mourrai près de toi ...[2]
Que vois-je ?

ÉDOUARD, *à part.*[3]
Ciel !

Scène 7.[4]

Édouard, Harcourt, Aliénor, Mauni, Saint-Pierre, Aurèle, Amblétuse, et les trois autres bourgeois, gardes.

HARCOURT, *à Saint-Pierre.*
C'est vous ?

SAINT-PIERRE.
J'ai su votre artifice ...
À Édouard.
Et vous voyez, seigneur, si j'en suis le complice ?[5]
Nous marchions, regrettant un glorieux trépas ;
Mais le brave Melun vient d'atteindre nos pas.
Son trouble à notre aspect, sa joie embarrassée

---

1. This is one of the most famous lines of the play. For example, it was repeated by the Marquis de Sade in *Justine*: 'Le parjure est vertu quand on promit le crime, a dit un de nos poètes tragiques ; mais le parjure est toujours odieux pour l'âme délicate et sensible qui se trouve obligée d'y avoir recours. Mon rôle m'embarrassait'. In *Justine ou les Malheurs de la Vertu* (1791), in *Œuvres complètes*, vol. 13 (Paris: Cercle du Livre Précieux, 1967), p. 375.
2. PB1789: *apercevant les six bourgeois qui reviennent se remettre entre les mains d'Édouard.*
3. MS1765: Edward's line is an addition.
4. PB1789: beginning of V. 10.
5. MS1765: Saint-Pierre's first two lines are absent.

De soupçons importuns ont rempli ma pensée.
J'ai pressé sa franchise. À notre fermeté
Sa candeur héroïque a dû la vérité ...
À part.
Ô mon roi ! Quel amour ! Quels exemples sublimes !
À Édouard.
Tu hasardais tes jours ... reprenez vos victimes,
Seigneur. Sur mon pays quels que soient vos projets,
Vous connaissez enfin le maître et les sujets.

ÉDOUARD, *à part.*
Je demeure interdit.
Il s'appuie sur un fauteuil.

HARCOURT, *à Saint-Pierre.*
Ah ! la mort nous rassemble ...
Vous ne trahirez pas tous mes désirs ensemble ...
À Aliénor. Prenant la main de Saint-Pierre.
Adieu ... marchons, amis.
Il fait un pas en silence, avec les six bourgeois.

AURÈLE, *à part, regardant Édouard et son père.*
Je cède à mon effroi ...
À Édouard, en se jetant à ses pieds.
Seigneur ! ...

SAINT-PIERRE, *à part, en se retournant.*
Mon fils aux pieds d'un autre que son roi !

AURÈLE.[1]
Oui, j'ose demander, c'est ma seule prière ...
À Édouard.
De mourir le premier, loin des yeux de mon père.
Seigneur, songez au vôtre ... ah ! Quand des fers brûlants
Étaient près de percer et d'embraser ses flancs,
Si, tombant aux genoux de son juge inflexible,
Vous eussiez vu ce tigre, à vos pleurs insensible,
Le frapper, vous couvrir de son sang paternel ...
Vous fûtes malheureux, et vous êtes cruel !

SAINT-PIERRE, *le venant relever.*
Lève-toi ... je rougis ...

---

1. MS1765: these lines by Aurèle were added on a small piece of paper glued to the manuscript (unable to read the original underneath).

ÉDOUARD, *à part.*
Où suis-je ? Et quel murmure,
Quels cris attendrissants jette en moi la nature ?

ALIÉNOR.
Ah ! seigneur, gardez-vous d'en étouffer la voix !
Le monde est trop heureux quand elle parle aux rois !

ÉDOUARD.
Par tant de traits puissants mon âme est pénétrée :
Quel bandeau tombe enfin de ma vue égarée ?
De combien de héros je suis environné !
Par combien de vertus je me sens condamné !
Ma fière ambition m'allait conduire au crime ! ...
Gloire, idole des rois, le peuple est ta victime ...
Ah ! je veux me punir ... je le veux... je le dois ...
Ô ciel ! Quel sacrifice il faut faire à Valois ! ...
Aux six bourgeois.
Mais n'importe ... vivez, ô généreux courages ! ...

AURÈLE.[1]
Mon père !

ÉDOUARD.[2]
De la paix soyez les premiers gages ;
Allez ... si vos vertus ont aigri mon courroux,
Du roi que vous servez on peut être jaloux ...
À Harcourt.
Toi qui les as sauvés de ma fureur extrême,
Tu me rends à l'honneur; je te rends à toi-même.
Retourne vers ton roi. Qu'il juge, par ce don,
Si de son ennemi je veux garder le nom.
En vain, depuis trois ans, la fortune l'accable :
Un peuple si fidèle est un peuple indomptable.
Lorsque sur les Français je prétendis régner,
Je cherchais leur amour, que j'espérais gagner ;
Mais il faudrait les vaincre en tyran sanguinaire.
S'il n'est un don des cœurs, le sceptre peut-il plaire ?
Je renonce à leur trône.

---

1. **PB1789**: *à Saint-Pierre.*
1. **PB1789**: *aux bourgeois.*

MAUNI, *avec fermeté.*
Ah ! je vous reconnais :
Voilà le noble orgueil d'un cœur vraiment anglais !

ÉDOUARD, *prenant la main de Mauni.*
C'est par d'autres vertus qu'on va me reconnaître :
Je veux faire aux Français regretter un tel maître.

SAINT-PIERRE.
Seigneur, par vos vertus attendez des Français
Respect, estime, amour, et non de tels regrets.
Daignez, en ce moment, recevoir notre hommage.
L'honneur d'un beau trépas a flatté mon courage ;
Mais je vais vous devoir le bien de mon pays.
Ma vie est un présent qui m'est doux à ce prix.[1]

ALIÉNOR, *à Édouard.*
Grand prince, avec mon roi que de nœuds vous rassemblent !
Le ciel fit pour s'aimer les cœurs qui se ressemblent.
Ah ! de l'humanité rétablissez les droits !
À l'Europe, tous deux, faites chérir ses lois ;
Que, par vous, des vertus cette Mère féconde,
Soit la Reine des Rois, et l'Oracle du Monde !

FIN

---

1. M1765: End of play. Aliénor's final lines are blocked out with a piece of paper glued to the manuscript; the tragedy thus ends with Saint-Pierre's 'Ma vie est un présent qui m'est doux à ce prix'. It is however possible to discern two elements underneath the blocked text: the final statement by Aliénor that was picked up in every subsequent edition (and is printed above) and a line by Harcourt, which is impossible to read. For a discussion of this ending see *intra.*, pp. xi–xiii.

NOTES HISTORIQUES SUR
LE SIÈGE DE CALAIS[1]

De Belloy first published his 'Notes historiques' as an addendum to the *Première édition* of *Le Siège de Calais*. He then published expanded versions of the notes in the 'Nouvelle édition' of the tragedy, which appeared during the summer of 1765. De Belloy's 'nouveau genre' is founded on both historical accuracy and the depiction of great patriotic moments — two elements that did not always go hand-in-hand in the literary representation of important political and military events. Although de Belloy's knowledge of the fourteenth century is mostly based on Jean Froissart's *Chroniques*, the author of *Le Siège de Calais* read a host of more contemporary works by historians and political writers, such as François Eudes de Mézeray (1610-1683), Paul de Rapin Thoyras (1661-1725) and Jean-Baptiste Dubos (1670-1742) — authors who, like de Belloy, sought to explain the political underpinnings of the nation as well as justify the Régime's actions and interventions during the seventeenth and eighteenth centuries.[2]

Introduction

Je crois devoir commencer par le récit entier de l'événement qui fait le sujet de la tragédie qu'on vient de lire. On verra sans doute, avec plaisir, ce récit tel qu'il est dans Froissart, auteur contemporain. La naïveté de son vieux langage porte l'empreinte de la vérité. J'en retrancherai seulement quelques circonstances inutiles, et j'y changerai quelques mots devenus inintelligibles pour le commun des lecteurs.

---

1. These historical notes were included in PE1765 and in many subsequent editions of *Le Siège de Calais* (NE1765, D1767, D1769, OC1779, etc.). The historical notes ceased to appear as part of the play when *Le Siège de Calais* was anthologized (starting with PB1789).
2. This would have included a host of works from well-known writers such as Montesquieu and Voltaire, as well as lesser-known (but popular at the time) writers. For an excellent analysis on the stakes and tensions of historical writing during the eighteenth century, see Myrtille Méricam-Bourdet, *Voltaire et l'écriture de l'histoire: un enjeu politique* (Oxford: Voltaire Foundation, 2012).

Récit de Froissart[1]

JEAN DE VIENNE, Gouverneur de la ville, monta aux créneaux et fit signe à ceux de dehors qu'il voulait parler à eux. Quand le Roi d'Angleterre ouït cette nouvelle, il envoya Monseigneur Gaultier de Mauni et Messire Basset. Jean de Vienne leur dit : Chers Seigneurs, vous êtes vaillants chevaliers en fait d'armes, et savez que le Roi de France nous a céans envoyés, et commandé que nous gardassions cette ville et chastel. Nous en avons fait notre pouvoir : mais nous n'avons plus de quoi vivre. Il nous faudra tous mourir ou enrager de famine, si le gentil Roi, votre seigneur, n'a merci de nous. Laquelle, chose lui veuillez prier, et *qu'il nous laisse aller tout ainsi que nous sommes, et veuille prendre la ville et le châtel, et tout l'avoir (toutes les richesses) qu'il y a dedans. Il en trouvera assez.* À ce répondit Messire de Mauni : Nous savons partie de l'intention de Monseigneur le Roi ; car il nous l'a dit. Sachez *que ce n'est mie son entente que vous vous puissiez aller ainsi ; ainsi son intention est que vous vous mettiez tous à sa pure volonté, pour rançonner ceux qu'il lui plaira, ou pour faire mourir.* Monseigneur Jean de Vienne dit : ce serait chose trop dure pour nous : nous sommes céans un petit nombre de chevaliers et écuyers qui avons servi notre souverain Sire, comme vous serviriez le vôtre en pareil cas : mais nous souffrions tout au monde plutôt que nous consentissions que le dernier de la ville fut plus maltraité que nous. Nous espérons de la gentillesse (de la générosité) du Roi d'Angleterre, que son dessein changera. Mauni (ou Mannï) retourna vers le Roi, qui dit n'avoir volonté de faire autrement. Monseigneur, lui dit Mauni, vous pourriez bien avoir tort : car vous donnez très mauvais exemple. Si vous nous envoyez en aucune de vos forteresses, nous n'irons mie si volontiers, si vous saisirez ces gens mettre à mort ; ainsi serait-on de nous en semblable cas. Ces paroles furent soutenues par tous les barons qui étaient présents. *Eh ! bien*, dit le Roi d'Angleterre, *je ne veux mie être seul contre tous : vous direz au Capitaine de Calais que la plus grande grâce qu'il pourra trouver en moi, c'est qu'il parte de la ville six des plus notables Bourgeois, les chefs nus, les hars au col, et d'eux je ferai à ma volonté, et le rémanent prendrai à merci.*

Mauni retourna vers Jean de Vienne qui assembla les Bourgeois, et leur fit rapport des paroles d'Edouard. Lors se mirent à pleurer femmes et enfants : il n'est cœur si dur qui n'en eût pitié. Après se leva Eustache de Saint-Pierre, *le plus riche Bourgeois de la ville*, lequel dit devant tous : Seigneurs, grands et petits, grand méchef serait de laisser mourir un tel peuple qui ci est par famine ou autrement, quand on y peut trouver quelque moyen. Et serait grande grâce envers notre

---

1. De Belloy's reading of Froissart's *Chroniques* is a creative mix of citation, interpretation and exaggeration. Froissart's depiction of the Edward's siege of Calais can be found in sections 516 through 538 of the first book of his *Chronicles*. For the most recent edition of Froissart's text see *Chroniques* I, tome III, 'Depuis la bataille de Crécry jusqu'au mariage du duc de Bourgogne avec Marguerite de Flandre (1346–1369). George T. Diller, ed. (Geneva: Droz, 1992), pp. 28–69.

Seigneur qui de tel méchef le pourrait garder. J'ai en droit de moi sa grande espérance, si je meurs pour ce peuple sauver, que je veuille être le premier. A peine eut-il parlé que chacun l'alla adorer de pitié. Aussitôt se leva Jean d'Aire, très honnête et très riche bourgeois ; après lui Jacques de Wissant qui dit qu'il tiendrait compagnie à ses deux cousins; ainsi fit Pierre de Wissant son frère : et puis le cinquième et le sixième.

On conduisit ces six victimes hors des portes, et le Seigneur de Vienne dit à Mauni : Je vous délivre par le consentement du peuple de cette ville, ces six Bourgeois, et je vous jure *que ce sont les plus honorables et notables du corps de Bourgeoisie de la ville de Calais.* Veuillez prier pour eux le Roi votre Seigneur, qu'ils ne meurent pas. Je ne sais, dit Mauni, mais j'en ferai mon pouvoir. Mauni les présenta au Roi, au milieu d'une foule de barons et chevaliers anglais qui pleuraient de pitié. Edouard les regarda d'un œil courroucé ; car il haïssait beaucoup le peuple de Calais, et commanda *qu'on leur tranchât les têtes.*

Tous les seigneurs suppliaient le Roi de leur faire grâce, mais il n'y voulait entendre. Alors Mauni reprit la parole : Gentil Sire, lui dit-il, veuillez réfréner votre courage ; vous avez renommée de souveraine gentillesse et noblesse ; or ne veuillez faire chose pourquoi elle soit amoindrie. Tous diraient que ce ferait grande cruauté si vous étiez si dur que vous fissiez mourir ces honnêtes Bourgeois, qui de leur propre volonté se sont offerts pour les autres sauver. À quoi le Roi répondit : M. Gaultier, il n'en fera autrement : soit fait venir le coupe-tête. Ceux de Calais ont tant fait mourir de mes hommes qu'il convient eux mourir aussi.

La Reine d'Angleterre,[1] qui était enceinte, se mit à genoux en pleurant : Ah ! Gentil Sire, depuis que j'ai repassé la mer en grand péril, je ne vous ai rien requis : or vous prie humblement en don, que pour le fils de sainte Marie, et pour l'amour de moi, vous veuillez avoir de ces six hommes merci. Le Roi la regarda, se tut un moment, et lui dit. Ah ! Madame, j'aimerais mieux que vous fussiez autre part que ci : mais vous me priez si acertes que je ne puis vous éconduire ; si je vous les donne à votre plaisir. Lors la Reine les emmena dans son appartement, leur fit ôter les cordes d'entour du cou, les fit revêtir, et diner à leur aise : puis donna à chacun six nobles, (ou écus d'or) et les fit conduire hors du camp en sûreté.

Réflexions sur ce récit

On ne peut rien de plus simple, rien de mieux circonstancié. Ces faits sont encore attestés par les meilleurs Historiens français et anglais. Voyez Mézerai,[2] Daniel,

---

1. Reference to Philippa of Hainault.
2. François Eudes de Mézeray (1610–1683) was an official historiographer of Louis XIII and a virulent anti-Mazarin pamphleteer. Here, de Belloy refers to Mézeray's *Histoire de France, depuis Faramond jusqu'à maintenant, œuvre enrichie de plusieurs belles et rares antiquités et d'un abrégé de la vie de chaque règne, dont il n'était presque point parlé ci-devant, avec les portraits au naturel des rois, régents et dauphins* (Paris, 1651).

Villaret, Smollett ;[1] et singulièrement Rapin Thoïras[2] qui, de tous les Auteurs, est le plus partial en faveur d'Edouard. « Malgré l'intercession du Prince de Galles et de toute la Cour, le Roi ordonna, dit-il, de conduire au supplice les six habitants de Calais. Mais quelque résolution qu'il eût prise, il ne put voir à ses genoux une épouse qu'il aimait tendrement, et à laquelle il avait tant d'obligations ». Rapin Thoïras finit, en assurant que cette action fit le plus grand honneur à la Reine d'Angleterre.

Il m'est revenu qu'un étranger respectable par ses talents et par ses lumières, avait essayé de répandre des nuages sur la vérité de ce trait d'histoire ; et que ses doutes étaient fondés sur le silence de la plupart des écrivains anglais. Mais le silence de quelques auteurs est-il jamais une preuve contre le témoignage des autres, et surtout contre un récit aussi détaillé, fait par un historien contemporain tel que Froissart ? Il avait quatorze ans lorsque la ville de Calais fut prise. Il ne commença son histoire que six ans après. Mais il fut à portée de voir, et il vit en effet Mauni, et le plus grand nombre des seigneurs anglais qui s'étaient trouvés à ce fameux siège. Il était né en Hainaut, et il avait suivi en Angleterre la Reine, épouse d'Edouard, qui était fille du comte de Hainaut. On pourrait même croire que Froissart rapporte, à peu de chose près, les termes dont se servirent le Roi, la Reine et Mauni ; puisque le français était alors la langue commune de la cour d'Edouard :[3] ce ne fut que plusieurs années après, que l'on cessa en Angleterre d'écrire les actes publics en langue française. « J'ai mis, » dit cet auteur, « grande diligence en mon temps, pour savoir. J'ai cherché maint Royaume et maint pays pour faire juste enquête de toutes les choses qui sont contenues en cette histoire : j'en ai vu en mon temps la meilleure partie. J'ai eu connaissance des hauts Princes et Seigneurs, tant en France qu'en Angleterre ... Depuis l'âge de vingt ans, j'ai travaillé trente-sept ans à cette histoire... Or fus-je cinq ans de l'Hôtel du Roi et de la Reine d'Angleterre. Cette bonne Reine fut dans mon jeune temps ma dame et ma maîtresse ... et pour certain mon grand plaisir était d'enquérir, et aussitôt écrire comme j'avais fait les enquêtes. »

J'ajouterai que, dans cette occasion particulière, le récit de Froissart est garanti par la Reine d'Angleterre même, qui reçut des mains de cet historien, et reçut

---

1. Tobias Smollett, Scottish critic, historian and novelist, was the author of the *Complete History of England* (1764).
2. Paul de Rapin Thoyras (1661–1725), was a French military officer and historian. An ardent Calvinist, Thoyras left France for England in 1685 after the enactment of Louis XIV's antiprotestant Fontainebleau Edict. He published his *Histoire d'Angleterre* from Holland in 1724.
3. De Belloy's claim that Edward III's court chiefly spoke French is not entirely true. Although Edward was the first king to address parliament in English in 1362 (when English was declared the official public language of England), this is perhaps indicative that the general tide had turned to favour the English language well before that point. For more information on the French language in England during the Middle Ages, see Douglas A. Kibbee, '*For to Speke Frenche Trewely*': *The French Language in England, 1000–1600: Its Status, Description and Instruction* (Amsterdam/Philadelphia: John Benjamins, 1991).

avec approbation[1] le livre où tous ces traits sont rapportés. Aurait-il jamais osé louer cette Princesse d'une action qu'elle n'aurait point faite ? Aurait-il, dans la cour d'Edouard, auquel il était attaché, et dont il fait le héros de son histoire, aurait-il osé dire à la Reine : le Roi votre époux a été prêt à se déshonorer par une cruauté atroce ; si cet événement n'eût été public dans toute la France et dans toute l'Angleterre ? Ou cette réflexion est décisive, ou il n'y a rien de certain dans l'Histoire ; et alors que sert de contester ?

On a prétendu encore diminuer la gloire de nos six héros de Calais, en disant qu'ils devaient se douter qu'Edouard leur ferait grâce. Mais pourquoi s'en seraient-ils flattés ? Edouard qui se prétendait Roi de France avait, au commencement du siège, menacé d'exterminer tous les Calaisiens comme des rebelles ; au moment de la capitulation il venait d'exiger qu'ils se rendissent tous à discrétion, *pour rançonner une partie et faire mourir l'autre* : enfin il se réduisait *par grande grâce* à n'en faire périr que six. Sur quel fondement ces six malheureux pouvaient-ils donc espérer une nouvelle clémence ? D'ailleurs il est prouvé que sans les pleurs de la Reine d'Angleterre, on leur tranchait la tête ; et le succès des larmes de cette Princesse n'était pas une chose qu'on pût deviner, puisque l'on ignorait même si elle en répandrait.

Mais, dit-on, Edouard ne fit point pendre Charny,[2] qui, après la prise de Calais, corrompit le gouverneur anglais et fut pris en se présentant aux portes de la ville. Réponse. Edouard se fit une partie de plaisir de surprendre cet officier et le détachement de la garnison de Saint-Omer qu'il commandait. Edouard vint exprès de Londres avec le Prince de Galles pour cette expédition, qui ne méritait guère sa présence. Mais de ce que ce monarque, dans un moment de gaieté et de plaisanterie, traita les officiers français avec toute la courtoisie d'un chevalier, peut-on en conclure que six mois auparavant il n'ait pas été dans la colère la plus terrible contre les bourgeois de Calais ? Au contraire il serait plus vraisemblable de dire qu'Edouard ne pardonna à Charny que par le souvenir de l'honneur que son épouse s'était fait, en obtenant la grâce d'Eustache de Saint-Pierre.

Enfin il est constant qu'en 1418, au siège de Rouen, Henri V, à l'exemple d'Edouard, voulut qu'on lui livrât aussi quelques bourgeois ; et qu'il eut l'inhumanité de faire périr sous ses yeux, par les mains des bourreaux, Alain Blanchard, Maire de la ville, homme d'un courage héroïque, fait pour mériter l'estime et le respect d'un ennemi qui se respecte et s'estime lui-même. Je demande quelles raisons Eustache aurait eues pour attendre d'Edouard plus de générosité ? Je crois encore que la capitulation de Rouen, qui n'est qu'une répétition de celle de Calais relativement aux six bourgeois, devient une nouvelle

---

1. Note in **PE1765**: *Voyez la Préface de Froissart.*
2. Geoffroi de Charny was the leader of an unsuccessful attempt to retake Calais from Edward on 31 December 1349.

preuve de la vérité du récit de Froissart. Il est aussi très nécessaire d'observer qu'Edouard III et Henri V ne traitèrent jamais que le peuple en rebelle. Les chevaliers en furent toujours quittes pour des rançons : tant parce qu'on respectait les lois de la Chevalerie, que parce que la rançon était le bien propre de celui qui avait fait un prisonnier.

Le secours qu'à grands pas le roi même conduit.[1]

Philippe de Valois vint en effet avec une armée très nombreuse pour délivrer Calais. Mais le camp d'Edouard était inattaquable. On employa en vain toutes sortes de voies pour l'en faire sortir. On saccagea tous les pays voisins, on brûla Cassel. Les Flamands qui étaient joints aux Anglais, virent tranquillement ces incendies, et restèrent immobiles dans leurs retranchements. Philippe attaqua une tour avancée qui était du côté de la mer et qui fut emportée ; mais on ne put pénétrer ce choc comme une action générale, mon dessein a été de rapprocher les principaux événements de la bataille de Créci, tels que la blessure du Roi, la mort de Louis d'Harcourt, etc. etc. etc.

Qui, nous environnant d'immenses boulevards,
Forme un autre Calais autour de nos remparts.[2]

Tous les Historiens rapportent qu'Edouard fit construire en bois entre les remparts de Calais, la rivière et la mer, une nouvelle ville, où l'armée anglaise passa l'hiver, et qui était mieux fortifiée que Calais même.

Ce fut en l'outrageant qu'on le rendit coupable.[3]

Quoi qu'en disent la plupart des Historiens Français, il n'est pas prouvé que Godefroi d'Harcourt fût réellement complice d'Olivier de Clisson, et des autres Seigneurs Bretons qui furent décapités pour avoir trahi Philippe de Valois. L'Abbé de Choisy semble annoncer le contraire.[4] Smollett, d'après d'autres historiens anglais, prétend que la disgrâce de ce Seigneur fut l'effet d'une querelle violente qu'il eut avec le Maréchal de Bricquebec, et dans laquelle il osa tirer l'épée en présence du Roi. La Roque, historien de la maison d'Harcourt, rapporte le sujet même de cette querelle ; l'amour y avait part. Godefroi voulait épouser la fille d'un Seigneur du Moley, et il avait pour rival le fils du Maréchal de Bricquebec. Ne pouvant rappeler tous ces détails dans ma tragédie, j'ai présenté la révolte d'Harcourt sous le point de vue le moins avantageux : je l'ai fait paraître coupable

---

1. Saint-Pierre, I. 1.
2. *Ibid.*
3. Amblétuse, I. 1.
4. François Timoléon, abbé de Choisy, *Histoire de France sous les regnes de Saint Louis, Charles V, Charles VI, etc.* (Paris, 1695).

comme le fut depuis un grand Prince beaucoup plus utile, mais presque aussi funeste que lui à sa Patrie.

Et dont le seul Anglais effraye encor la terre.[1]

Presque tous les Auteurs s'accordent à fixer le premier usage du canon au jour de la bataille de Créci. M. de Voltaire, dans son Histoire Universelle, détaille des doutes très bien fondés sur cette époque prétendue de l'invention de l'artillerie.[2] Mais ce poète Philosophe eût, dans une tragédie, suivi l'opinion commune qui lui aurait procuré des richesses de détails; et j'ai usé, comme il l'eût fait, des droits de la poésie.

La seconde moisson vient de dorer nos plaines.[3]

Selon les annales de Calais, le siège dura un an, ayant commencé le 30 août 1346 et fini dans les derniers jours du même mois en 1347.[4] Edouard, pendant le cours du siège, reçut un renfort de 30.000 hommes que lui amenèrent le marquis de Juliers et le comte de Namur ; un autre de 17.000 Anglais victorieux, qui passèrent la mer à la suite de la Reine son épouse, après avoir battu, sous les ordres de cette héroïne, et fait prisonnier le Roi d'Ecosse. Malgré toutes ces forces réunies, il ne put prendre la ville que par famine ; et les malheureux habitants mangèrent pendant plusieurs jours les chevaux, les chiens, et même jusqu'aux chats et aux souris.

Il veut qu'en abjurant notre roi légitime.[5]

Rapin Thoïras assure en effet, ainsi que les autres écrivains, qu'Edouard somma Jean de Vienne de lui rendre la ville comme au véritable Roi de France. Ce prince en avait pris le titre dans ses lettres particulières, et dans les lettres-patentes données au Duc de Brabant, et cela dès l'année 1337, huit ans après avoir prêté solennellement foi et hommage à Philippe de Valois. En 1340 il data un rescrit adressé aux habitants de Saint-Omer, et le fameux cartel envoyé à Philippe, *de la première année de notre règne en France et de la quatorzième en Angleterre*. Cela paraît assez mal calculé : car s'il était Roi de France, il l'était depuis la mort de Charles le Bel, c'est-à-dire depuis douze ans. On doit être encore très étonné de

---

1. Saint-Pierre, I. 1.
2. Voltaire, *Abrégé de l'Histoire universelle depuis Charlemagne jusqu'à Charlequint*, t. II, (The Hague, 1753).
3. Saint-Pierre, I. 6.
4. According to James Doig, bombardments actually began on 4 September 1346 and concluded on 4 August 1347. For more information on the battle see Doig, 'A New Source for the Siege of Calais', *The English Historical Review*, 110:436 (April 1995) pp. 404–16.
5. Saint-Pierre, I. 6.

voir Edouard traiter en égal le Roi Jean, son prisonnier, qu'il regardait comme un usurpateur. Sa conduite, toujours contradictoire avec elle-même, prouve combien il comptait peu sur ses prétendus droits.

Faisons-nous un bûcher de la patrie en cendre.[1]

Je ne sais si cette proposition fut hasardée dans Calais. Il est certain qu'elle fut faite et même approuvée dans Orléans, lors de ce fameux siège que firent lever le Comte de Dunois et l'intrépide Jeanne d'Arc.[2] Mézerai rapporte qu'au siège de Rouen, dont j'ai déjà parlé, les habitants furent prêts de se jeter tous, les armes à la main, dans le camp des Anglais, après avoir mis le feu dans tous les quartiers de la ville.[3] J'ai fait usage, dans mon second acte, de cette résolution, courageuse que le désespoir semblait autoriser.

S'il nous laisse partir, guerriers, femmes, enfants.[4]

Je crois avoir saisi une vérité échappée aux Historiens. Ils n'ont pas réfléchi sur ce qu'ils écrivaient, quand ils ont dit que ce fut Edouard qui chassa de Calais tous les habitants. Il est bien peu vraisemblable qu'un prince qui se disait Roi de France, ait commencé par se priver de ses sujets, en les renvoyant de la première ville qu'il soumettait. Ce n'était guère le moyen de gagner les cœurs. Mais les propres mots de la capitulation, rapportés par Froissart, et par les autres historiens, démontrent que ce furent les habitants qui demandèrent à abandonner leur ville, pour se rendre auprès de leur véritable Maître. Qu'on se rappelle que le Gouverneur demanda à Mauni en termes exprès : *que le gentil Roi votre Seigneur nous laisse aller tout ainsi que nous sommes, et veuille prendre la ville et le chastel, et tout l'avoir qu'il y a dedans, il en trouvera assez.* À quoi Mauni répond : *ce n'est mie son entente que vous puissiez vous en aller ainsi.* Rien n'est plus clair. Et lorsque je fonde la colère d'Edouard sur cette proposition si étrange, je me suis persuadé que c'était plutôt une vérité qu'une vraisemblance. Les annales de Calais vantent beaucoup une pareille résolution prise dans la même ville en 1596, lorsque l'Archiduc Albert en fit le siège.[5] Mais il est évident que ce ne fut alors qu'une imitation du grand exemple donnée 250 ans auparavant. En effet rien ne pouvait en 1596 exciter un enthousiasme si extraordinaire. Henri IV était asservi

---

1. Aliénor, I. 6.
2. Reference to Jean de Dunois (or Jean d'Orléans), illegitimate son of the duc d'Orléans who fought alongside Jeanne d'Arc during the siege of Orléans in 1428 and 1429.
3. Henri V's siege of Rouen started on 31 July 1418 and concluded with the city's fall to English forces on 19 January 1419.
4. Although this particular event occurs during the second act, the line is pronounced by Saint-Pierre in I. 6.
5. This is a reference to the two-year occupation of Calais by Spanish forces (1596–1598).

sur le trône. L'Archiduc ne voulait pas forcer les Calaisiens à reconnaître un autre Roi de France : il ne prétendait soumettre la ville qu'à titre de conquête. D'ailleurs il est si vrai que l'Archiduc avait devant les yeux l'événement de 1347, qu'il stipula expressément que le Gouverneur se retirait dans la citadelle avec sa garnison ; *mais que les habitants demeureraient dans la ville en leurs maisons, eux et ensemble toutes leurs familles* : cette capitulation portée aux bourgeois par le Gouverneur, fut universellement rejetée. Ils se retirèrent tous dans la citadelle. J'ose le dire avec confiance, la combinaison de ces deux actions généreuses prouve que la seconde ne fut due qu'au souvenir de la première.

> Moi qui, malgré la voix de son sénat auguste,
> J'ai seul précipité dans cette guerre injuste.[1]

Le parlement d'Angleterre n'aida que faiblement Edouard dans le commencement de cette guerre ; et sans le secours des Flamands, et des provinces françaises soumises dès longtemps à sa domination, jamais Edouard n'eût fait valoir ses prétendus droits. Ce fut Robert d'Artois qui engagea le Monarque anglais à entreprendre la guerre : mais ce fut Godefroi d'Harcourt qui le détermina à descendre en Normandie, où la fortune commença à le favoriser. Car jusqu'alors Edouard n'avait eu aucun succès ni en Guyenne, ni en Bretagne, ni même en Flandre où il avait été forcé de lever le siège de Cambrai et celui de Tournai.

> L'épouse d'Edouard et l'altière Montfort.[2]

La Comtesse de Montfort avait exécuté au siège d'Hennebon le projet qu'Aliénor propose ici. Elle avait, dans une sortie, embrassé toutes les tentes des assiégeants, et à la faveur de ce désordre ; détruit une partie de leur armée. Voyez d'Argentré sur cette héroïne, qui réunissait la valeur d'un soldat aux talents d'un capitaine.[3]

> Vos débats généraux au sort seront remis.[4]

Les annales de Calais assurent, d'après d'anciens *Mémoires*, que le cinquième et le sixième bourgeois furent tirés au sort, parmi plus de cent qui s'offrirent en voyant la générosité des quatre premiers. C'est peut-être ce grand nombre qui a

---

1. Harcourt, II. 3.
2. Aliénor, II. 5.
3. Most likely a reference to the writings of the Breton historian Bertrand d'Argentré (1519–1590), and more specifically, to his *Histoire de Bretaigne, des roys, ducs, comtes et princes d'icelle : l'établissement du Royaume, mutation de ce tiltre en Duché, continué jusques au temps de Madame Anne dernière Duchesse, & depuis Royne de France, par le mariage de laquelle passa le Duché en la maison de France* (Paris: Jacques du Puys, 1588).
4. Saint-Pierre, II. 5.

empêché que les noms des deux derniers ne se soient conservés comme ceux des autres.

C'est d'ici que César triomphant des Morins.[1]

S'il n'est pas certain que Calais soit réellement le *Portus Itius*, d'où César partit pour l'Angleterre, il est presque démontré que ce fut un des ports où sa flotte s'assembla. Les Morins descendaient des Cimbres ou anciens Saxons. Leur pays comprenait une grande partie de la Picardie, de l'Artois et de la Flandre. Térouenne[2] était leur capitale. Lorsque Charles-Quint eut détruit entièrement cette ville, il fit élever dans la place où elle avait été, une colonne avec cette inscription qui conservait encore l'ancien nom des habitants : DELETI MORINI.[3]

Me montra tous les biens dont j'étais dépouillé.[4]

Ce fait est vrai, et la conséquence que j'en tire ne l'est peut-être pas moins. Edouard ne connut qu'au moment de son hommage, la grandeur du sacrifice qu'il pourrait faire de ses droits sur la couronne de France. Retourné en Angleterre, *il ne tarissait point sur le grand état et sur les honneurs qui étaient en France ; auxquels, disait-il, de faire ou d'entreprendre à faire nul autre pays ne s'accomparaige* : (ne peut se comparer.) On entend ce que signifient de telles expressions dans la bouche d'un prince ambitieux. Elles annoncent l'amertume du regret et le feu du désir. Un mot peint l'âme des Rois.

Valois trop fortuné, etc.[5]

Philippe de Valois fut surnommé *le Fortuné*, titre que lui procura son avènement au trône où il ne pouvait naturellement espérer de monter. Philippe le Bel avait laissé trois fils, dont il n'était que cousin germain. Au reste, il est très simple qu'un Roi tel qu'Edouard préférât le trône de France à celui d'Angleterre. Je crois que bien des Rois diraient ce que je lui fais dire.

N'ordonnez pas, hors des champs de la gloire,
Que le sang des Français souille encore ma victoire.[6]

Godefroi d'Harcourt avait empêché la ruine entière de Caen, où Edouard ordonnait de mettre le feu. Je le peins ici tel qu'il fut dans cette autre circonstance.

1. Edouard, III. 1.
2. Now called Thérouanne, the village is located just south of Saint-Omer, in the modern-day Pas-de-Calais department.
3. Charles V besieged the town in 1553 in response to the French victory at Metz.
4. Edouard, III. 2.
5. Edouard, III. 2.
6. Harcourt, III. 3.

Ma mère est le héros qui m'apprit à régner.[1]

Isabelle était certainement plus faite pour régner qu'Edouard II. Son fils peut parler d'elle avec éloge, puisqu'en effet il n'a jamais avoué publiquement qu'elle eût contribué à l'assassinat de son mari.

Si je n'eusse vaincu dans les champs de Créci.[2]

Harcourt, depuis la descente en Normandie, avait été fait Maréchal Général de l'armée anglaise : La Roque dit même Connétable. Il remporta plusieurs victoires avant celle de Créci. Dans cette mémorable journée d'Edouard, avec le Prince de Galles âgé de quinze ans. (Il était né en 1313). Cette première ligne gagna seule la bataille. Et le Roi d'Angleterre dit lui-même : *je veux que l'enfant gagne ses éperons, que la journée soit sienne, et que l'honneur lui en demeure, à lui, et à ceux à qui je l'ai baillé en garde.* On ne peut pas faire un aveu plus honorable au Comte d'Harcourt.

L'épouse d'Edouard, l'intrépide Isabelle.[3]

La plupart des historiens la nomment *Philippe*, quelques autres *Isabelle*. Peut-être portait-elle les deux noms. J'ai dû choisir le plus agréable, et éviter celui qui aurait pu faire quelque confusion avec celui de Philippe de Valois. Elle était fille du Comte de Hainaut, et nièce du Roi de France.

Héros dans le combat, homme après la victoire.[4]

J'ai regret que mon sujet ne m'ait pas permis de donner plus d'éloges au fameux Prince de Galles, connu sous le nom du Prince Noir, et beaucoup plus grand homme que son père.[5] Je n'ai pu donner une idée de sa magnanimité, qu'en lui faisant sauver le Comte de Vienne, sans ordre d'Edouard, et au risque même de le mécontenter. Cette action est absolument dans son caractère, et sa vie offre plus d'un trait de cette nature. Lorsqu'il eut pris le vaillant Du Guesclin à la bataille de Navarette,[6] Edouard lui recommanda de le faire garder avec soin. Mais le Prince de Galles le mit en liberté dès qu'on lui fit entendre qu'il serait soupçonné de craindre Du Guesclin, s'il le retenait prisonnier.

---

1. Edouard, III. 4.
2. Harcourt, III. 6.
3. Mauni, IV. 2.
4. Mauni, IV. 2.
5. Reference to Edward's son (Edward of Woodstock; the 'Black Prince'). He effectively served as Regent of England during his father's campaigns in France and Aquitaine.
6. Reference to the Black Prince's decisive victory at the Battle of Nàjera (1367) against French and Castilian forces led by Bertrand du Guesclin.

Toi qui t'osant nommer le vrai roi des Français.[1]

Ces cartels étaient forts de monde en ce temps-là. Edouard avait envoyé défia à sont tour pendant le siège de Calais. Le Roi Jean en fit de même en 1355. Toutes ces démarches furent sans effet. Elles étaient conseillées par le courage, et combattues par des raisons supérieures.

Seigneur, songez au vôtre ... Ah ! quand des fers brûlants
Etaient prêts de percer et d'embrasser ses flancs ...[2]

On a accusé Edouard d'avoir été un fils barbare. Il a, dit-on, détrôné son père : il a ensuite relégué sa mère dans une prison, où il l'a retenue pendant 28 ans, ne lui donnant que 500 liv. sterlings de pension. Le premier de ces reproches est faux dans le fait : l'autre est injuste et mal fondé dans ses conséquences.

D'abord il n'est dit nulle part, et on ne peut pas même imaginer, qu'Edouard ait détrôné son père. Il n'avait pas 13 ans quand sa mère débarqua avec lui en Angleterre, et se mit à la tête de l'armée : il était né en octobre 1313,[3] et ce fut dans les premiers mois de l'année 1326 que la Reine déclara la guerre, non pas à son mari, mais à ses mignons. Car le manifeste était rempli, selon l'usage, des plus fortes assurances de respect pour le Roi. Or on ne détrône pas son père à 12 ans et demi ; et au contraire l'on croit facilement à cet âge une mère qui dit : *je suis bien éloignée d'en vouloir au trône de mon époux*. Quand la Reine fut maîtresse de la personne du Roi, elle voulut profiter de tous les avantages que lui offrait un succès qu'elle n'avait peut-être pas espéré. Elle songea à le faire déposer. Il fallut convoquer un Parlement ; il fallut pour cette convocation négocier avec le Roi, qui seul avait droit de la faire. Enfin il eut la faiblesse d'y consentir. Le Parlement assemblé par son ordre lui fit son procès, le déposa, et donna la couronne à son fils. M. de Voltaire rapporte dans son *Histoire Universelle*,[4] la forme singulière de cette déposition.

Cette scène se passa en janvier 1327. Le jeune Edouard avait alors 13 ans et 3 mois. Il touchait donc de bien près à l'enfance, s'il n'y était pas encore. Que fit-il cependant ? On eut beau lui dire que son père était un imbécile hors d'état de régner, qu'il fallait qu'il acceptât la couronne dans ce moment, s'il voulait se l'assurer pour l'avenir : cet enfant de 13 ans refusa net ; il fit un vœu solennel (et les vœux étaient sacrés alors) de ne jamais accepter la couronne du vivant de son père, sans son consentement. Ce vœu, dit Rapin Thoïras, déconcerta les mesures du Parlement. En vain le père et le fils demandèrent la liberté de se voir. Jamais la Reine ne le voulut souffrir. On fit plus, dit Smollett, on menaça secrètement

---

1. Edouard, V. 3.
2. Aurèle, V. 6.
3. Edward III was actually born at Windsor Castle on 13 November 1312.
4. Voltaire, *Essai sur l'histoire universelle depuis Charlemagne* (1754-1756).

Edouard II de mettre la couronne sur la tête d'un étranger, s'il ne voulait pas la résigner à son fils ; et ce fut sur le consentement fatal que ce Prince donna enfin lui-même à sa déposition, qu'Edouard III accepta la couronne. Aussitôt le Parlement lui nomma douze tuteurs pour gouverner pendant sa minorité. Un des premiers était Henri de Lancastre, qui fut chargé en même tems de la garde du Roi déposé. Mais la Reine qui n'avait pas détrôné son mari pour faire régner douze Seigneurs sous le nom de son fils, s'empara du gouvernement, et son amant Mortimer, devenu premier Ministre, fut dès lors l'arbitre souverain des affaires du royaume. Il excita bientôt un mécontentement général ; six mois n'étaient pas écoulés que déjà l'on parlait de tirer le Roi de prison : Henri de Lancastre paraissait y donner les mains ; la Reine et Mortimer lui ôtèrent la garde du Roi, et la confièrent aux deux scélérats Maltravers et Gournay, qui remplirent bientôt les ordres qu'on leur avait donnés de se défaire d'un Prince qui pouvait être encore à craindre. Tout le monde sait la barbarie atroce avec laquelle on assassina Edouard II au mois de Septembre 1327.[1] On cacha longtemps sa mort. Deux ans après on fit croire qu'il vivait encore, et sur les démarches qu'un de ses frères hasarda pour le délivrer, Mortimer et la Reine firent condamner ce Prince comme rebelle et coupable de haute trahison. Edouard III fut certainement le dernier à qui l'on apprit la fin tragique de son père. On lui cacha même la manière indigne dont on l'avait traité dans ses différentes prisons. On craignait, dit Smollett, les suites de cet attentat, si Edouard III en eût eu connaissance. Ce ne fut qu'en 1331, au retour du second voyage qu'il fut en France, pour remettre à Philippe de Valois l'acte de son hommage lige, que le Parlement et toute la nation, soulevés contre l'administration tyrannique de la Reine et Mortimer, se plaignirent hautement au jeune Roi, et n'oublièrent pas dans leurs griefs l'assassinat exécrable de son malheureux père.

Voici maintenant de quelle manière Edouard le vengea. Il traita sa mère en fils et en Roi. Il exposa sa vie pour arrêter la Reine et son amant, gardés par 180 Gentilshommes, au milieu desquels il osa paraître presque seul, et que la présence de leur Roi épouvanta. Mortimer fut écartelé. C'est par erreur qu'un historien célèbre a dit que ce Ministre ne fut condamné que pour des concussions. Rymer,[2] Smollett et Rapin Thoïras, qui font le détail de son procès, mettent à la tête des chefs d'accusation, l'assassinat d'Edouard II ne fit point périr sa mère, s'il ne

---

1. De Belloy is here referring to the brutal legend that Edward II died after he was sodomized with a hot poker. Although this account was discredited in the nineteenth century, the cause of Edward II's death still remains disputed among historians today. For more information on this mystery, see Ian Mortimer, *The Perfect King: The Life of Edward III Father of the English Nation* (London: Jonathan Cape, 2006) and Seymour Phillips, *Edward II* (New Haven, CT: Yale University Press, 2010).
2. Probably a reference to the *Foedera* by Thomas Rymer (1643–1713). Rymer, the royal historiographer of England at the beginning of the eighteenth century, published this immense political and legal history in sixteen volumes from 1704 to 1713.

l'accusa point d'être la complice du parricide Mortimer, s'il ne la fit point assister au supplice de ce barbare, on ne voit dans cette conduite que l'effet de la tendresse filiale et du respect qu'Edouard se devait à lui-même.[1]

La Reine fut traitée honorablement et avec douceur dans son exil. Elle avait, dit Froissart, Chambrière pour la servir, Dames pour lui tenir compagnie, Chevaliers d'honneur pour la garder, belle revenue pour la suffisamment gouverner selon son noble état ; et le Roi son fils la venait voir deux ou trois fois l'an. Les 500 livres sterlings, valant environ 11.000 livres de notre monnaie, et sur lesquelles on veut jeter du ridicule, ou n'étaient que pour les menues dépenses de la reine, ou suffisaient alors pour l'entretien de sa maison, telle que Froissart l'a décrit. M. de Voltaire assure en effet que dans ce temps-là les amiraux d'Angleterre n'avaient que six schillings par jour, et le Prince de Galles vingt. Les Rois d'Ecosse, défrayés par le Roi d'Angleterre, quand ils venaient à Londres, l'étaient sur le pied de trente schillings par jour. Cela s'accorde très bien avec la pension de la Reine, plus forte que celle du Prince de Galles, plus faible que celle du Roi d'Ecosse. De plus gros revenus n'auraient pu servir à une Princesse si ambitieuse et si intrigante, que pour exciter de nouveaux troubles. C'est à quoi elle avait employé la pension de 6.000 liv. tournois qu'elle s'était fait adjuger pour l'entretien de son malheureux époux emprisonné, que l'on traitait cependant de la manière la plus indécente et la plus sordide ; tandis que la Reine jouissait pour son douaire (du vivant de son mari) des deux tiers du revenu de la couronne.

Edouard poursuivit les deux scélérats qui avaient été les instruments de l'assassinat. Maltravers se retira au fond de l'Allemagne, où il ne put être découvert. Gournay se réfugia à Burgos : Edouard le demanda au Roi de Castille qui le rendit ; et ce monstre fut puni comme il le méritait. Edouard fit même une pension au Chambellan du Roi de Castille, qui avait donné ses soins pour le faire arrêter. *Les Actes* de Rymer en font foi. Que l'on juge à présent si ce Prince fut un mauvais fils ; si j'ai eu tort de le faire paraître attendri sur la mort d'un père qu'il vengea avec tant d'ardeur ? Cette mort nous fait frémir nous qui la lisons aujourd'hui ; combien devait-elle donc affecter un fils ; et un fils qui avait eu le malheur, dans son enfance, d'être, pour ainsi dire, le prête-nom des tyrans de l'auteur de ses jours ! Pour moi, je me suis regardé comme très heureux, ne pouvant, par la disposition de ma tragédie, employer les larmes d'une épouse pour toucher Edouard, d'avoir pu remplacer ce sentiment par le souvenir tendre et cruel de la mort de son père. C'était toujours peindre la sensibilité de ce Prince

---

1. De Belloy's interpretation of Edward III's reign is obviously biased. For more nuanced analyses of his ascension and reign, see Ian Mortimer, *op. cit.*; W. M. Ormrod, *The Reign of Edward III* (New Haven and London: Yale University Press, 1990); M.C. Prestwich, *The Three Edwards: War and State in England 1272-1377* (London: Weidenfeld and Nicolson, 1980); C.J Rogers (ed.), *The Wars of Edward III: Sources and Interpretations* (Woodbridge: Boydell Press, 1999); George Minois, *La Guerre de Cent ans* (Paris: Perrin, 2008); and Jean Favier, *La Guerre de Cent ans* (Paris: Fayard, 1980).

en lui donnant un autre motif. C'était, pour me servir encore des termes de Corneille, conserver l'Histoire en la falsifiant.[1]

Retourne vers ton Roi.[2]

Godefroi de Harcourt reçut des lettres d'abolition le 27 Décembre 1346. Il servit avec éclat jusqu'à la mort de son neveu décapité à Rouen, par ordre et sous les yeux du Roi Jean. Cette aventure lui fit reprendre les armes contre son maître. Il fut tué en 1356, près de sa terre de Saint Sauveur, en Normandie, dans un combat où il fit des prodiges de valeur. Il avait fait un testament par lequel il avait laissé tous ses biens au Roi d'Angleterre. Cet objet fit la matière d'un des articles du Traité de Brétigny. Edouard, du consentement du Roi Jean, donna cette succession à l'illustre Chandos. Voyez Froissart: et la Roque, tom. 2, p. 1688.

Je renonce à leur trône.[3]

Il n'y eut qu'une trêve entre les deux Rois après la prise de Calais. Cette trêve dura tout le règne de Philippe. La guerre recommença sous le Roi Jean son fils ; et ce ne fut que par le Traité de Brétigny qu'Edouard renonça enfin à la Couronne de France.[4]

C'est ici le moment de dire deux mots de la Loi Salique sur laquelle la plupart des historiens ont si mal raisonné. Il y en a très peu qui aient seulement entendu l'état de la question qui divisait Philippe de Valois et Edouard. Le vrai fondement de la Loi Salique est la raison que j'ai développée au troisième acte : c'est la volonté de la nation qui ne permet pas que son sceptre passe aux mains d'un étranger. Ce principe fut reconnu et établi de nouveau par l'assemblée des Grands, et par les Etats-Généraux qui décidèrent la question en faveur de Valois. Ce principe est enfin avoué par Rapin Thoïras lui-même.

Edouard reconnaissait la Loi Salique ; et il fallait bien qu'il la reconnût, puisque Charles le Bel avait laissé une fille qui, sans cette loi, aurait également exclu de la couronne Edouard et Valois. Voilà ce que n'ont pas dit des Historiens mal intentionnés ou mal instruits. Voilà ce qui fait avouer naïvement à Smollett qu'Edouard n'avait aucun droit au trône qu'il réclamait.

Mais Edouard soutenait que la Loi Salique n'excluait les filles que par la raison de la faiblesse de leur sexe ; et qu'ainsi les mâles descendus des filles n'étaient point dans le cas de l'exclusion. C'est à quoi l'on répondait avec avantage que la faiblesse du sexe n'avait jamais été le fondement de la Loi, puisque l'on avait

---

1. Pierre de Corneille, 'Preface', *La Mort de Pompée*, 1644.
2. Edouard, V. 7.
3. Edouard, V. 7.
4. The Treaty of Brétigny was signed on 8 May 1360 by representatives of Edward III and Philippe de Valois.

presque toujours, pendant la minorité des Rois, remis le gouvernement entre les mains des Reines leurs mères. On prouvait avec la même évidence, que l'objet de la Loi Salique avait été d'écarter de la couronne tout Prince étranger ; puisque la nation n'en avait jamais souffert un seul sur le trône depuis la fondation de la monarchie : et ainsi la Loi Salique avait encore plus de force contre Edouard que contre sa mère.[1] On sent bien que cette discussion n'était pas facile à mettre en vers ; mais elle était indispensable dans une pièce dont les héros sont, pour ainsi dire, les martyrs de la cause de Philippe de Valois et par conséquent de la Loi Salique.

Fin des Notes Historiques

Approbation

J'ai lu par ordre de Monseigneur le Vice-Chancelier, *le Siège de Calais, Tragédie,* et je crois que la lecture n'affaiblira point l'enthousiasme qu'elle a justement excité dans le Public. À Paris, ce 15 Mars 1765.
MARIN[2]

---

1. De Belloy evokes one of the many points of contention in the debate over the Salic Law. Does the law focus more on blocking a foreign prince from the throne or preventing a woman from leading the country? For a detailed analysis of the relationship between women and the Salic Law, see Eliane Viennot, *La France, les femmes et le pouvoir : l'invention de la loi salique (V^e-XVIe siècle)* (Paris: Perrin, 2006).
2. François-Louis Claude Marin (1721–1809) became *Directeur de la Police de la Librairie* and official royal censor in 1763. He is best known for his role in the *affaire Goëzman*, during which he sided with Beaumarchais's enemies and subsequently became a target for critique in pamphlets and tracts at the time.

APPENDIX I

Alternative Introductions to *Le Siège de Calais*

I. Extract from the second book of Traité de l'Amitié, par M. de SACY, *contenant le sujet du SIÈGE DE CALAIS, une invitation aux Auteurs Français de traiter ce sujet, et des réflexions sur l'amour de la Patrie* (in **OC1779**, t. II, pp. 3–10)

De Belloy wrote the following introduction to *Le Siège de Calais* as a preface to the tragedy in his Complete Works — a corpus of œuvres that was not published until after the author's death. In this introduction, de Belloy chooses to look forward as well as to reflect upon the choices he made while writing his play; the author calls on the next generation of dramatists to employ 'useful' and 'patriotic' themes in their own works.

Pourquoi chercher chez l'étranger des exemples de l'amour de la patrie ? N'en avons-nous pas en France, qui, pour n'avoir pas été tant célébrés, n'en font pas moins admirables ? J'avoue que j'aime assez ma nation, pour ne voir point, sans une vraie douleur, qu'une infinité d'action héroïques faites par nos Français, demeurent comme ensevelies dans l'oubli, faute d'avoir été placées dans quelque ouvrage capable de les en tirer. Rien ne devrait, selon moi, faire mieux sentir à nos héros, combien il leur importe de protéger les Belles-Lettres, et l'intérêt qu'ils ont de les honorer pendant leur vie, pour engager ceux qui les cultivent, à les porter à un degré, où elles puissent éterniser les vertus et les grandes actions de leur siècle.

En effet, (pour revenir à ce que nous disions) si on parle de l'amour de la patrie, on trouve assez de gens prêts à citer les Grecs et les Romains, que cet amour a rendus illustres ; mais on ne trouve presque personne qui connaisse ceux qu'un pareil amour devrait immortaliser en France. Nous en avons pourtant un grand nombre. Entre plusieurs exemples que je pourrais rapporter, il y en a un qu'on ne peut, à mon gré, célébrer assez. Après la mort de Charles le Bel, arrivée en 1328, la couronne fut dévolue à Philippe de Valois, qui se trouva le plus proche parent de la ligne masculine du Roi.

Edouard III, Roi d'Angleterre, revendiqua la succession, et prétendit qu'elle ne pouvait lui être disputée. Il était par sa mère, Isabelle de France, petit-fils de Philippe le Bel. Comme il n'osa pas choquer ouvertement la Loi Salique, à laquelle il voyait les Français trop attachés, il soutint seulement d'abord que cette loi ne lui pouvait être appliquée ; qu'il était vrai qu'elle excluait les femmes, parce qu'elle ne voulait pas que des femmes commandassent à des hommes : mais il disait qu'elle ne donnait point d'exclusion au plus proche héritier mâle, quoique descendu d'une femme. Qu'il était dans ce cas, le plus proche héritier mâle ; et qu'ainsi la couronne ne lui pouvait être légitimement contestée.

Philippe de Valois au contraire soutenait, que la Loi Salique, en excluant les femmes, excluait nécessairement leurs descendants, parce qu'il n'est pas possible que le droit de succéder puisse être transmis par une personne qui ne l'a point.[1] Qu'aussi, depuis la fondation de la monarchie, il n'y avait pas d'exemple, que les mâles descendus de femmes, en quelque degré qu'ils fussent, eussent été admis à succéder. Alors Edouard voulut contester la Loi Salique et la traiter de supposée. La querelle s'échauffa. Les Etats du royaume s'assemblèrent, les ambassadeurs du Roi d'Angleterre furent entendus, et n'oublièrent rien pour faire valoir sa prétention. Mais malgré toutes leurs subtilités, la Loi Salique prévalut, et par le consentement unanime de la Nation, le droit de Philippe de Valois fut confirmé. Edouard qui avait acquiescé, réveille sa prétention plusieurs années après, et prend le parti de suppléer à la justice par la force. Il entre en France avec une puissante armée. Il se présente devant Calais, qui refuse de le reconnaître; et après un long siège, il met cette ville en état d'être emportée d'assaut. Les habitants demandent à capituler, il refuse de les écouter, si ce n'est sous une condition, et il ne leur laisse que trois heures pour en délibérer. Cette condition est, qu'on lui livre six des principaux habitants en chemise, la corde au col, pour être aussitôt immolés à sa vengeance. Il avait résolu, par un si cruel exemple, d'intimider toutes les autres villes ; et il croyait pouvoir user de cette rigueur sur des ennemis qu'il traitait de sujets rebelles.

Dans une extrémité si terrible, lorsque tout paraissait désespéré, six de plus distingués habitants déclarent au peuple assemblé, qu'ils sont prêts de subir la loi que l'implacable Edouard impose ; qu'ils se croient trop heureux d'être de la qualité de ceux que sa colère demande ; et qu'ils mourront avec plaisir, puisque leur mort assurera la vie de tous leurs concitoyens.

En vain l'admiration du peuple pour une vertu si singulière, et la tendresse des parents voulurent s'opposer à une si généreuse résolution. Rien ne put les ébranler. Il fallut céder à leur noble empressement. Ils furent livrés au vainqueur, dans l'état humiliant qu'il avait prescrit : il ordonna qu'on les conduisit au supplice. Ils y allèrent avec la contenance de gens qui courent à la gloire. Mais avant que les ordres d'Edouard pussent être exécutés, la Reine sa femme sut si bien toucher son cœur par ses larmes, et intéresser sa politique et sa gloire par

---

1. Note in OC1779: Cette raison ne paraît pas être la bonne ; mais ce qui tranche toute difficulté, c'est que l'objet véritable de la Loi Salique est d'empêcher que le sceptre ne passe à un étranger, ou même à une autre Maison que celle à laquelle on s'est soumis : la Nation n'ayant point prétendu se dépouiller du droit de choisir, ni la noblesse de l'espérance d'être choisie, en cas d'extinction de la Maison régnante. Voilà ce qu'on répondait à Edouard, et voilà ce qui dicta la décision des Etats-Généraux. Nous verrons que M. de Belloy, dans *le Siège de Calais*, a beaucoup mieux traité cette question en vers, que la plupart des historiens et des publicistes ne l'avaient traitée en prose. *Note de l'Editeur.*

ses raisons, qu'elle obtint leur grâce. Ces hommes si dignes de l'immortalité, méritent bien d'être nommés et de n'être jamais oubliés. Ils s'appelaient Eustache de S. Pierre (ce fut lui qui s'offrit le premier) Jean d'Aire, Jacques et Pierre Wissant. Les noms des deux autres ont échappé à l'exactitude des historiens.

Je me suis sans doute trop étendu sur cette histoire ; mais elle m'a toujours causé tant d'admiration, que je n'ai pu me refuser le plaisir de l'écrire. Revenons aux conséquences qui résultent de ces grands exemples. Ils établissent parfaitement que dans tous les temps, parmi les peuples les plus célèbres par leurs lumières et par leurs vertus, l'amour de la patrie a été regardé comme supérieur à tous les autres. Nous ne conserverions pas, malgré la distance de tant de siècles, une si profonde vénération pour ces hommes extraordinaires, s'il n'était pas aussi juste que glorieux, de s'arracher à sa famille, à ses amis, à la vie même, dès que le bien de la patrie le demande.

II. 'Preface' to an English translation of *Le Siège de Calais*. Unknown translator, *The Siege of Calais. A Tragedy from the French of Mr. DE BELLOY with Historical Notes* (London: Lister, 1765), Arsenal: 8-BL-16605 (8)

De Belloy's tragedy was quickly translated into English and performed on the London stage; the preface to the Lister edition of the play (E1765-2) indicates that *Le Siège de Calais* was performed at Covent Garden in March 1765. Although the translator claims to not have added 'a single sentiment' to de Belloy's original, his omissions are nonetheless of interest. Providing his readers with more of a summary of de Belloy's patriotic Préface than a true translation, the English author chooses to ignore some of de Belloy's incendiary remarks about French character and patriotism, focusing instead on de Belloy's asserted aesthetic and narrative connections to Corneille and Homer.

Prefatory Advertisement

The Translator, in justice to Mr. de Belloy, thinks he ought to inform those who do not understand French, that in the following translation he has not added a single sentiment, not a thought of his own; so that whatever beauties or defects may be found in the Play, they belong to he Author alone.

Mr de Belloy speaks in his Preface much to the same purpose, in regard to the historical facts on which his Tragedy is founded. I debarred, says he, my imagination from having any share in the plan of this Play; it would have been very injudicious, in a work undertaken for the honour of the nation, to have given the French imaginary virtues and pretended exploits. I resolved that even the episodical events should be drawn from history; happily, I found, within a small space of time from this famous Siege, some facts that might be wove with the principal action.

Appendix I

Such is the episode of Count Harcourt: that nobleman, who commanded the first line of the English army at the battle of Cressy, found amongst the slain his brother Lewis, or John of Harcourt, who fought against him on the side of France. He was so shocked at this terrible misfortune that he quitted Edward's camp, and threw himself at Philip de Valois's feet, who granted him his pardon. I have postponed for some months this interesting fact to join it to my subject: I thought that the violent agitations of this noble Revel would make a fine contrast with the calm virtues of the faithful Burghers of Calais.

The proposals that Edward makes to the daughter of the Count de Vienne to draw her and her father into his party never were made, since Alienor is the only feigned character in the Play; but it is certain, that Edward had made the like treaties with several of the nobility, and particularly with Godfrey of Harcourt. He had gained over the Count d'Eu, Constable of France, and what could he promise less to one than possessed the highest post in the state, than to make him Vice-Roy or Lieutenant-General of the kingdom; which he had already offered to the Duke of Brabant?

I may then say of this Tragedy what Corneille said of his Death of Pompey, that there were very few dramatic pieces where history was more preserved and at the same time more falsified. The events of my Play, in general, are true; but they are sometimes accompanied with circumstances that are different from what they were in reality, it is a right that dramatic poetry assumes, a Tragedy is not a History.

Some have thought it extraordinary that I have not made the Governor of Calais appear. John de Vienne was certainly one of the bravest officers of his time; but I could not introduce him on the scene, without taking the merit of the heroic action of Eustache de St. Pierre, which would have been most unjust; and Vienne devoting himself as second would have degraded his character. I have given him then a daughter to replace him in some measure, who not being bound by the same duties, may appear greater than him in doing less, perhaps, than what he would have done.

I have likewise been found fault with for having employed another means to disarm Edward's wrath then that which history attests. I have given the Queen of England the honour of having implored the pardon of the six Citizens, but I could not put it in action, nor make it the catastrophe of the Play; because the Queen could not possibly have any connection with the plot, and to have introduced her in the last scene, merely to fall upon her knees, would not have been to the taste of these times. I have therefore made use of the pathetic resource that Priam employs (in Homer) to soften the wrath of the implacable Achilles.

So far the Translator thought necessary to quote from Mr. de Bolloy's [sic] *Preface*. All that he has to add is, that in regard to his Tragedy he has endeavoured to keep up to the spirit and enthusiasm of the Author: if he has done that, 'tis all the merit he claims.

APPENDIX II

Letters and poems concerning *Le Siège de Calais*

Le Siège de Calais provoked a flurry of letters, both supportive and critical the play, as well as of the 'nouveau genre patriotique'. This diverse corpus of critical postures demonstrates that the 'bruit' caused by de Belloy's play provoked a variety of responses from disparate members of French society, including established members of the Republic of Letters, zealous students of the 'nouveau genre' and patriotic soldiers at the service of the crown.

I. Anonymous. 'Lettre VI', in *Lettres et observations à une dame de Province, sur Le Siège de Calais, ornées d'une Carte Géographique de cette Ville* (Paris : chez L'Esclapard, 1765), p. 82–86. Richelieu : 8-RF-8017

In the following letter from an anonymous writer to a 'dame de Province', the author provides eyewitness testimony of the famous free performance of *Le Siège de Calais* in late February, 1765. In addition to showing the atmosphere inside the theatre, the letter indicates how drama at the time created a dynamic environment for cultural exchanges and polemics. After saluting de Belloy for his successful play, spectators danced on stage at the Comédie-Française in an ebullient moment of patriotic unity. Far from an impartial examiner of de Belloy's tragedy, this author puts *Le Siège de Calais* on a pedestal and believes that its author should be counted among France's greatest dramatic writers of all time.

Je fus curieux de me trouver à cette représentation, et j'obtins un petit coin de place sur le théâtre. Dès sept heures du matin, la rue de la Comédie-Française était pleine d'aspirants de tous les états, qui entrèrent enfin, et remplirent la salle à un point que les loges, qui ne font que pour huit, en contenaient quinze ou seize, les uns sur les autres. L'un des balcons était rempli de Poissardes,[1] et l'autre de Savoyards et de charbonniers, avec tous les attribut du métier, c'est-à-dire la casaque sur le corps, le visage barbouillé, et le bonnet sur la tête. Tous ces spectateurs, avant que l'on commençât, se disputaient à qui chanterait le plus haut, et l'on n'aurait pas entendu Dieu tonner ; mais à peine la toile fut-elle levée, que le silence le plus profond remplaça cette discordante symphonie. La pièce fut écoutée avec la plus grande attention, et il n'y eut pas un endroit faillant, pas une belle situation, pas un beau vers qui ne fût applaudi. J'ai même remarqué que ce

---

1. 'Poissardes' were working class street peddlers who frequented the *halles* of Paris.

peuple applaudissait plus adroitement que nous : lorsque nous entendons un morceau pathétique, souvent nous ne donnons pas à l'acteur le temps de le finir, et nos battements de mains nous en font perdre la moitié ; mais ceux-ci, dès qu'ils avaient donné les premières marques de leur contentement et de leur satisfaction, s'interrompaient, et prêtaient, de nouveau, une oreille attentive, afin qu'il ne leur échappât rien de la suite.

Enfin, Madame, la tragédie entière fit une sensation si profonde dans toutes les âmes, développa si bien ce germe de zèle et d'amour, que le moindre des Français a pour son Roi, que si l'ennemi eût été aux portes de Paris, et qu'il eût été question d'aller aux armes, on aurait vu ce peuple verser jusqu'à la dernière goute de son sang. Que ce tribut de tendresse, commandé par le cœur et payé par un simple sujet, qui sous son habit de toile, ne fait ni encenser ni flatter, que ce tribut, dis-je, doit être précieux, aux yeux d'un monarque, qui ne reçoit que trop souvent les hommages de la politique, couverte d'or et d'argent !

Lorsque la tragédie fut finie, Madame, chacun demanda l'auteur avec le plus grand empressement, il parut, et je vis le moment où les Poissardes allaient sauter du haut du balcon, pour venir l'embrasser.

Le Siège de Calais fut suivi du *Procureur Arbitre*,[1] où l'on rit beaucoup, surtout aux tirades qui regardent les procureurs. On laissa, après cette pièce, un intervalle fort long, pendant lequel M. Brisart,[2] la serviette sous le bras, et la bouteille à la main, vint verser du vin aux Poissardes. Mademoiselle Clairon[3] en fit autant pour les Savoyards. Alors la joie n'eut plus de bornes, et les femmes, bonnet bas et cheveux épars, portant en chœur la santé de leur Roi, offrirent en même temps le tableau le plus comique et le plus frappant pour un bon patriote. Cette scène dura une grosse demi-heure, et la salle ne cessa de retentir de *Vive le Roi et M. Brisart, Vive le Roi et Mlle. Clairon, Vive le Roi et M. Molé*.[4]

Plusieurs de nos seigneurs, qui y étaient furent aussi célébrés par le peuple, et témoignèrent leur reconnaissance par de l'argent qu'ils distribuèrent dans les balcons. Il ne restait plus que le ballet, il fut donné, et l'on fit paraître au dénouement la statue équestre du Louis XV. Avec un *Vive le Roi* sur le devant, qui fut le signal des nouveaux cris de joie de tout le peuple, dont une partie vint à son tour danser sur le théâtre.

Je vous avoue, Madame, que jamais spectacle ne m'a tant fait de plaisir que celui-là : la vérité des applaudissements que je venais d'entendre m'avait pénétré, et j'en sortis, enivré d'amour pour mon Roi et pour ma nation.

---

1. Reference to *Le Procureur arbitre, comédie en vers* (orig. 1728), by Philippe Poisson.
2. Brisart (or Brizart), whose actual name was Jean-Baptiste Britard, played the role of Eustache de Saint-Pierre.
3. Mlle Clairon played the role of Aliénor.
4. François-René Molé (1734–1802) had a long career at the Comédie-Française, first appearing as Britannicus in 1754 and continuing to play the occasional role until 1801. He played the role of Aurèle.

Si vous lisez les journaux, Madame, vous y verrez tous les honneurs qui ont été décernés à M. de Belloy. Le Roi lui a accordé une gratification de mille écus avec une Médaille d'or.

Les habitants de Calais lui ont écrit une lettre fort honnête, dans laquelle ils le prient, d'après une délibération de la ville assemblée, d'accepter le titre de Citoyen de Calais. Ils ont joint à cette lettre une boëte d'or gravée aux Armes de Calais, et accompagnée d'une devise relative au sujet. Enfin ils lui ont demandé son portrait pour être placé dans l'Hôtel de Ville au rang des premiers Bienfaiteurs de Calais.

Voltaire, sans doute, est dans le genre dramatique le plus grand homme de son siècle, le théâtre est enrichi de ses chefs-d'œuvre ; mais jamais ils n'ont obtenu de palme aussi brillante. Mais M. de Belloy est le premier, comme il le dit lui-même, « qui ait procuré à la Nation le plaisir de s'intéresser pour elle-même »,[1] et à ce titre il s'est acquis des droits éternels à sa reconnaissance : la France est vis-à-vis de lui dans le cas d'une jolie femme qui récompense avec prodigalité un peintre, qui, sous des couleurs brillantes a su communiquer à la toile toutes les grâces de sa figure. Quel exemple, Madame, pour ces jeunes auteurs, qui, n'étant pas nés pour verser leur sang dans les combats ne peuvent se distinguer que par leur plume : qu'ils la consacrent à la gloire du Prince et à celle de la Nation, le laurier les attend au bout de la carrière. Dans quel qu'état que la Providence nous ait placés, soyons citoyens, c'est une des plus belles et des premières qualités, mais pour l'avoir, il suffit d'être français…

II. Voltaire to Pierre Laurent Buirette de Belloy, 6 March 1765 (D12439, *Corr. de Voltaire* XXVIII) Reprinted in **OC1779**, t. II, p. 319

Voltaire's first letter to de Belloy, penned just several weeks after the play's debut, indicates early support of *Le Siège de Calais* by the 'Patriarch of Ferney'.

Si je suis presque entièrement aveugle, M^r, mais j'ai encore des oreilles, et les cris de la renommée m'ont appris vos grands succès; j'ai un cœur qui s'y intéresse. Je joins de loin mes acclamations à celles de tout Paris. Jouissez de votre bonheur, et de votre mérite. Il ne vous manque que d'être dénigré par Fréron pour mettre le comble à votre gloire.[2] Je vous embrasse sans cérémonie, il n'en faut point entre confrères. V.

III. Etienne Noël Damilaville to Voltaire, 7 March 1765 (D12444, *Corr. de Voltaire* XXVIII)

In the following passage, Damilaville testifies to the ambivalent reception of *Le Siège de Calais* and warns Voltaire to avoid criticizing de Belloy's tragedy.

---

1. See Preface, *intra.*, p. 63.
2. Voltaire's jab at Fréron is interestingly absent in de Belloy's *OC* reprint of the letter.

[...] On ne peut plus parler de la pièce de M. de Belloy, sans être un mauvais citoyen ou un vil adulateur ; le mieux est de se taire, et d'attendre que le temps décide laquelle de ces deux qualifications on aura mérité.

IV. *Pierre Laurent Buirette de Belloy to Voltaire*, c.12 March 1765 (D12455, *Corr. de Voltaire* XXVIII). Reprinted in **OC1779**, t. II, p. 321

In his response, de Belloy compares the characters in *Le Siège de Calais* to Voltaire's patriotic and emotional characters in his tragedies *Brutus* (1730) and *Zaïre* (1732).

Ôn mon maître ! quoi vous daignez me prévenir et prendre part aux succès dont je ne vous ai point encore fait hommage ! Est-ce à vous, que la gloire environne, de vous apercevoir si quelques-uns de ses rayons se sont égarés vers moi ? Souffrez que je vous reporte tous ces hommages, tous ces applaudissements dont vous me félicitez. Je vous les dois, et vous seul m'avez fait le peu que je suis. Vos ouvrages m'ont servi de leçons ; et c'est dans ces sources de génie que j'ai puisé quelques traits de feu, dont on veut bien me tenir compte. Si vous n'eussiez peint avec tant de force l'âme de Zopire, de Zamti, ou celles des deux Brutus, ma faible main eût-elle pu crayonner les héros de Calais ? Croyez, M^r, que plus je ferai de progrès dans mon art, plus je sentirai la prodigieuse supériorité de votre génie. Semblable à ce voyageur qui ne voit se développer toute la grandeur d'un superbe monument qu'à mesure qu'il en approche.

[1]On dit que nous avons de jeunes auteurs très vains, très glorieux de leurs talents. Ils n'ont donc jamais réfléchi sur les vôtres ? Qu'ils relisent sans cesse vos ouvrages, c'est le meilleur antidote que nous puissions prendre contre la vanité. Le moucheron peut il s'admirer quand il lève les yeux vers l'aigle ?

Je compte vous envoyer incessamment le *Siège de Calais* imprimé. Si vous n'imitez l'excessive indulgence du public, vous serez forcé de convenir que je ne la mérite guère.

Quant à l'homme que vous souhaitez de voir mon ennemi, je serais bien honteux s'il ne me jugeait pas digne de sa colère, mais comme je suis en train d'être heureux, j'espère qu'il se souviendra que je vous aime, et qu'il me traitera en conséquence.

J'ai l'honneur d'être avec l'admiration la plus profonde, et le zèle le plus passionné &tc.

1. Alternative ending in OC1779:

> Relisons sans cesse vos ouvrages, c'est le meilleur antidote que nous puissions prendre contre la vanité. Le moucheron peut-il s'admirer quand il lève les yeux sur l'aigle ?
> Le *Siège de Calais* sera bientôt imprimé. J'aurai soin de vous l'envoyer sur le champ. Si vous n'imitez l'excessive indulgence du public, vous serez forcé de convenir que je ne la mérite guère ...
> J'ai l'honneur d'être avec l'admiration la plus profonde, et le zèle le plus passionné, etc.

V. Voltaire to Jean-François Marmontel, 25 March 1765 (D12500, *Corr. de Voltaire*, XXVIII)

Despite his admirative letter to the author of *Le Siège de Calais*, Voltaire was nevertheless more reticent to give overt praise of the play in his private correspondence with friends.

[…] Mandez moi, je vous prie, ce que vous pensez du *Siège de Calais*, parlez moi avec confiance, et soyez bien sûr que je ne trahirai pas votre secret. On m'en a mandé des choses si différentes que je veux régler mon jugement par le vôtre. Je ne puis me figurer qu'une pièce si généralement et si longtemps applaudie n'ait pas de très grandes beautés. On dit qu'on ne l'aura sur le papier qu'après Pâques, et les nouveautés parviennent toujours fort tard dans nos montagnes. Adieu mon cher confrère. Conservez moi une amitié dont je sens bien tout le prix. V.

VI. Voltaire to Pierre Laurent Buirette de Belloy, 31 March 1765 (D12512, *Corr. de Voltaire*, XXVIII). Reprinted in **OC1779**, t. II, p. 323.

The following is Voltaire's letter to de Belloy after the *philosophe* had read *Le Siège de Calais*. Voltaire seems to support de Belloy's efforts, despite the anti-philosophical attacks against cosmopolitanism in acts III and IV.

À peine je l'ai lu, mon cher confrère, que je vous en remercie du fond de mon cœur. Je suis tout plein du retour d'Eustache de Saint-Pierre, et des beaux vers que je viens de lire :
Vous me forcez, Seigneur, d'être plus grand que vous.
Et celui que je citerai souvent :
Plus je vis l'Etranger, plus j'aimai ma Patrie.
Que vous dirai-je, mon cher confrère ? Votre pièce fait aimer la France et votre personne. Voilà un genre nouveau dont vous serez le père : on en avait besoin, et je suis vivement persuadé que vous rendez service à la Nation. Recevez encore une fois mes tendres remercîments.

VII. Voltaire to Jean Le Rond S'Alembert, 3 April 1765 (D12521, *Corr. de Voltaire*, XXIX)

'Le patriotisme excuse tout' writes Voltaire; but is he serious? Voltaire's correspondence with D'Alembert reveals either a keen ability to please different people with different opinions or a marked ambivalence towards de Belloy's tragedy.

Avez-vous lu le Siège de Calais? Je suis ami de l'auteur, je dois l'être ; je trouve que le retour du maire et de son fils, à la fin, doit faire un bel effet au théâtre. Il se peut d'ailleurs qu'il y ait dans la pièce quelques défauts qui vous aient choqué ; mais ce n'est pas à moi de m'en apercevoir, et d'ailleurs le patriotisme excuse tout. Je voudrais savoir jusqu'à quel point vous êtes bon patriote ; j'ai peur que vous ne vous borniez à être bon juge.

VIII. *Lettre des Maire et Echevins de la Ville de Calais à M. de Belloy*, 10 March 1765. Reprinted in **OC1779**, t. II, pp. 329-330

If there was one place in France where de Belloy feared no criticism, it was in Calais. The following letter shows the gratitude of Calais's mayor and elected officials towards the author of *Le Siège de Calais*.

MONSIEUR,
C'est avec bien de la satisfaction que nous remplissons les vœux de nos Concitoyens, qui nous chargent de vous adresser une copie de la délibération que nous venons de faire : nous espérons, Monsieur, que vous acquiescerez à nos désirs, en nous permettant de vous faire présenter des Lettres de Citoyen de cette Ville. Qui les a jamais mieux méritées ! Vous venez d'éterniser sa gloire dans le tableau le plus frappant d'amour et de fidélité pour ses Rois, qui l'ont toujours caractérisée. Le nom de Saint-Pierre est devenu inséparable du vôtre : on ne peut se rappeler son héroïsme sans admirer vos talents. Vous avez acquis, l'un et l'autre, un même droit à l'immortalité ; vous êtes également chers à cette ville : elle a vu naître Eustache, vous en serez Citoyen; personne ne fut plus patriote que lui ; personne ne peignit mieux que vous le vrai patriotisme.

Privés de la satisfaction de vous posséder dans nos murs, et de vous y payer le tribut de notre reconnaissance, permettez au moins, Monsieur, qu'en plaçant votre portrait à côté de ceux de nos illustres bienfaiteurs, nous laissions à nos neveux un souvenir éternel du juste attachement que la ville de Calais vous a voué.

Nous avons l'honneur d'être avec les sentiments de la considération la plus distinguée.
MARFILY, BERNARD, MARGOLLÉ, MOURON, LEFRANCE et TELLIER LAIDEX

IX. *Lettre de Colonel Mehegan, d'un Régiment de Grenadiers Royaux*. Reprinted in **OC1779**, II, p. 341

The following two letters, both penned by soldiers, show the effect of *Le Siège de Calais* at military outposts, where the play was widely read and discussed throughout the spring of 1765.

À Versailles, ce 5 mai 1765
Tous les états se réunissent, Monsieur, pour rendre hommage à vos talents, si heureusement et si patriotiquement employés. Nos vétérans et nos jeunes soldats admirent les sentiments élevés de votre âme, et les productions de votre génie. Ce tribut est dû à la vertu et à l'héroïsme qui règnent dans votre pièce. Le beau, le vrai beau se fait sentir à tout être pensant.

J'ai l'honneur d'être très-parfaitement, Monsieur, votre, etc.,
MEHEGAN, Colonel d'un Régiment de Grenadiers Royaux.

X. *Lettre du Caporal Primtemps de la Compagnie de Destourt, au Régiment de Haynaut*. Reprinted in **OC1779**, t. II, pp. 342–343

MONSIEUR,

Les huit Escouades de la Compagnie, assemblées par ordre du Capitaine, pour assister à la lecture qui leur a été faite de votre incomparable tragédie, Le Siège de Calais, m'on chargé de vous écrire, comme Chef de la première, combien elles partagent avec toute la nation les sentiments de reconnaissance qu'elle vous doit.

Les annales du Parnasse ne nous offraient que des faits étrangers, ou fabuleux : l'habitude du courage, parmi nous, semblait dispenser nos auteurs du devoir d'en parler ; et les Français gémissaient en silence, de l'oubli des vertus de leurs ancêtres. Que ne vous leur consacrez vos talents, vous chantez leur amour pour leur Roi, vous réveillez le patriotisme, et vous développez le germe de l'héroïsme dans tous les cœurs.

Pardonnez, si pour d'aussi beaux vers, je vous envoie de la prose insipide ; élevé, dès l'enfance, dans le tumulte des armes, je suis toujours plus occupé de lauriers que de fleurs, un bastion fut mon Parnasse ; et si j'ose vous adresser nos hommages, c'est pour satisfaire à l'empressement d'une troupe à qui vous êtes devenu cher, et aux sentiments respectueux avec lesquels je suis, etc.

PRIMTEMPS

XI. *Lettre du Cap-Français, Saint-Domingue*, 17 July 1765. Reprinted in **OC1779**, t. II, p. 352

Le Siège de Calais was the first French play that was ever published in a French colony. The following letter shows the play's popularity in Cap-Français, the capital of Saint-Domingue (present-day Haïti).

La gloire de la nation, son amour pour ses souverains, les sentiments patriotiques si chers à tous les vrais Français, et si bien peints par M. de Belloy, dans sa tragédie du *Siège de Calais*, ont singulièrement affecté tous les spectateurs dans les deux représentations qu'on en a données ici. Il manquait à la satisfaction publique d'avoir des exemplaires de cette excellente pièce en assez grand nombre, pour que chacun pût y lire son triomphe et celui du Roi. M. le Général faisant cette nouvelle occasion de témoigner sa bienfaisance, la fait imprimer à ses frais pour être distribuée *gratis* : elle est actuellement sous presse, et elle sera jointe à la feuille prochaine, l'intention de M. le Général étant qu'on en adresse un exemplaire à chacun de MM. Les Abonnées à cette feuille.

XII. A poem in honour of M. de Belloy.

Marion, *L'Honneur François, stances à M. de BELLOY, auteur du* Siège de Calais (Paris: Jorry, 1765), Arsenal : 8-BL-13473, ex. 1, t. 30

In addition to receiving glowing letters of support from Calais's officials and patriotic soldiers, de Belloy also inspired a host of poems, songs and 'stances' from his many admirers. In the following example, 'Marion' praises de Belloy for his positive representation of France as he rehashes themes from *Le Siège de Calais*, including a critique of 'froid' cosmopolitanism and overt support France's Salic Law.

Préface

MONSIEUR,

Les transports du Peuple, le suffrage des Grands, l'attendrissement d'un Roi vous mettent au-dessus de tout éloge : comment donc se trouve-t-il un Particulier jeune, obscur & sans talents, assez hardi pour vous offrir son hommage ? Sa confiance vient, Monsieur, de ce qui devrait précisément le rendre timide. C'est parce qu'il n'a point de prétention à l'esprit qu'il ne craint point de vous payer un tribut que son cœur vous doit.

Je suis français, Monsieur ; puis-je ne pas admirer *le Siège de Calais* ? Tous ces petits Prométhées dont le cœur dévore sans cesse le feu du génie, sans en pouvoir jamais échauffer leur esprit, jaloux de tout succès, parce qu'ils n'en ont aucuns à espérer, voudront traverser les vôtres, ils vous critiqueront ; laissez-leur cette triste consolation, le Public leur a déjà répondu pour vous. *Tous les mauvais Poètes*, a-t-on dit, *censureront le* Siège de Calais, *mais tous les bons Français l'admireront*. Qu'il m'est doux, Monsieur, de trouver dans l'hommage que je vous rends, une profession publique des sentiments attribués à tous ceux qui pensent comme moi ! Puis-je mieux la faire qu'entre vos mains ? Daignez l'agréer, mon bonheur dépend de cette grâce, vous ne pouvez me la refuser ;

Rendre heureux qui nous aime est un si doux devoir !

Je suis avec tout le respect dû à vos talents & à votre cœur patriotique,

MONSIEUR,
Votre très humble et très obéissant serviteur, MARION

L'honneur Français, stances à M. de Belloy.

Tu règnes donc encore dans le cœur du mortel,
Toi, qu'on crut reléguée au sein de l'Eternel,
Vert ! Oui, ton flambeau brûle encore dans son âme,
Ah ! pouvait-il voir, éteindre une divine flamme ?

La Nature a ses droits qu'on ne peut lui ravir,
Nul ne les enfreignit sans un long repentir.
Cesse donc d'aspirer, ô froid Cosmopolite !
Au triste & cher honneur de faire un Prosélyte.

Peut-être que surpris par un pressant danger,
Chez tes Concitoyens orgueilleux Etranger,
Un jour tu gémiras de voir dans l'indolence
Ce frère dont le bras aurait pris ta défense.

Mais tu naquis français ! reviens de ta frayeur ;
Pour l'attendrir, hélas, il suffit du malheur.
Son cœur est satisfait, pour prix de l'héroïsme,
Du droit de s'estimer ; voilà son EGOÏSME.[1]

Quel triomphe ! BELLOY, quel moment séducteur !
Du Français dissipé tu ranimes l'ardeur ;
Embrassé de tes feux, son cœur s'échappe & vole
À l'Autel de l'HONNEUR en tout temps son idole.

Ce Dieu le reconnaît. Quel que soit son destin.
Sur la Scène du Monde il trace son chemin ;
Mais l'ombre des Cités, où le vice réside,
Lui dérobe souvent un héros intrépide.

POÈTE CITOYEN, il t'était réservé
D'exciter les langueurs de son cœur énervé,
De lui faire oublier l'intrigue & la mollesse,
Et du peuple français goûter la noble ivresse.

GRÈCE, ne vante plus ces théâtres fameux,
Où le Peuple & les Grands qu'unissaient de saints nœuds,
Par un noble artifice embellissant l'histoire,
Des Héros de tout rang se retraçaient la gloire.

ATHENES, mon Pays sur toi l'emporte autant
Que l'éclat du Midi sur le Soleil levant.
Les larmes du Plaisir ne font plus pour la Fable.
Et la Vérité seule ici fait l'INCROYABLE.

Ô CALAIS ! que mon cœur murmure en gémissant
D'avoir pour Interprète un Génie impuissant !
Combien j'idolâtrais ta brave résistance !
Combien je souhaitais d'EUSTACHES à la France !

---

1. *Author's note*: Ce terme, formé du mot Latin, *ego, moi*, a été imaginé par les Métaphysiciens ; il peint très-bien la situation d'un homme qui, dans une indifférence totale pour les semblables, se concentre dans lui-même. Il est beau de s'isoler comme le Français.

APPENDIX II

Hélas, qu'eussé-je fait ? Mes soins infructueux
N'auraient pu que ternir tes lauriers glorieux.
BELLOY seul à CLIO[1] dut prêter ces trains sombres
Qui, peignant les Héros, réjouissent leurs Ombres.

BELLOY, que sûr moyen d'être écouté des Rois !
Oui, d'un sujet Français ils reçoivent des lois,
Quand du ROI BIEN-AIMÉ tu choisis les maximes,
Du pur sang des BOURBONS héritages sublimes.

PARIS, d'un œil jaloux tu regardes CALAIS !
Sa gloire est un reproche, hélas ! de tes forfaits :
Mais les tiens quelquefois en honorant la France,
Payèrent à tes Rois leur tendre préférence.

Laisse là les horreurs des camps & du hasard,
Tendre BELLOY, peins-nous BRISSAC,[2] HARLAY,[3] MAILLARD,[4]
Et d'autres noms encore si féconds en miracles,
ES écrits de l'HONNEUR deviendront les oracles.

FIN.

Lu & approuvé, le 2 Mars 1765. MARIN
Vu l'Approbation, permis d'imprimer, DE SARTINE

---

1. *Author's note*: Muse qui préside à l'Histoire.
2. *Author's note*: On sait que l'habilité du Comte de Brissac aidé des principaux Membres du Parlement et du Prévôt des Marchands L'huilier fit ouvrir les portes de Paris à Henri IV en 1594. Les services des descendants de l'illustre Maison de Brissac, rappellent ceux de leurs Pères. La valeur, l'amour de ses Rois & la généreuse franchise des anciens Chevaliers sont héréditaires dans cette famille.
3. *Author's note*: En 1588, Henri III quitta Paris, et se retira à Chartres, et le Duc de Guise se trouva seul maître de la Capitale. Etant allé visiter, après le départ du Roi, Achilles de Harlay, Premier Président, il le trouva « qui se promenait dans son Jardin, » lequel s'étonna si peu de sa venu, qu'il ne daigna pas seulement « tourner la tête ni discontinuer sa promenade commencée, » laquelle achevé qu'elle fut, et étant au bout de son allée, il retourna, et en retournant il vit le Duc de Guise qui venait à lui ; alors ce grave Magistrat levant la voix, lui dit : « C'est grand pitié quand le Valet chasse le Maître, au reste mon âme est à Dieu, mon cœur est à mon Roi, et mon corps est entre les mains des méchants, qu'on en fasse ce qu'on voudra » (Discussion sur la vie et la mort du Président de Harlay).
4. *Author's note*: Sous le malheureux règne de Jean II. Jean Maillard, fidèle et courageux Citoyen, assomma d'un coup de hache Etienne Marcel, sujet rebelle qui pendant la prison du Roi en 1358, avait abusé de l'autorité qui lui donnait dans Paris une dignité que ses prédécesseurs et ceux qui lui ont succédé n'ont employée qu'à maintenir la paix & le bon ordre dans cette Ville, y entretenir l'abondance et y faire respecter l'autorité Royale. Cet indigne Magistrat avait soulevé les Bourgeois ; et, après avoir commis les plus grands excès dans Paris, était sur le point de le livrer aux Anglais pour assurer son impunité. Le généreux Maillard prévint ce coup par la mort du Traître.

APPENDIX III

The Critical Reception of *Le Siège de Calais*

I. Elie-Catherine Fréron, *Année littéraire*, t. VIII (1765) (Paris : Lejay, 1765), pp. 292–329 (extracts)

Elie-Cathérine Fréron, a virulent *anti-philosophe* and an enemy of Voltaire, wrote this lukewarm criticism of *Le Siège de Calais* during the weeks following the publication of the play's first edition. Despite his critique that de Belloy mismanaged the emotional calibration of his characters in the tragedy and that the author is not as innovative as he claims in his Preface, Fréron nonetheless concludes that *Le Siège de Calais* is an irrefutable public success that deserves recognition and praise.

Que diriez-vous d'un tableau où tous les visages, tous les mouvements, toutes les attitudes se ressembleraient ? Il y faut des contrastes, ou du moins des différences de caractères, comme dans une pièce de théâtre ; sans ces contrastes ou ces différences, il n'y a point de combat ou de variété de passions ; et sans combat ou variété de passions, point de tableau ni de tragédie. […] On sent que l'auteur a voulu peindre le guerrier et le politique : sans doute un prince peut allier ces deux talents, et les faire servir tour à tour à sa gloire dans le cours de sa vie ; mais dans l'espace borné d'une tragédie, l'une de ces qualités nuit à l'autre, et leur réunion forme un caractère variable que n'est pas dramatique, à moins qu'il ne soit annoncé, développé et marqué par de grands traits. […]

M. de Belloy, dans sa préface, se félicite d'être *peut-être* le premier qui ait composé une tragédie où l'on ait procuré à la Nation le plaisir de s'intéresser pour elle-même. *Peut-être* est bien dit ; car l'auteur n'a qu'à consulter l'histoire du théâtre français, il y verra quelques indications de tragédies fondées sur des événements tirés de notre Histoire, entre autres *Anne de Bretagne, Reine de France*, par Ferrier, pièce jouée en 1678, dans laquelle on vit paraître cette Reine, *Louis Duc d'Orléans* qui depuis monta sur le trône sous le nom de Louis XII, le Maréchal d'Albret, Madame de Chateaubriant, etc. […] M. de Belloy n'est donc pas le premier qui ait enrichi le théâtre de sujets empruntés de nos fastes ; mais il peut se dire le premier qui, dans un sujet de ce genre, ait obtenu, et j'ajoute, mérité, à plusieurs égards, les applaudissements de la nation.

II. Denis Diderot, 'Remarques de M. Diderot sur la tragédie du *Siège de Calais*', in Grimm et al., *Correspondance littéraire*, vol. V (1 April 1765) (Paris: Garnier, 1878), pp. 241–256 (extracts)

With this review, Diderot emerges as one of the rare harsh critics of *Le Siège de Calais*. The philosophe lambastes what he views as de Belloy's moralizing and obvious dramaturgy as well as the simplicity of his characters. Without going so far as to deny the play's public success, Diderot attaches *Le Siège de Calais* to a tradition of 'bas comique' and anti-philosophe works such as Charles Palissot's *Les Philosophes* (1760) and the type of drama enjoyed at Ramponeau's bawdy cabaret, rather than the great dramatic traditions of Antiquity or of the French seventeenth century.

Un des principaux défauts de cette pièce, c'est que les personnages, au lieu de dire ce qu'ils doivent dire, disent presque toujours ce que leurs discours et leurs actions devraient me faire penser et sentir, et ce sont deux choses bien différentes. [...] Au lieu de faire parler ses personnages d'une certaine façon, il aurait dû faire sentir le parterre et c'est eux qu'il fallait dire ces répliques comme : *À ce concours jaloux, On dirait qu'au triomphe on les appelle tous.*[1] Ces vers étaient ceux que je devais penser dans le parterre ; mais c'en était d'autres qu'il fallait dire sur la scène ; ce discours est le mien, et celui que le discours d'Eustache de Saint-Pierre aurait dû me faire tenir, c'est moi qui aurais dû m'écrier : « On dirait qu'au triomphe on les appelle tous. » On passe une fois cette espèce de fausseté à un poète ; mais on ne saurait la lui passer d'un bout de son poème à l'autre. [...]

Le succès de la tragédie du *Siège de Calais* est un de ces phénomènes imprévus et singuliers qu'il serait, je crois, impossible de voir ailleurs qu'à Paris. Cette pièce a fait réellement un événement dans l'État, et depuis *Ramponeau* et la comédie *des Philosophes*, je n'ai rien vu dont le public se soit occupé avec autant de chaleur et d'enthousiasme. Ceux qui ont osé, je ne dis pas la critiquer, mais en parler froidement et sans admiration, ont été regardés comme mauvais citoyens, ou, ce qui pis est, comme philosophes : car les philosophes ont passé pour n'être pas convaincus de la sublimité de la pièce.

III. Melchior Grimm, *Correspondance littéraire*, V (15 April 1765), pp. 256–62 (extracts)

Less attentive to the themes and tensions in de Belloy's dramatic text, Grimm underscores the boisterous, public event caused by the first performance of *Le Siège de Calais*.

La Providence, dont les desseins sont impénétrables, a choisi, de toute éternité, la tragédie du *Siège de Calais* pour marquer l'époque des plus grands événements :

---

1. Saint-Pierre, II. 5.

celui qui s'est passé aujourd'hui à la Comédie-Française sera compté par la postérité au nombre de ces révolutions étonnantes qu'aucun effort de sagacité humaine n'aurait pu ni prévoir ni prévenir. [...] Un orage imprévu éclate presque aussitôt qu'il se forme : une catastrophe subite porte la combustion dans le parterre, dans les loges, dans la salle entière ; et, après avoir fait lever brusquement le *Siège de Calais*, ce feu se répand en dehors de proche en proche avec la même rapidité, se glisse dans tous les cercles, gagne tous les soupers, et communique à tous les esprits une chaleur qui produit un incendie universel : tel, au dire des poètes auvergnats et limousins, le nocher, trompé par un calme profond, se trouve assailli par la tempête sans même en avoir soupçonné les approches. (256-57)

IV. 'Jugement du *Journal des Savants* sur la tragédie du *Siège de Calais*', in *Journal des Savants* (Paris: March 1765), pp. xx-xxi

The author of this critique is an overt partisan of *Le Siège de Calais*: de Belloy's play is not just a manifestation of beautiful patriotism but a call to arms for other authors to take up 'le nouveau genre'.

En général, on peut la considérer sous deux aspects, ou comme la première tragédie française, dans laquelle *on ait procuré à la Nation le plaisir de s'intéresser pour elle-même, ou comme une pièce de théâtre ordinaire*. Sous le premier point de vue, c'est le modèle d'un genre nouveau, du genre le plus utile et le plus intéressant. [...] Combien il est noble et grand d'avoir produit sur la scène deux Nations ennemies et rivales, sans que l'une soit sacrifiée à l'autre, d'avoir montré la vertu dans les fers qui triomphe de son vainqueur sans le braver et sans l'avilir ? Combien il y a eu d'art à nuancer tellement les caractères nationaux, qu'on distingue toujours le zèle français et la liberté anglaise, et que Mauni, héros anglais, ne ressemble jamais trop à aucun des héros français.

V. M. Petitot, 'Examen du *Siège de Calais*', in *Répertoire du Théâtre François ou Recueil des tragédies et comédies restés au théâtre depuis Rotrou*, tome V (Paris: chez Perlet, 1803), pp. 245-50. Mitterrand: YF-5200

In the following Examen — one of the rare detailed analysis of the play in a post-Revolutionary context — Petitot reads *Le Siège de Calais* as an admirable attempt to render patriotism both more prevalent and more democratic in 1765. Arguing that de Belloy was one of the first authors to question the role of the nobility in French society, Petitot chooses to rehabilitate the play as a precursor to the Revolution rather than denigrate the tragedy as a simple example of *Ancien régime* propaganda. Petitot's political analysis of the play is rather progressive; his take on Aliénor's role, however, underlines the gender paradoxes that were at play shortly after the Revolution. The author argues that La Harpe is wrong to criticize de Belloy for staging Aliénor's political beliefs, but at the same time, the author of this *Examen* disparages de Belloy for infusing his lead female character with the typically 'male' sentiment of patriotism.

Examen du Siège de Calais

La perfection des détails dans les ouvrages de génie naît toujours de la grandeur et de justesse des conceptions premières. De Belloy, qui avait beaucoup d'esprit, a connu mieux que personne le secret des petits moyens négligés par nos grand maîtres ; et l'on peut dire de lui qu'il jugeait à la fois chaque scène de ses tragédies et l'émotion que les spectateurs en recevraient. Cette manière de travailler a son avantage dans un siècle où le parterre joue volontiers sur les mots, parodie plus aisément qu'il n'admire : elle prévient les chutes ; mais il est certain qu'elle s'oppose aux succès durables. Il faut à l'auteur dramatique, tant qu'il compose, une confiance illimitée dans ses forces : cet art de tirer parti des moindres circonstances, de calculer tous les effets, peut quelquefois couvrir la faiblesse du poète, sans jamais remplacer le mérite des caractères bien développés et des passions peintes avec chaleur et vérité. Ceux qui ont jugé avec le plus de sévérité le style de De Belloy lui ont accordé le talent assez rare de bien concevoir un plan et de conserver la vraisemblance au milieu de la multiplicité des événements : sous ce double rapport il l'emporte sur tous les tragiques du second ordre qui ont fondé le succès de leurs ouvrages sur les coups de théâtre.

La première idée du *Siège du Calais* est belle, et l'adresse avec laquelle l'auteur a traité son sujet laisse à peine deviner combien il était difficile en mettant des bourgeois sur la scène de les élever à toute la hauteur de la tragédie. Le poète a agi avec beaucoup d'habilité en éloignant le gouverneur de la ville, qui ne pouvait partager le dévouement du maire de Calais sans l'affaiblir, ni en être simple spectateur sans humiliation : il ne fallait pas moins d'art pour mettre l'héroïsme du côté de la bourgeoisie, la trahison du côté de la noblesse, c'est-à-dire pour opposer Eustache Saint-Pierre au comte d'Harcourt, sans choquer la première classe de la nation. Remarquons ici à l'honneur de De Belloy qu'il tira de cette difficulté même un rôle neuf et véritablement dramatique. Harcourt, abandonnant son roi et portant à l'ennemi un grand nom, un grand courage, flattait les souvenirs de ces antiques maisons qui rivalisèrent souvent en puissance avec le chef de la nation ; Harcourt repentant et réduit à envier le sort de sujets fidèles condamnés à périr sur l'échafaud pour avoir trop bien servi leur roi et leur patrie, fait impression sur tous les cœurs : cette combinaison est admirable, et prouve qu'en traitant un sujet national l'auteur sentit qu'il devait par-dessus tout conserver les mœurs et les caractères du temps. Jetez quelques maximes philosophiques contre la naissance au milieu de scènes pareilles, et le pathétique s'évanouira. Nous faisons cette observation pour répondre à Diderot, qui, en admirant le sujet du *Siège de Calais*, affirmait avec son assurance ordinaire que De Belloy n'avait pas su en tirer parti : il est certain que l'occasion était belle pour déclamer contre ce que les philosophes appellent des préjugés ; mais comme les déclamations ont toujours un côté faux, la moindre réflexion aurait suffi pour apprendre aux spectateurs que la prétention d'élever un ordre aux dépens de l'autre était une erreur dans le système monarchique, et une faute contre le bon sens, puisque le roi n'en était pas moins servi fidèlement par toute la noblesse de France, quoiqu'il fût abandonné par Harcourt. Le rôle de ce jeune mécontent reste beau, parce que son repentir naît à l'aspect d'un grand dévouement : il est théâtral parce qu'aucun Français ne l'humilie, excepté Aliénor ; mais c'est une femme, une femme qu'il aime ; et l'auteur, qui n'a tiré aucun parti de cet amour, ne semble l'avoir indiqué qu'afin qu'Harcourt pût écouter des reproches en amant, et non en guerrier : distinction parfaite, et qui confirme ce que nous avons dit de la manière avec laquelle de Belloy calcule toutes les situation de ses pièces.

On a beaucoup critiqué le rôle d'Aliénor ; on ne doit pas oublier cependant qu'une femme seule pouvait conserver toute l'indépendance de son esprit devant le vainqueur de Calais, qui n'aurait sans doute supporté d'aucun habitant de cette ville les objections qu'Aliénor se permet de lui faire. M. de La Harpe trouve déplacé qu'Édouard entre en discussion sur la Loi salique avec cette jeune fille : je crois la critique sévère, si on n'oublie pas que le sujet de la guerre était cette loi même ; qu'elle devait conséquemment occuper tous les esprits ; qu'Édouard en refusant de la reconnaître parce qu'elle nuisait à ses prétentions, était intéressé à nier son existence, tandis que ceux qui se battaient pour Philippe de Valois n'avaient pas un intérêt moins vif à soutenir la légitimé de cette coutume : l'expérience nous a suffisamment démontré que les conversations politiques ne sont étrangères à aucun état, à aucun sexe dans les événements qui embrassent les affections de tous ; et nous croyons qu'il est plusieurs fois arrivé à M. de La Harpe lui-même de parler d'objets plus importants encore que la loi salique avec des femmes de l'âge d'Aliénor, à laquelle d'ailleurs l'auteur ne fait rien dire qui ne soit raisonnablement dans sa position. Mais ce qui est fondé en raison n'est point toujours dramatique ; et on est forcé de convenir que la pièce languit pendant ces discussions politiques, quoiqu'elles ne soient pas déplacées dans un sujet tel que le *Siège de Calais* ; si elles sont froides, si elles nuisent à l'intérêt, c'est la faute de l'auteur qui na mis que du raisonnement, de l'exaltation patriotique où il pouvait mettre de la sensibilité. Cette observation nous conduit à faire remarquer dans le rôle d'Aliénor un véritable défaut, et le seul qu'on ne lui ait pas reproché ; il est trop mâle : en général on n'aime point à voir les femmes vaincre si aisément la faiblesse naturelle de leur sexe ; et nous croyons qu'Aliénor serait bien plus intéressante si, au lieu de braver Edouard, elle eût cherché par des pleurs à sauver les victimes, et si le sacrifice de son amour lui coûtait plus de regrets. La grandeur d'âme chez les femmes ne paraît jamais plus étonnante et plus dans la nature que lorsqu'elle nait en elles du désespoir même de ne pouvoir triompher par la douceur : Racine est le premier de nos poètes tragiques qui ait su tirer parti de cette observation. L'enthousiasme patriotique d'Aliénor égale l'enthousiasme des héros de la pièce : c'est un défaut ; l'esprit cesse de regarder comme extraordinaire ce qui peut être si facilement le partage de plusieurs. Le moment où Harcourt vient dans la prison prendre la place du fils d'Eustache Saint-Pierre est d'un grand effet, et le dialogue a toute la chaleur qu'exige un pareil dévouement : le retour des bourgeois offre une des plus belles situations qu'il y ait au théâtre. On a prétendu que dans cette pièce l'intérêt était partagé : cette critique n'est pas fondée, puisque tous les rôles, quoique nombreux, ont une liaison intime avec le sujet de l'ouvrage, et qu'ils servent par des moyens différents à faire ressortir l'héroïsme des principaux personnages.

Le style offre souvent des beautés, mais il est inégal. L'auteur s'était fait un système de renfermer beaucoup de choses dans peu de vers ; ce qui le rend dur lorsqu'il réussit, et ne sert qu'à le faire paraître plus diffus lorsque l'expression juste lui manque. En prenant pour épigraphe ce passage d'Horace, « Vestigia graeca Ausi deserere, et celebrare domestica facta, » de Belloy n'aurait dû oublier que le poète latin ajoute : « Et peut-être l'Italie ne serait-elle pas moins célèbre par les ouvrages d'esprit que par la valeur et les armes, s'il n'en coûtait trop à nos poètes pour se donner la peine et le temps de limer leurs écrits ». Pour balancer la gloire des maîtres de la scène, il ne suffit pas de prendre des sujets français ; il faut atteindre à la perfection de leur style : mais le premier but de l'auteur, ainsi qu'il le dit lui-même, fut d'offrir à la nation le plaisir de s'intéresser pour elle-même. Il est beau de concevoir un pareil projet, et de l'exécuter de manière à mériter l'estime de ses contemporains et de la postérité. »

VI. Tobias Smollett, 'Foreign Article: *Le Siège de Calais*', in *The Critical Review; or, Annals of Literature*, vol. 19 (London: Society of Gentlemen — A. Hamilton, 1765) (extracts)

De Belloy's *Le Siège de Calais*, a play in which tensions between the English and the French found their way to the Comédie-Française, first made its way across the Channel with several English translations during the spring of 1765.[1] Tobias Smollett (1721–1771), a versatile historian, doctor, critic, philologist, poet and novelist, wrote a scathing critique of the play as editor of the *Critical Review* in 1765. In the following excerpt, Smollett paints an overwhelmingly negative picture of *Le Siège de Calais*, arguing that it is cold, implausible, and deeply xenophobic. The author deplores de Belloy for his 'misunderstanding' of English history and for his use of 'bizarre' and out-of-place tirades. The Scottish critic, however, underlines certain moments of 'French beauty' in the play as well as the 'patriotic aspect' — the most successful part of the tragedy. But even de Belloy's patriotism, according to Smollett, turns sour, due to the author's claim that patriotism is a wholly French sentiment. Smollett's critique is understandable,

---

1. See pp. 158–59 for the Preface to the first English translation of *Le Siège de Calais*.

given the political context of the time; this excerpt is perhaps less interesting when read as just a lambasting of de Belloy's play than as a demonstration of how dramatic texts circulated during the Enlightenment. Smollett's review shows the powerful impact of *Le Siège de Calais* on an international level, and even, in a country that de Belloy critiques at times in his tragedy. As a translator of Cervantes and of numerous French authors, Smollett was a true comparatist and an eager reader of French literature and historical writing, despite, in this case, his strong critique of de Belloy and some overly patriotic (according to the Scottish polymath) French historians.

Had this play appeared merely as a dramatic performance, its plot and characters might have passed unnoticed among the other numerous monuments of French vanity; but when it is mentioned as meriting the patronage of that government, on account of the justice that the author does to the English nation; when it is mentioned as a reconciling piece, and, as such, liberally rewarded by Royalty itself; when the author plumes himself, as he does in his preface, on the favours showered down upon him by the French king and people, we are to estimate from that, the comparative ideas which the present French court and nation form between their own virtue and valour, and that of the English. The story on which the play is founded is ancient, but the application of it is confessedly modern; nor can we think that a true Englishman can look upon it in any other light than as a wilful misrepresentation of history, that the author may give his countrymen at once the highest contempt and detestation of the English, and impress them with the strongest veneration for the virtue and courage of their own ancestors.

We are perhaps not to blame a Frenchman for a conduct like this, at the close of a war which overwhelmed their country with loss, shame, and confusion; but to pretend that the author does the smallest justice to the English king and nation, and that he does not degrade them, even to infamy, is offering an insult to the understanding of the public. The author, M. de Belloy, observes, in his Preface, that strangers enquire, how it is possible that a people, who for above a century have excelled all others in the dramatic art, never should have dipped into its own history for theatrical subjects. While (continues he) most of the English tragedies are taken from the history of England. The glory of England's having produced a Shakespeare and an Otway, renders M. de Belloy's vaunt of France's superiority in the dramatic art ridiculous as well as false; and we know no poet of great note, excepting Shakespeare, who founded his plays on the English history. But how very different are the writings of that fun of genius, from those of M. de Belloy! Though we could mention fifty speeches in Shakespeare's historical plays, each of them of more value than all that the French theatre ever produced, yet he never deviates from history. His kings, his heroes, his men, his women; their actions, their virtues, and their vices, are the same as they come from Hollinshead, Grafton, Hall, and other ancient writers. If any of his scenes are embellished with

APPENDIX III 177

fiction, it is such as he has either borrowed from history, or such as can have no manner of effect in prejudice to the French nation.

How much is M. de Belloy's conduct the reverse of this! His play opens with two capital misrepresentations, to prepossess the readers and spectators against English valour. Two of his patriots, Eustache de Saint-Pierre and Amblétuse, are left to command in Calais, in the absence of the count de Vienne, its governor, who is supposed to be gone to assist in raising the siege, and is attended by the son of Eustache, a brave young man. While they are every hour expecting the event, Saint-Pierre bewails the revolt of Godfrey d'Harcourt (who in fact is the hero of the piece) from his natural sovereign, the French king; and, to prepossess his readers, he tells them, that the conquest of France by the English was owing to this Frenchman.

'La France doit sa perte aux talents d'un Français'.[1]
France to a Frenchman's courage owes her ruin.

That a Norman of the name of Harcourt was in Edward's army is true, and that he served under the prince of Wales; but we know of nothing that distinguished him from the other officers who attended that great conqueror, he being but just mentioned in the lift of commanders before the battle. At the battle of Cressy he is afterwards said to have been seized with remorse of conscience for fighting against his country; but Mr. Barnes, in his Life of Edward III very justly observes (p. 361) that he afterwards not only lived in good correspondence with that king, but actually lost his life in his service.[2]

The next expedient our author makes use of for depreciating the valour of the English is, that they brought a huge train of brass cannon to the field, and that the French were even ignorant of the use of gunpowder. Says Saint-Pierre,

'Eh! Que peut désormais tout l'effort d'un grand cœur
Contre les noirs volcans d'un airain destructeur,
Qui semble renfermer le dépôt du tonnerre,
Et dont le seul Anglais effraye encor la terre'.[3]

Against those brazen Vulcans of the field,
That hold the stores of thunder, which the English
Alone command, and therewith shake the world,
All valour must be vain.

Thus, according to our poet, the English had the same advantage over the French, that the Spaniards had over the Americans. Now the truth is, that it does not appear from any ancient writer (for Mezerey is but a modern one) that

1. Saint-Pierre, I. 1.
2. Joshua Barnes (1654–1712), *History of that Most Victorious Monarch, Edward III* (London: J. Hayes, 1688).
3. Saint-Pierre, I. 1.

Edward fired a singe cannon in this siege; and it can be proved from undoubted records, that when great guns came into use, the French were more early acquainted with them than the English. We are somewhat at a loss to know what the poet means when he calls artillery

> 'Monument infernal d'un siècle d'ignorance,
> Où l'art de se détruire est la seule science'.[1]

> Hellish invention of a barb'rous age,
> Stranger to all the arts, but those of murder.

While this conversation is passing between the two French patriots, they are appalled, by a sudden silence from without the walls; from which they conclude that their king and his army had been repulsed in their attempts to relieve the city. While Ambletuse goes out to know the truth, Alienor, the daughter of Vienne, (who is supposed to have been contracted to Godfrey d'Harcourt, when the unworthy treatment he met with at court made him throw himself into the arms of the English) enters in tears, and confirms his suspicions of the French having been defeated by those villainous instruments of war. The loyal Harcourt, Godfrey's brother, is killed, the king is wounded, and her father a prisoner.

> 'Nos braves (says she) chevaliers, et mon père à leur tête,
> De cent globes de fer ont bravé la tempête'.[2]

> My father led our Frenchmen on, and flood
> The iron entrails of an hundred canon.

No wonder then the French did not succeed, and that they were completely vanquished. Saint-Pierre then learns that his son had behaved very bravely; and it gives him great pleasure when he hears that he was wounded and carried off by his soldiers.

> 'Il respire! et son sang a coulé pour la France!
> Double faveur des cieux qui se répand sur moi!
> J'ai donc un fils encore à donner à mon roi !'[3]

> He lives! and he has shed his blood for France!
> Thanks, gracious heav'n, for this thy double favour!
> That I have yet a son to give my king!

Alienor, who, according to the poet, is the only fictitious character in the play, shows a becoming concern for her father, whom she is afraid that Edward, who pretends to be lawful king of France, may put to death as a rebel; but she is comforted by the hopes which Saint-Pierre has in the virtues of Godfrey d'Harcourt, who is Edward's favourite, and general, and is here remembered by

---

1. *Ibid.*
2. Aliénor, I. 3.
3. Saint-Pierre, I. 3.

Alienor with a mixture of indignation and concern. In the fifth scene, young Saint-Pierre, who is here called Aurele, having rallied his men, and repulsed the English general Mauni, throws himself into the town, and appears upon the stage. He gives an affecting account of the loyal Harcourt's death; and that he himself had been wounded by Godfrey, who saw his brother in the agonies of death.

In the sixth scene, Saint-Pierre, who by the bye is the mayor of Calais, makes a long harangue to his fellow-citizens, in the old strain of French valour, and English unmerited good fortune. He shows them their own miserable situation, but exhorts them to perseverance and loyalty. Speaking of his own king, he says,

'Nous mourrons pour le roi, pour quoi nous vivions tous'.[1]

We live for him, and for him let us die.

He is seconded by Alienor, who advises them to make a funeral pile of their city, and throw themselves into it, promising to show them the example, rather than stand the consequence of a storm. Aurele praises her resolution; but is checked by the thoughts of his aged father's death. Saint-Pierre stops him as he is going out to put the fatal advice into execution. He then proposes that Ambletuse should go to the English camp, and offer to surrender Calais and all its riches to Edward, provided the inhabitants are suffered to repair to their king.

The second act opens with a soliloquy of Godfrey d'Harcourt, who appears to be haunted by the remembrance of his brother's death, the remorse of his own conscience, and his love for Alienor; all which concur in driving him to Calais; where he sends an English officer to Alienor. She believes Harcourt to be an English Lord, sent by Edward to make some proposals concerning her father. Harcourt then discovers, and throws himself at her feet, stands the tempest of her indignation, and tells her that Edward respects her father. Overjoyed at this news, she is about to retire; and Harcourt practices the stale trick of laying his hand upon his sword, and threatening to run himself through the body if she does not hear him: an animated and indeed interesting conversation follows. Harcourt promises by his future conduct to make amends for his apostasy; and she consents to pardon him if he makes good his promise. In the next scene, lord Mauni, Saint-Pierre, and the other Calisians, appear upon the stage. He treats them as rebels; but tells them, Edward rejects every other condition of surrender but that of putting into his hands six citizens, who are to be put to death by the executioner. Aurele takes fire at this proposal, and resumes Alienor's scheme of the funeral pile, to which the Calisians seem to agree, when they are stopped by Harcourt, who promises either to mollify Edward, or to mingle his blood with that of the unhappy victims.

Upon the departure of Harcourt, Mauni acquaints the Calisians with Edward's inflexibility, and gives the following reason for it:

1. Saint-Pierre, I. 6.

> 'Il croit qu'en ce moment la rigueur tyrannique
> Est une loi d'état, un devoir politique :
> Et je crains que d'Harcourt l'impétueux courroux,
> En voulant vous sauver, ne le perdre avec vous'.[1]
>
> The time he thinks demands a tyrant's fury;
> True policy — the laws of state, require it;
> And much I fear, from Harcourt's hasty spirit,
> That, pleading for you, he may share your fate.

The Calisians, by Ambletuse and Alienor's advice, are again running into desperate measures, when Saint-Pierre offers himself for the first victim; his son claims the honour of being the second; Ambletuse succeeds, and the number is soon complete. They deliver up their swords to Mauni, who sheds tears at so affecting a scene; and informs Alienor, that Edward expects to see her, and that possibly she may prevail with him to spare the prisoners. Upon this, Alienor, turning to Saint-Pierre, says,

> 'Que veut-il de moi?
> Magnanime héros, je te donne ma foi
> De ne point consentir à racheter ta vie,
> Que par des actions que ta grande âme envie'.
>
> SAINT-PIERRE.
> 'Ah! voilà la vertu que sied à votre cœur :
> Bravez plus que la mort, en bravant le malheur'.[2]
>
> ALIENOR.
> What can his meaning be? — O gen'rous hero!
> Never shall Alienor they safety purchase,
> But by some glorious act, thy self must envy.
>
> SAINT-PIERRE.
> There spoke the virtuous heart — To face misfortune
> Is more than facing death.

The third act introduces Edward, attended by Harcourt, his officers and guards. Edward opens the scene by a swaggering speech in the perfect character of a royal bully. Being left alone with Harcourt, he acknowledges that he not only owed to him the reduction of Calais, but the education of his son, the Black Prince. He then draws a pedantic comparison between the two governments of England and France. He represents the subjects of the first as somewhat worse than monsters, and their history the most infernal we can conceive; he then proceeds,

> 'Mais que voyais-je en France ? Un roi, maître suprême,
> En qui vous révérez la divinité même :
> Des grands, que son pouvoir a seul rendu puissants,

---

1. Mauni, II. 5.
2. Conclusion of II. 5.

Du bras, que les soutient appuis reconnaissants :
Un peuple doux, sensible — une famille immense,
A qui le seul amour dicte l'obéissance ;
Qui laisse tous les droits à son père asservis,
Sûre qu'il veut toujours le bonheur de ses fils.'[1]

How different France! a king is sovereign here,
Honour'd as a divinity — his nobles
Repay, obeying him, the power he gives them ;
And mutual strength accrues to prince and subject.
The people sensible, their manners soften'd,
Form but one family, where filial love
Lays all their rights at their fond father's feet.
And sees him happy when he knows they're blest.

Edward then makes an encomium on the happiness of Philip of Valois having such subjects; and nothing can be more evident than that the poet means the contrast should be applied to present times. Tho' Edward perseveres in his barbarous resolution, he paints the loyalty and constancy of the Calisians, when they left their city, in very lively terms. This is perhaps the most picturesque part of the play, and approaches the nearest to what a great English poet would have said on the occasion.

'Ce que je viens de voir met la rage en mon cœur.
Ce peuple de mourants, ces déplorables restes
Des foudres de la guerre et des fléaux célestes,
Conservaient leur fierté dans des yeux presqu'éteints ;
Sous la pâleur encore leurs fronts étaient sereins :
Leur joie a consterné mon armée immobile ;
Ils semblaient triompher en fuyant de leur ville ;
Un seul tournait vers elle un regard désolé ;
On lui nomme son roi, je le vois consolé.'[2]

Oh Harcourt, I have seen — but 'tis too much —
Too humbling for my swelling heart to bear —
Those living ghosts, those woeful crawling remnants,
Sav'd from the thunders of devouring war,
And ev'ry scourge that angry heav'n inflicts;
Their eyes with pride and haughty indignation
Thro' their dim halls and wasted sockets beam'd,
Serene was ev'ry brow, tho' wan their cheeks —
Their constancy with consternation struck
My dauntless troops — they thought themselves defeated
At seeing thus the triumph of the exiles;
One cast a longing look behind — his king
Was nam'd — I saw him comforted and happy.

1. Edouard, III. 2.
2. Edouard, III. 2.

The third scene of this act begins with an insult upon all decency and common sense; for it introduces the victims to the presence of Edward, who scolds and upbraids them in the true Billingsgate style,[1] while the brave French behave with their usual spirit and tranquillity. Harcourt intercedes for them, claims their pardon, and informs Edward of his remorse. The English monarch inclines to mercy, that he may retain Harcourt in his service; but Saint-Pierre aloud dissuades him from complying; upon which he and his fellow-citizens are ordered to prison till their doom is fixed. Edward sends for Alienor, with a mean as well as impolitic view, to detain in his service a man who declares he detest it, and has given the most convincing proofs of unfeigned repentance. An interview between Edward and Alienor next succeeds. He offers to gratify her with every object of love, duty, and ambition, and to make Harcourt Viceroy of France, if he will accept it. She disdains all his wheedling; and Edward enters with her upon a heavy detail of his hereditary right to the French crown. She answers him from history and heraldry, and raises his passions to such a pitch, that he orders his guards to prepare the scaffold. Harcourt interposes; and Alienor goes out, comforting herself with the hopes of raising a sedition in his army. The two lines she pronounces on leaving Harcourt are fine:

'Songe si de la mort ton bras ne les délivre,
Que tu m'as fait serment — de ne leur point survivre.'[2]

If your valour cannot save them,
Remember you have sworn not to survive.

Edward and Harcourt quarrel; and when the latter is left alone, after some gloomy reflections, he resolves to share the fate of the victims.

The fourth act presents the scene of a prison which contains Saint-Pierre and his companions, who philosophize with one another like true patriots. Mauni enters, and tells them that he is deputed by the English officers to offer them their services. This introduces an encomium upon English humanity from Mauni, who tells them that Edward's queen, whom he calls Isabel, had, at Alienor's request, undertaken to plead their cause; and that she was to be seconded by the Prince of Wales. Alienor enters to take her last leave of the prisoners, and informs them that the Queen's and Prince's intercession had been rejected by the barbarous king. Mauni departs, to labour with the army for their safety; and Alienor, after a long conversation, leaves the prisoners. While they are preparing to go to the scaffold, Harcourt enters with a pardon for young Saint-Pierre, but hints that another (meaning himself) was to supply his place at the block. Aurele refuses to leave his father; and Saint-Pierre advises Harcourt to live for the service of his

---

1. Billingsgate, a modest neighbourhood in the southeast City of London, was known for its markets and criers during the eighteenth century.
2. Aliénor, III. 5.

king and country; but he, being disappointed, departs in a rage; when the officers come to conduct the prisoners to execution.

The fifth act begins with a conversation between Edward and Mauni. Edward consents to treat with Saint-Pierre before his death, but endeavours to win over him and his companions to be his friends, by persuading the miserable Calisians to return to their city. Saint-Pierre persists in his loyalty and patriotism; but is touched when Edward threatens that his son shall be put to death before him, and in his sight. Edward once more commands Mauni to lead the prisoners to execution. They are stopped by Alienor's entering with a herald at arms from the French king, who, on the part of his master, presents Edward with a challenge to fight him. Edward is so much overjoyed at this, that he orders the herald to be nobly rewarded, and the prisoners set at liberty. In that instant enters Melun, a French nobleman, and tells Edward, that Philip's army and people were resolved he should not execute his challenge, because neither his person nor his crown were at his own disposal; and that he could not dispose of his kingdom to a foreign prince. The end of his speech is as follows:

> 'La loi que fait le prince est au-dessus de lui !
> Quand vous immoleriez Philippe et ses fils même,
> Vainement votre front attend son diadème :
> Tout le sang des Capets coulât-il par vos coups,
> Les derniers des Français ont des droits avant vous,
> Je parle au nom des grands, du peuple et de l'armée :
> Mes devoirs sont remplis'.[1]

> The law which makes the monarch, is above him.
> Tho' Philip and his son should bleed beneath
> Your sword, their crown could never fall on you.
> Let all the race of Capet be extinct,
> The meanest Frenchman has a better right
> To France's throne than Edward can produce.
> Our nobles, people, soldiers, speak through me ;
> And here my charge is ended.

Upon Melun's departure, Edward falls into a Drawcansir-like frenzy,[2] menaces destruction to France; Mauni threatens to leave him; and Alienor upbraids him. Harcourt enters to tell Edward, that, according to his orders, he had saved his prisoners from death; that they were then near the French camp; and that he had imposed upon them as well as the guards, by publishing that the herald had brought their ransom; upon which they departed, even before Melun had left Edward's presence. At the same time, Harcourt offers his own life as an

---

1. Melun, V. 4.
2. Reference to the main character of the *Rehearsal*, a satirical play written by Lord Buckingham against John Dryden (1671). In this play, the soldier Drawcansir kills each character he meets, but only after first making a longwinded tirade.

atonement for what he had done. The prisoners appear again before Edward, informing him, that Melun had told them of the trick that had been put upon them as well as him; and they again offer him their heads. We are now to behold them, once more, going to execution, when Aurele intercedes for his father; desires Edward to remember the fate of his own; and asks what his sentiments would have been, if he had thrown himself before the judge, when the cruel irons were entering his father's body, to implore mercy, and had found that judge fierce and insensible like a tiger? Edward touched by this reflection, exclaims,

> 'Où suis-je? et quel murmure,
> Quels cris attendrissants jette en moi la nature !'

ALIÉNOR.
Ah! Seigneur, gardez-vous d'en étouffer la voix ;
Le monde est trop heureux quand elle parle aux rois.[1]

EDWARD.
Where am I? — Sure the tender voice of Nature
Wakes in my soul, and touches all its feelings.

ALIÉNOR.
O hear her, Sir, for mankind is too happy
When Nature speaks to kings.

The last is a fine sentiment, and perhaps the only original one in the play. Edward is conquered, makes peace, pardons the Calisians, joins the hands of Harcourt and Alienor, is again himself, and the play ends.

With regard to the merit of the poet (excepting the dramatic traps, which Mr. de Belloy has a peculiar art of contriving) we cannot place him in the rank of a second-rate English poet. The patriotism of his Calisians falls short of that of Cato;[2] and though it is evident that the Siege of Calais is formed upon Hughes's Siege of Damascus, yet it is not comparable to the English play in character, sentiment, or any other dramatic excellency.[3] All Mr. de Belloy's characters, excepting that of Edward, preserve a dead uniformity with each other. That of Edward is of the most unamiable kind. He is proud, tyrannical, mean and cruel at the same time, the only humane offer he makes to the Calisians being founded on mercenary motives. He has none of the starts of generosity that ought to

---

1. V. 2.
2. This is probably less of a reference to the Roman Cato than a comparison to Joseph Addison's tragedy, *Cato* (1712). A play with deep republican themes, Addison's *Cato* was a success in England as well as in the American colonies during the eighteenth century. For more information on Addison's tragedy, see its most recent edition: *Cato: A Tragedy, and Selected Essays*. Ed. Christine Dunn Henderson et Mark E. Yellin (Indianapolis, IN: Liberty Fund, 2004).
3. Reference to John Hughes's *Siege of Damascus* (1720). There is however no evidence that de Belloy read this play.

characterize a brave but despotic prince. We shall give, from the English history, one instance of what we mean. Richard I took prisoner a brave French general, who seemed to think that, if he was free, he could render his master victorious. Richard hearing this, instead of bribing him with good offices, as Edward does Harcourt, returned him his sword, and bade him go back to his master's service, that he might perceive his mistake.[1]

Mr. de Belloy, in his Preface, makes a long apology for turning the catastrophe of his piece on a point that contradicts history, i.e. Aurele reminding Edward of his own father; and justifies himself by the example of Achilles being moved by a like circumstance, to give up Hector's body to Priam. "This, says he, is Nature. Homer was her greatest painter." Shakespeare painted her better than Homer or any writer that ever lived; but he took truth for his pencil; nor did he venture to alter the smallest circumstance of history when Coriolanus was prevailed on by his mother to drop his design against Rome — when we recollect that Frenchmen and a French woman were the agents in Edward's deposition and murder, the third Edward's relenting seems to proceed rather from caprice and weakness than nature.

The principal excellence of this play consists in the sentiments of loyalty and patriotism expressed by the Calisians; but they are French sentiments. Their patriotism is subordinate to their loyalty, and would be rational if history never had produced an influence of a tyrant in France as well as other countries. There is a studied smartness of dialogue, which this author gives his personages, even in their deepest distress. This is as puerile as the conduct of his piece, where the surprise we meet with in disposing the fate of the prisoners is even ludicrous.

---

1. This is perhaps a reference to Aimar of Limoges, who rebelled against Richard the Lionheart in 1198.

APPENDIX IV

De Belloy's Election to the Académie française

De Belloy entered the Académie on 9 January 1772, just three years before his death in March 1775. De Belloy was elected as more of a 'poète de la Nation' than as a 'poète de l'humanité', and his fellow *académiciens* were apparently divided over the author's merits. According to Jean-François de La Harpe, de Belloy 's'apperçut que le vœu de la cour l'y portait bien plus que le vœu des gens de lettres [et] sa réception fut froide et solitaire' — a sentiment echoed in Charles Batteux's welcome address (see p. 195).[1] Following tradition, de Belloy dedicates most of his speech to the memory of his predecessor to the Académie's 34th chair, Louis de Bourbon, comte de Clermont. De Belloy was well poised to 'faire l'éloge' of somebody like Clermont, who, like the poet himself, gained notoriety by serving his country and his king. Following the model of his own pro-monarchical positions in *Le Siège de Calais*, de Belloy sycophantically praises the purity of Bourbon's lineage and underscores the general's military successes and dedication to his King. De Belloy then provides a glorified history of the French monarchy, discussing the magnitude of actions by the Bourbon family, while at the same time, maintaining a relatively humble tone about his own works. De Belloy indicates here that, like the military General Clermont, he had hoped to be remembered more as a 'humble serviteur' and 'soldat' than as the inventor of a new literary genre.

Reprinted from *Discours prononcés dans l'Académie française, le jeudi ix janvier M.DCC.LXXII à la réception de m. de Belloi* (Paris: Regnard et Demonville, 1772).

Réception de M. de BELLOY à l'Académie française

DISCOURS PRONONCÉ DANS LA SÉANCE PUBLIQUE

le jeudi 9 janvier 1772

PARIS, LE LOUVRE

M. de BELLOY ayant été élu par Messieurs de l'Académie Française, à la place de S. A. S. Monseigneur le Comte de CLERMONT,[2] y vint prendre séance le Jeudi 9 Janvier 1772, et prononça le discours qui suit.

---

1. Jean-François de La Harpe, *Correspondance littéraire, adressée à son Altesse Impériale M. le Grand Duc, aujourd'hui Empereur de Russie et à M. le comte André Schowalow, chambellan de l'Impératrice Catherine II* (Paris : Migneret, 1804), p. 114.
2. Louis de Bourbon Condé, comte de Clermont (1709-1771), was a nobleman, ecclesiastic,

Messieurs,

Quel prix plus noble pourrait satisfaire l'ambition d'un Homme de Lettres passionné pour le véritable honneur, que de se voir admis dans cette compagnie célèbre qui préside à la littérature française, et qui choisissant elle-même les écrivains qu'elle veut associer à sa gloire, les présente à la nation de l'aveu même du monarque ! Tel est le bienfait qu'une excessive indulgence a pu seule m'accorder. J'aime à me le retracer dans toute son étendue, pour bien connaître celle des devoirs qu'il m'impose : et quand on prend plaisir à se faire un tableau fidèle des dettes de son cœur, c'est que l'on sent un désir sincère de pouvoir les acquitter. Souffrez, Messieurs, que mes actions de grâces se partagent entre le public et vous.[1] Les bontés qu'il m a prodiguées, vous ont paru des titres de faveur qui m'exemptaient de la rigueur ordinaire de vos jugements. Combien il m'est doux de devoir mon bonheur à cette nation qui m'est si chère, et de pouvoir lui offrir dans le zèle que je lui ai témoigné, un gage de la reconnaissance que je lui promets !

Une circonstance unique, et qui manquait à vos fastes, peut faire regarder le moment où vous daignez m'adopter comme une des époques les plus intéressantes pour les Lettres. Obscur citoyen, né loin des grandeurs et oublié de la fortune, je remplace parmi vous un prince du sang de nos Rois ! Fut-il jamais un exemple plus éclatant de cette précieuse égalité, l'âme de toute société littéraire ? C'est ici que des ministres, des généraux d'Armée, des pontifes, des princes, viennent goûter, dans le sein des arts, la douce satisfaction d'oublier leurs titres, jouir de la liberté de n'être qu'eux-mêmes, et quelquefois le consoler de leur grandeur.[2] Fatigués des respects et des hommages qui n'appartiennent qu'à leurs noms et à leurs dignités, ils cherchent dans l'assemblée des sages, dans le sanctuaire des muses, la considération personnelle qu'on obtient par les vertus, et cette distinction si flatteuse qui récompense les talents. Mais en s'honorant eux-mêmes, ils anoblissent les arts : et c'est un échange de gloire, où l'on ne peut guères déterminer de quel côté est l'avantage.

military general, and patron of the arts. Sainte-Beuve writes that the comte de Clermont was a 'personnage est curieux à connaître : prince du sang, abbé, militaire, libertin, amateur de lettres ou du moins académicien, de l'opposition au Parlement, dévot dans ses dernières années, il est un des spécimens les plus frappants, les plus amusants à certains jours, les plus choquants aussi (bien que sans rien d'odieux) des abus et des disparates poussés au scandale sous le régime de bon plaisir et de privilège'. Charles-Augustin de Sainte-Beuve, *Les nouveaux lundis* (Paris, 1865), reprinted in "Louis de Bourbon", website of the Académie française: www.academie-française.fr

1. De Belloy's distinction between 'le public' and the members of the Académie underscores the author's 'inclusive' definition of his audience.
2. Although de Belloy never envisioned a political democracy for France, he seems to have believed in the democratizing value of *Les Belles lettres*. De Belloy praises the Académie for being a diverse group of nobles, clergymen, and 'simple citizens' like the author himself.

S.A.S. Monseigneur le comte de Clermont sentit ce besoin réciproque des hommes d'État et des gens de Lettres : il voulut être le premier prince du sang qui fît aux muses françaises un honneur digne d'elles, et plus digne encore d'un Bourbon. Il ne fut arrêté, ni par les murmures d'un vain préjugé, ni par les prétendues lois de l'étiquette, tyran que les courtisans ont donné aux Princes et aux Rois. En effet quelle raison aurait pu lui faire dédaigner de se retrouver au milieu des hommes célèbres qu'il admettait dans son palais, et des grands avec lesquels il vivait à la cour, ou servait dans les armées ? N'avait-il pas vu son Roi, le chef de son auguste maison, venir se déclarer votre protecteur, et honorer de sa présence cette assemblée respectable ? Ne savait-il pas que le souverain du plus vaste empire du monde, le czar Pierre-le-Grand, s'était glorifié d'être membre d'une Académie des Sciences formée et gouvernée par un autre monarque? On peut donc dire hautement, d'après l'Europe entière, que cette démarche de M. le comte de Clermont honora tout-à-la-fois et le Prince qui la fit, et le corps qui en fut l'objet, et le Roi qui la permit.

Dès sa plus tendre jeunesse, M. le Comte de Clermont avait chéri et favorisé tous les arts : mais son goût pour eux n'était point une passion qui lui fît négliger les devoirs de son rang, et dérober à la patrie un seul des moments que lui doivent ceux qui font nés pour la défendre. Ce Prince peut être proposé comme un modèle à notre jeune noblesse, que l'on excite quelquefois à renoncer aux emplois utiles, pour ne se livrer qu'aux études agréables, à faire son unique occupation de ce qui ne doit être que son délassement. Eh ! quel Gentilhomme peut ignorer que, dans les titres donnés à ses aïeux par la patrie, l'engagement de la servir est héréditaire comme les biens et les dignités !

Si le Prince que nous regrettons aima tous les arts, il n'en cultiva que deux, les arts des héros et des Condés, les armes et les Lettres. Dans la littérature, il s'attacha particulièrement à la connaissance des principes et des délicatesses de notre langue, devenue la langue universelle des cours de l'Europe. Il crut que ce devait être la première étude d'un Prince français, puisque c'est la seconde de tous les princes étrangers. Aussi était-il parvenu à écrire, à parler avec une pureté d'expressions qui prêtait un nouveau lustre à la noblesse de ses pensées.

Il fit ses premières armes sous les Maréchaux de Barwick et d'Asfeld, au pied des remparts de Philipsbourg. Ce fut là qu'il apprit ce grand art des sièges, dans lequel aucune nation ne nous dispute la supériorité, et dont il déploya bientôt les secrets devant la citadelle d'Anvers, et surtout devant les châteaux de Namur. Ce redoutable amasser de rochers et de Forts entassés par la nature et l'art, avait arrêté Louis XIV pendant un mois entier : six jours suffirent à M. le comte de Clermont pour s'en rendre maître.

Rien ne peut donner une idée plus avantageuse de ses talents militaires, que la pleine confiance avec laquelle le Maréchal de Saxe le chargeait toujours des opérations les plus importantes. Il semblait que ce Grand-Homme eût trouvé le génie dont il avait besoin pour entendre et seconder le sien. Dans les sanglantes journées de Raucoux et de Lawfelt, il choisit M. le comte de Clermont pour conduire les attaques décisives.[1] L'héritier des Condés s'y comporta en Général et en Grenadier. L'intrépide Maurice trembla plus d'une fois pour les jours du Prince, et n'eut pas un moment d'inquiétude sur la victoire.

N'oublions pas, en rendant justice au talent avec lequel M. le comte de Clermont saisissait les grandes vues de son Général, n'oublions pas de rappeler des vertus plus essentielles et plus rares; sa fidélité scrupuleuse, son zèle ardent et désintéressé dans l'exécution des projets qui lui étaient confiés. Jamais il n'eût entrepris, ni même imaginé, d'augmenter sa gloire personnelle en compromettant celle du chef de l'Armée, encore moins en hasardant la destinée de l'État. Ah ! Messieurs, lorsque dans la Guerre suivante, M. le comte de Clermont commanda en chef, s'il eût été servi comme il avait servi Maurice, que la France pourrait ajouter de lauriers à ceux qu'elle sème sur la tombe de ce généreux Prince !

Offrons-lui d'autres tributs moins brillants, mais plus doux ; ceux que l'humanité doit à ses bienfaiteurs. Il portait dans les camps et au milieu des horreurs de la guerre, une bonté compatissante qui faisait toujours retrouver l'homme dans le héros. Il connaissait l'amitié, premier plaisir des belles âmes : il avait su l'attirer et la fixer auprès de lui cette fille de l'égalité, elle que la grandeur et surtout le voisinage du trône effarouchent et intimident. Que dis-je ? ce n'est point à la Cour de Louis qu'elle peut se croire étrangère : ce monarque montre aux autres souverains le véritable secret de faire régner l'amitié dans leur Cour ; c'est de commencer par la faire habiter dans leur cœur. M. le comte de Clermont fut l'ami de son Roi ; et ce titre suffirait pour son éloge : il eut des amis parmi vous, et ce titre ne leur est pas moins glorieux. Ils savent combien il chérissait la douce familiarité qui rapproche les âmes en faisant disparaître les rangs, et dédommage de la dignité par le bonheur. *Venez*, écrivait-il à d'anciens officiers de son régiment, *l'amitié vous attend à bras ouverts ; venez voir un bon gentilhomme dans son château* : car il prisait infiniment ce titre de gentilhomme, depuis qu'il l'avait su mériter dans les tranchées de Namur et de Philipsbourg. Cependant, avec ses inférieurs, il se souvenait souvent qu'il était Prince ; mais c'était pour sentir que l'amitié lui imposait plus de devoirs, parce qu'il avait plus de moyens et plus d'occasions de la servir.

Parlerai-je de sa libéralité inépuisable envers les malheureux ? Il ne se bornait pas à soulager l'extrême indigence, qui, par une longue habitude de souffrir, se contente de peu de secours : il les prodiguait à ces citoyens honnêtes qui n'ont pas toujours été pauvres, et dont une aisance passée a multiplié les besoins. Il avait loué, autour de la retraite qu'il s'était choisie, plusieurs maisons considérables, où il recueillait une multitude de familles infortunées dont son cœur était le

---

1. These were strategic battles in the War of Austrian Succession (1740–1748). The Battle of Rocourt, for example, brought about the end of Austrian presence in Holland and allowed the French to move into Liège.

premier asile. Sa bienfaisance infatigable faisait chercher dans les réduits les plus obscurs, ces vénérables victimes de l'Honneur qui préfèrent la mort à la honte de révéler le secret de leur misère. Avec quelle délicatesse il ménageait leur noble pudeur, leur fière sensibilité ! On voyait un Prince qui rougissait d'offrir, et dès lors on ne rougissait plus de recevoir.

Ce qui l'étonnait, Messieurs, c'était la facilité, la dépense médiocre avec laquelle il était parvenu à faire tant de bien. Il ne concevait pas qu'il pût y avoir un si grand nombre d'indigents sur la terre, tandis qu'il y a un si grand nombre d'hommes riches et puissants, dont un seul pourrait, avec l'excès de son superflu, soulager des milliers de malheureux. Souvent en leur distribuant le prix d'une frivolité fastueuse qu'on est prêt d'acquérir, on rachèterait la vie de vingt orphelins, on sauverait l'honneur de plusieurs familles. Si, les Grands savaient combien il leur en coûterait peu pour se faire adorer, ils auraient honte de n'être que respectés.

Je m'aperçois, Messieurs, qu'en vous entretenant de M. le comte de Clermont, j'ai passé les bornes que vous vous prescrivez ordinairement dans les éloges de vos confrères. Mais m'étant consacré aux héros de la patrie, je devais plus qu'un autre à la mémoire d'un Bourbon. Je sens même que je trouve un attrait particulier dans la loi que vous vous êtes imposé de payer tous un tribut de reconnaissance à vos protecteurs augustes, et à votre immortel fondateur. Ils tiennent un rang si distingué parmi les grands hommes de la France, que la nécessité de leur rendre hommage n'est pour moi qu'une heureuse occasion de rentrer dans le genre National que mon cœur a choisi.

Richelieu, dont l'esprit vaste et fécond embrassait tous les objets et possédait tous les talents, fut à la fois le chef des Conseils, l'âme des Armées, le Restaurateur des Lois, le Protecteur des Arts, le centre de la puissance et de la gloire de l'État. Il dirigeait d'un coup d'œil tous les mouvements de l'Europe, tandis que ses mains affermissaient le trône de son Maître, ou ébranlaient les trônes des Rois ennemis de la France. Ce fameux Ministre n'a jamais été loué plus dignement que par les deux hommes de notre âge qu'il aurait pris lui-même pour ses juges, et à qui l'expérience ou l'étude ont le mieux appris la science du gouvernement : je veux dire le sublime héros législateur de la Russie, et le profond Montesquieu législateur de tous les empires. *Ô grand homme*, s'écriait le Czar dans un transport d'admiration, *je t'aurais donné la moitié de mes états pour apprendre de toi à gouverner l'autre !* Et Montesquieu, dans le résultat de ses savantes observations, prononce que le Cardinal rétablit les véritables lois de la monarchie française, et jeta les fondements de la grandeur de Louis XIV. Ces deux jugements fixent pour jamais l'opinion de la postérité ; et les gens de Lettres ne les ont pas attendus pour reconnaître enchérir dans Richelieu le créateur du bel âge des sciences et des arts : c'est lui seul qui en a fait naître l'aurore : c'est à lui que le genre humain doit un troisième siècle de génie et de raison, au milieu de cette immense révolution de siècles d'ignorance et d'erreurs qui composent l'Histoire de l'univers.

Appendix IV

Louis XIV avait dans le cœur toute la force, toute l'énergie, toute l'élévation que le Cardinal avait eues dans l'esprit. La nature lui présenta de toutes parts des génies sublimes, et lui donna à lui-même une âme supérieure pour les juger, pour les mettre à leur place, et pour les forcer à remplir leurs destinées. Désirant toujours de grandes choses, il les inspirait aux grands hommes nés pour les produire. A sa voix on vit partir du sein de la France des rayons de lumière qui s'étendirent sur toute l'Europe, et percèrent jusqu'aux bornes du monde. Cette compagnie était le foyer qui sans cesse les reproduisait, et le monarque sentit qu'il n'appartenait qu'à lui de la gouverner. Il fit vanité d'être le successeur du Chancelier de Louis XIII, dans le titre de votre protecteur ; jugeant ce nom trop beau pour le céder à ses Ministres. J'oublie ses victoires, pour vous occuper de ses disgrâces. Quand un grand homme a cessé d'être heureux, c'est l'époque de sa vie où les sages l'observent pour décider s'il a mérité sa réputation. Contemplons ce Roi dans sa soixante et quinzième année, partout abandonné de la fortune, gémissant de survivre à sa gloire et à sa nombreuse postérité: les nations conjurées, fières d'avoir appris de lui-même l'art de vaincre, osent lui prescrire arrogamment une paix déshonorante. Écoutons sa réponse : *Je vais appeler ma noblesse, me mettre avec elle au premier rang de mon armée, et m'ensevelir sous les ruines de mon royaume* : voilà Louis le Grand. Son désespoir épouvanta ses vainqueurs ; et bientôt la journée de Denain et la conquête de Fribourg leur montrèrent ce que peut encore un Roi de France malheureux, qui appelle les cœurs de ses Sujets.

Quand nous parlons d'un monarque aimé, de quelque preuve d'attachement pour un souverain, quelle réflexion touchante, quelle douce émotion tourne soudain nos cœurs vers le maître qui les possède, vers le Roi le plus chéri du peuple qui sait le mieux chérir ses Rois ! C'est encore pour nous une jouissance délicieuse, que le souvenir de ces transports inouïs qui signalèrent notre amour, quand le Ciel rendit aux vœux, aux larmes, aux besoins de la patrie, le père qu'elle lui redemandait. On se rappelle combien ses sentiments étaient mérités, lorsque dans ce lit de douleur, où la face de la mort était déjà levée sur sa tête, uniquement occupé de notre prospérité et de notre gloire, il dictait d'une voix mourante le dernier ordre qu'il croyait donner au Général de son armée : c'était de *se souvenir que le Grand Condé avait gagné la bataille de Rocroi, cinq jours après la mort de Louis XIII*. O Français ! voilà comme son cœur répondait aux vôtres.

Jamais cette âme grande et simple a-t-elle formé de vœux, qui n'eussent pour objet notre bonheur et celui de l'humanité ? Vingt années de paix furent les prémices de son règne. Réduit au malheur de faire des conquêtes, il s'est borné à celles qui pouvaient devenir les fondements d'une paix plus durable. La restitution des royaumes de Naples et de Sicile, démembrés de la monarchie espagnole par les infortunes de Louis XIV : l'acquisition de la Lorraine, de cet État toujours dangereux que la nature avait fait pour être une de nos provinces, et qui depuis plusieurs siècles restait isolé au milieu du royaume, pour l'ouvrir continuellement à ses ennemis : tels sont les seuls fruits que le Roi s'est permis de recueillir de ses premiers triomphes. L'univers admira son noble désintéressement, lorsque dans les champs de Fontenoy et de Lawfeld, du haut de son char de victoire, il conjura les vaincus d'épargner de nouveaux malheurs au genre humain. Et cette paix dont nous jouissons aujourd'hui, et que nous avons frémi de voir rompre, quelle main en a renoué les liens chers et sacrés ? A qui l'Europe doit-elle ce nouveau bienfait ? Elle fait que le Roi était lui-même en ce moment le négociateur et le Ministre.

Jetons les yeux sur tant d'établissements utiles qui caractérisent particulièrement son règne : sur les écoles de gloire et de vertu, où il fait élever ces enfants précieux qui défendront un jour les nôtres : sur la noblesse, devenue par d'anciennes ordonnances de nos Rois le prix de l'opulence oisive, et que Louis XIV lui-même avait oublié de donner pour récompense à la valeur. Le Roi, par une loi nouvelle, accordant la noblesse aux services militaires, la fait renaître de sa première source.[1]

Arrêtons nos regards, Messieurs, sur un événement encore récent, et qui serait plus honorable à la nation qu'au souverain, si tout n'était commun entre eux, et si les plus beaux titres d'honneur d'un Roi n'étaient les vertus de ses sujets. Prouvons à la France, dans le temps même où quelques voix lui crient sans cesse que ses enfants dégénèrent, prouvons-lui que l'honneur, ce principe, cette essence du caractère national, vit plus que jamais dans les âmes, et surtout dans celles de nos généreux guerriers qui sont les premiers dépositaires de ce feu sacré. Je ne puis me défendre de rendre justice à mon siècle: je ne me suis pas voué uniquement à nos anciens héros ; et mes contemporains me sont encore plus chers que leurs ancêtres.

Nos braves gentilshommes qui viennent du fonds de leurs provinces, je ne dis pas seulement donner leur vie pour l'État, mais, ce qui est souvent plus cruel, perdre une partie d'eux-mêmes, ou consumer leur santé et leur fortune dans les pénibles travaux de la guerre, avaient obtenu de Louis XIV la consolation du français, une marque d'honneur, qui les suivant partout, annonce les dettes de la Patrie, et suffit à ses bienfaiteurs. Le vieux soldat, aussi avide de gloire que son officier, gémissait de voir ses longs services ignorés, de n'avoir aucun signe remarquable, qui pût les attester à ses concitoyens, et lui apporter le respect public pour récompense. Un ministre ennemi du faste, et qui aime la solide gloire, sent le premier ce besoin du soldat français ; il le confie au monarque : et dans le moment où tant de Rois voisins conduisent leurs soldats par la terreur des châtiments, le Roi propose aux siens l'émulation des honneurs. Pour décorer les Soldats vétérans, selon la durée de leurs services, différentes marques de distinction sont envoyées dans tous les régiments du royaume : aussitôt

---

1. By making a connection between his efforts and those of the *noblesse d'épée* under Louis XIV, de Belloy argues that 'patriotic authors' like himself are useful to the crown like military officers were to France during the *Grand siècle*.

l'allégresse, le ravissement, l'enthousiasme, s'emparent de toutes les âmes : d'un bout du royaume à l'autre, le jour de cette cérémonie militaire devient la Fête de l'Honneur. On voit ces respectables vétérans verser des pleurs de joie et de reconnaissance sur le sceau de la valeur que l'officier leur attache lui-même ; l'officier qui répand à son tour des larmes de tendresse et d'estime en embrassant les anciens compagnons de sa gloire : on voit les jeunes soldats compter, appeler les années qui leur manquent, et soupirer d'envie en se consolant par l'espoir : le peuple pleure aussi d'admiration autour de ses défenseurs, et apprend à sentir toute la dignité de leur état : une foule d'anciens soldats, qui avaient quitté leurs étendards après avoir rempli le temps prescrit pour le service de la Patrie, accourent et redemandent avec leurs armes le droit de mériter l'illustration de leurs successeurs : enfin des étrangers, témoins de cette scène attendrissante, laissent eux-mêmes échapper des larmes non suspectes, et ne peuvent dans leur saisissement proférer que ces deux mots : quelle Nation ! quelle Nation ! ... Eh bien, Français, pourriez-vous vous refuser votre propre estime !

La refuseriez-vous à ce dernier trait aussi grand, mais moins connu ? Il est des peuples chez lesquels on a besoin, dans des attaques meurtrières, d'égarer la raison du soldat, pour lui cacher le péril où on l'expose. Mais le Français marche de sang-froid à la mort, parce qu'il voit toujours l'honneur à côté d'elle. Néanmoins il est arrivé pendant la dernière guerre, qu'au milieu des fatigues d'un long siège, dans un climat brûlant qui produit en abondance cette liqueur séduisante dont l'usage répare les forces, et dont l'abus les fait perdre, nos soldats se laissèrent entraîner par la facilité de l'abus, et que les premières rigueurs du Général ne purent remédier au désordre, Cet homme vraiment digne de commander à des Français, et qui les juge par son cœur, imagine le moyen d'être obéi sur le champ. Il fait publier à la tête de l'armée, que tous les soldats qui seront trouvés coupables des excès qu'il a défendus, seront privés de la gloire de monter à l'assaut. De ce moment la discipline est rétablie. Il n'y eut pas un soldat qui ne s'imposât la retenue la plus austère : et je n'ai pas besoin de dire que le jour de l'assaut une telle armée fut victorieuse. Si un pareil événement se fût passé pendant les beaux jours d'Athènes ou de Rome, dans une armée commandée par Thémistocle[1] ou Scipion,[2] tous les siècles qui se sont écoulés depuis l'auraient célébré avec faste ; tous nos écrivains ne cesseraient encore de nous vanter et la haute opinion que le Général avait de son armée en osant risquer cette singulière menace, et le courage altier de chacun de ces vingt mille soldats, qui ne voit point de plus honteux châtiment que de rester à l'abri du danger, tandis que ses compagnons iront mourir pour la Patrie. Mais, Messieurs, l'action est-elle moins grande, parce

---

1. Athenian General who defended the city during the Persian invasions (524–459 BCE).
2. Scipio (236–183 BCE) was most famous for defeating Hannibal during the Second Punic War.

que notre siècle en a été témoin, parce que la plupart de ces braves soldats vivent encore, et que le Général est le vainqueur de Minorque assis parmi vous ?

Voilà les moments où il faut juger la Nation ; c'est lorsqu'elle est rassemblée, lorsqu'un sentiment général peut se manifester. Ne la condamnons pas d'après les vices de quelques particuliers ; encore moins d'après ces êtres isolés, qui ne vivant que pour eux-mêmes, n'ont jamais, dans aucun siècle ni dans aucun pays, été comptés au nombre des citoyens, Que les vrais Français se rassurent ; qu'ils ne laissent pas décourager leur vertu en croyant qu'elle est solitaire et stérile : ils sont partout entourés de leurs semblables. Qu'ils en jugent seulement par nos spectacles ! Lorsqu'on représente à la Nation l'héroïsme de ses pères, quelques médiocres que soient les talents du poète, l'ivresse du plaisir ravit, enchante tous les esprits, le doux frémissement de la joie fait palpiter tous les cœurs. Ah ! lorsqu'un fils est indigne de ses ancêtres, le voit-on tressaillir d'allégresse devant leurs portraits ? Il rougit et baisse les yeux. Âmes de nos valeureux chevaliers, vous reconnaissez vos enfants à leurs nobles transports : avec quelle satisfaction paternelle vous voyez leurs âmes s'élancer vers vous, fières du bonheur de vous ressembler !

Ô Patrie ! j'ai donné occasion à tes fils de te montrer combien ils sont dignes de toi : je t'ai retrouvé des Coucys dignes de leur nom: voilà le seul mérite de tous mes travaux. Puissé-je, Messieurs, encouragé par vos conseils, guidé par vos lumières, inspiré par vos vertus, retracer avec plus de force à mes compatriotes ce qu'ils ont été, ce qu'ils sont encore, ce qu'ils peuvent et veulent toujours être ! Puissé-je recueillir quelques étincelles de ce feu divin qui anime le chantre des Héros d'Yvri et de Fontenoi, ce poète, cet historien, ce philosophe, que toutes les muses couronnent tour-à-tour, ce génie sur qui le temps n'a point d'empire, et qui jouit, en ne vieillissant pas, des prémices de l'immortalité ! C'est à lui d'exciter par sa mâle éloquence, et de fortifier les vertus de sa Nation, après les avoir chantées. C'est à vous, Messieurs, dignes émules de ce grand homme qui vous admire, de conserver, d'entretenir par vos ouvrages le véritable esprit du patriotisme français, dont vous êtes remplis. Que vos mains courageuses repoussent des hommes dangereux et insensés, ardents à introduire parmi nous cette servile imitation des mœurs étrangères qui dégrade une Nation. Et si jamais une partie de ce peuple magnanime pouvait dégénérer d'elle-même et de ses aïeux ; que l'autre par les plaintes les plus touchantes, par des leçons hardies, et surtout par ses exemples, excite en elle les reproches secrets, les gémissements de l'honneur, et la pénètre de cette honte salutaire qui produit la crise heureuse dont l'effort ranime et régénère la vertu.

Réponse de M. l'abbé Batteux au discours de M. de Belloy
DISCOURS PRONONCÉ DANS LA SÉANCE PUBLIQUE
le jeudi 9 janvier 1772

Charles Batteux, philosopher, ecclesiastic and, most famously, the author of *Les Beaux-Arts réduits à un même principe* (1747), picks up on some of the democratizing themes in de Belloy's acceptance speech. Comparing de Belloy to Racine and Corneille, Batteux argues that de Belloy will enter the Académie as 'poète-citoyen' and as a representative of a new genre, 'le genre patriotique'. It is interesting to note that Batteux, one of France's foremost experts on aesthetics at the time, focuses less on de Belloy's art and more on the fact that he is being rewarded for his service to the crown and for his role in educating of French citizens throughout the kingdom about their own political and diplomatic histories.

PALAIS DU LOUVRE

Réponse de M. l'Abbé BATTEUX, faisant la fonction de Directeur pour M. le Maréchal DE RICHELIEU au Discours de M. DE BELLOI.

Monsieur,

Il eût été plus flatteur pour vous, et plus agréable pour le public, de voir aujourd'hui M. le Maréchal de Richelieu faire les honneurs de l'Académie. Une absence nécessaire, dont il ne pouvait prévoir le terme, et les variations de sa santé, lui ont fait craindre de ne pouvoir s'acquitter de cette fonction ; et le même sort, qui l'en avait chargé, m'a mis dans le cas d'occuper sa place, et de vous recevoir en son nom. Il n'est pas besoin de vous dire que vous y perdrez, Monsieur, ainsi que ceux qui m'écoutent, et que vous ne trouverez ici ni sa délicatesse ni son esprit.

Un homme de Lettres succède aujourd'hui à un prince du sang : cette phrase est nouvelle, et n'avait jamais été entendue dans aucune Académie de l'Europe, non plus que celle-ci : *un prince du sang a succédé à un homme de Lettres*. Les Lettres sont redevables de l'une et de l'autre à SON ALTESSE SÉRÉNISSIME MONSEIGNEUR LE COMTE DE CLERMONT, qui a préféré à tous les titres de supériorité qu'il avait droit de prendre dans l'empire littéraire, celui de la simple adoption, dans une Compagnie dont la première loi est l'égalité de tous ceux qui la composent.

Louis XIII créant l'Académie française, ne mit entre elle et lui que son Ministre, ce Ministre qui fit la gloire de son règne, et prépara celle du suivant : Richelieu fut nommé Protecteur de l'Académie naissante. Louis XIV, dont les gens de lettres ne doivent prononcer le nom qu'avec respect et reconnaissance, fit disparaître cet intermédiaire, et se donna à lui-même le titre qui avait relevé Richelieu, quand Richelieu le portait, et qui releva infiniment les Lettres, quand Louis Le Grand l'eut pris pour lui.

Il ne restait qu'une gloire, que l'Académie ne pouvait espérer, qu'elle n'eût osé désirer ; c'était de voir mis dans son ordre de réception, sur la liste des Académiciens, le nom le plus auguste qui soit aujourd'hui sur la terre ; M. le comte de Clermont l'a voulu ; le Roi l'a permis : époque mémorable pour les Lettres, qui ne reçurent jamais tant d'honneurs dans aucun pays, ni dans aucun siècle.

M. le comte de Clermont fut Académicien. Il en remplit les fonctions. Le sort le fit Directeur en 1755, et en cette qualité il fut l'interprète de l'Académie auprès du Roi, qui, accordant la grâce qu'on lui demandait, sembla se faire un plaisir de voir l'Académie dans le Prince de son Sang, et le Prince du Sang à la tête de l'Académie.

Le Prince, ami des Lettres, l'était aussi de l'humanité ; car rarement ces deux vertus se séparent. Toutes les vues de bien public étaient séduisantes pour lui. C'est à lui qu'on doit en partie cette idée vraiment citoyenne, que l'Académie des Sciences exécute aujourd'hui avec tant de succès, et qui consiste à décrire, rédiger, simplifier les procédés de l'industrie humaine dans les arts mécaniques. M. le comte de Clermont avait autrefois rassemblé chez lui ces mêmes Arts pour le même objet. Quel était leur étonnement, lorsque sortant de leurs retraites obscures, ils se voyaient, au milieu des arts d'agrément, dans un palais, où le regard d'un Prince les anoblissait tous à proportion de leur utilité.

Lorsqu'il servit dans les Armées, Namur, Lawfelt, Raucoux, furent les témoins de son ardeur et de son courage intrépide. Lorsqu'il les commanda en chef, il fut père du soldat, il maintint la discipline, il visita les hôpitaux, et y fit rentrer l'humanité. Occupé de son objet, plein de volonté, d'un coup d'œil juste et sûr, tel en un mot que l'avait jugé le Maréchal de Saxe, digne estimateur des qualités militaires, il n'eut qu'une chose à regretter : ce fut d'avoir cédé, dans un moment critique, à la résistance obstinée d'un avis contraire au sien. Il exprima son regret par ce mot simple, mais énergique: *je n'en aurais pas tant fait tout seul.*

Vous venez, Monsieur, de nous tracer son portrait avec les couleurs nobles et fortes qui lui convenaient. Qui pouvait mieux que vous rendre les sentiments du cœur français pour le sang de nos maîtres ?

C'est ce talent surtout qui vous a ouvert les portes de l'Académie. Ceux qui y sont entrés avant vous, pour avoir brillé dans la carrière des Corneilles et des Racines, y ont été admis comme poètes, et par le mérite de leur genre. Vous, Monsieur, vous y entrez comme poète-citoyen, par le mérite de votre genre, et par celui de votre personne. Dans un siècle qui semblait voué à la frivolité et à l'intérêt personnel, vous avez osé nous faire entendre la voix du patriotisme, et vous l'avez fait avec tant de force, que la Nation entière s'est sentie comme enlevée par votre enthousiasme. Cette Nation vive, valeureuse, passionnée pour la gloire et pour son pays, s'est retrouvé dans vos tragédies. Elle y a retrouvé sa vertu, à laquelle elle ne croyait presque plus. Que ne vous doit-elle pas, pour savoir rendue à un sentiment si doux ! C'est pour acquitter cette dette, autant qu'il est en elle; que l'Académie couronne aujourd'hui vos succès. On a dit que c'était *la Couronne civique*; louange singulière, qui fait marcher ensemble votre éloge, l'éloge de la Nation et celui de l'Académie.

C'était sur de pareils sujets que la Tragédie s'exerçait chez les Grecs. Ils ne célébraient point sur leurs théâtres les actions des Égyptiens, des Phéniciens, des peuples qu'ils appelaient barbares. Ils célébraient celles de leurs aïeux, de leurs pères, les leurs propres. Avec quels frémissements et quelle ivresse le parterre d'Athènes entendait les chœurs d'Eschyle, lorsqu'en son style de géant, si j'ose m'exprimer ainsi, ce frère du fameux Cynégyre, chantait les combats de Marathon, de Salamine, de Platée, où il s'était trouvé, à ceux-là même qui avaient combattu ; lorsqu'il leur donnait en spectacle le Roi de Perse, le grand Roi, rentrant dans Suse, seul, sans armes, s'écriant dans sa douleur profonde : O Athènes! superbe Athènes ! tu as couvert de deuil toute l'Asie ! tu as autant de remparts que de Citoyens ![1]

Il est heureux pour vous, Monsieur, que parmi ces grands génies qui vous ont précédé fur la scène française, il y en ait à peine un seul qui ait indiqué cette veine si riche. Comment n'ont-ils point vu que l'intérêt étant l'âme de la tragédie, la France devait être plus intéressante pour nous, que la Grèce ancienne ou l'Italie ? que nous devions être plus touchés de voir notre histoire, nos lois, nos mœurs sur la scène, que les parricides et les incestes fabuleux de la mythologie païenne ? Que les portraits de Lusignan, d'Eustache de Saint Pierre, de Coucy, de Bayard, de Du Guesclin, portraits de nations, comme sont ceux de familles, conservés de siècle en siècle par l'amour autant que par l'admiration, nous devaient être plus chers que ceux d'une mère qui égorge ses enfants par une rage de jalousie, ou d'un fils qui poignarde sa mère par une vengeance méditée, et de sang-froid ? Qu'on nous montre un héros malheureux, nous sommes touchés, parce que c'est un homme ; mais si cet homme est un Français, quel attendrissement ! quels transports ! Nous l'avons éprouvé, Monsieur, et vous en avez joui. Peignez-nous cette générosité chevaleresque de nos aïeux, ces délicatesses d'honneur, cet attachement inviolable au nom Français, cet amour de dévouement pour nos Rois. Peignez cette noblesse ardente et emportée, qui ne voyait que la gloire et non le danger ; ces grandes et désastreuses journées, où tout fut perdu, fors l'honneur.[2] Remontez, s'il le faut, jusqu'à ces temps de barbarie, que nous regardons aujourd'hui, heureusement pour nous, comme les temps fabuleux de notre Histoire. Depuis les fureurs de Frédégonde et de la trop malheureuse Brunehault, en passant par les règnes des Charles et des Capets jusqu'à celui de Saint Louis dans les fers, jusqu'à ceux des Valois, toujours braves et toujours malheureux, jusqu'à celui d'Henri IV, théâtre de tant d'agitations et de troubles, que de moments, que d'événements, publics et particuliers, n'attendent que l'art et le génie !

---

1. Reference to Aeschylus's *The Persians* (472 BCE).
2. Supposed words of defeat that François I wrote to his mother after the French loss at Pavia (1525).

Je m'aperçois que je m'écarte. Je ne parle que du genre que vous avez choisi, et non de la manière dont vous l'avez traité. Mais à quoi vous eût servi le choix, sans le talent d'exécuter ? Dans le tragique, c'est l'âme des poètes qui choisit les sujets ; c'est aussi l'âme qui les rend. Si vous n'aviez eu que le génie de ceux qui, dans le siècle passé, ont entrepris de chanter Clovis, Charlemagne, le siège Orléans, l'intérêt des sujets nationaux se serait éteint dans vos mains, comme dans les leurs. Mais vous avez su animer vos tableaux de l'âme de la Nation : vous avez eu l'art de faire passer votre enthousiasme tout entier, de vous dans vos héros, de vos héros dans vos spectateurs. C'était le secret de Corneille et de Racine : c'est celui du plus célèbre de leurs successeurs. Vous l'avez trouvé comme eux.

Restez donc, Monsieur, constamment attaché au genre de sujets que vous avez choisi. Vous ferez sûr de nous plaire et de nous charmer. Le tableau de nos aïeux est encore le nôtre. Nous avons renouvelé nos preuves à Fontenoy, à Berg-op-zoom, à Mahon, à Metz surtout, lorsque la France fit retentir toute l'Europe de ses douleurs et de sa joie.

Vous trouverez dans la Compagnie où vous entrez, des lumières, des conseils, des modèles ; vous y trouverez une suite de discussions littéraires qui servent à perfectionner le style, et à épurer le goût ; vous y trouverez enfin des cœurs français, qui entreront avec plaisir dans les sentiments patriotiques de leur nouveau confrère, et qui les augmenteront encore par leur exemple. C'est cet Athénien à qui l'ennemi coupa la main droite[1] avec laquelle il arrêtait un vaisseau, puis la gauche qu'il y avait portée ensuite, et qui enfin voulut l'arrêter avec les dents.

---

1. In Herodotus's retelling of the Battle of Marathon, Aeschylus's brother, Cynaegirus, supposedly stopped a Persian ship using only his hand, which was subsequently chopped off by an enemy. Cynaegirus then bit into the ship with his teeth and did not let go until he died a few hours later.

APPENDIX V

Parodies of *Le Siège de Calais*

Anonymous, *Le Siège de Calais ou la Mi-Carême, dragonnade dédiée à ceux qui n'avont point l'moïen d'dépenser vingt sous pour s'faire éreinter*, (Paris: L'Esclapard, 1765) Mitterrand: YE-3324

Monsieur M..., *Le Retour et les effets du siège de Calais*, comédie en 1 acte, en prose, mêlée de vaudevilles, à l'occasion de la tragédie donnée gratis. Par M***, (Paris: Vaugirard, 1765) Mitterrand: 8-YTH-15410

Le Siège de Calais ou La Mi-Carême

Written in a faux-picard, the anonymous author of *Le Siège de Calais ou La Mi-Carême* jokingly shows a correlation between drinking and patriotic sentiment, while at the same time overwhelmingly praising de Belloy's tragedy. The original spelling and syntax of the song have been kept intact to better reveal the author's clever use of dialect.

Magniere d'espèce d'Chanson gasouillée le 14 mars 1765, devant la présence du Compere *Moulé*, Chef d'la Boucherie d'Bauvais, par Nicolas *Brûlegueule*, Tambour aux Gardes et Porte-Enseigne des Charbonniers du *Gratis* ; qui, la surveuille avïont eu la valicence que d'arriver tambour battant au *Siège d'Calais*, Dragédie nouvelle d'la décomposition d'Monsieu De BELLOI.

Sur l'Air : *des paroles suivantes.*

Quand je chommons la Mi-Carême,
Fi du repas, s'il est trop bref :
J'nous varsons plein, varsés de même.
Car, c'est pour boire à nôtre Chef.
En France, si tout Capitaine
À ses Grivois plaisoit zautant,
R'ly, r'lan, r'ly, r'lan,
Chaque soldat men'roit sans peine
Trente Ennemis tambour battant.
*

C'que j'en disons c'n'est pas y a cause
Qu'jons vû le Siège de Calais :
J'pensions avant la même chose ;
Y n'faut pour ça qu'être Français.

Oui, le Diable me dégalonne,
Quoiqu'tout y soit dit gentiment,
R'ly, r'lan, r'ly, r'lan ;
Quand d'après son cœur on raisonne.
Semble avis qu'on en s'roit zautant.
*

Des Charbonniers j'étions l'Enseigne,
Quand l'ROI nous fit z'entrer *Gratis* :
Plus d'un pimpant, qui nous dégraigne.
Restit dehors en rémotis.
L'Duc d'Orléans, que Dieu conserve,
Prenant pitié d'nos pauvres dents,
R'ly, r'lan, r'ly, r'lan,
Envoye z'un Corps de réserve
Ravitailler les Attendans.
*

L'Crincrin après joüit son Rôle,
Et d'tems en tems nous enjôloit :
Enfin, un grand rideau s'envole,
Ni pus ni moins qu'cheux Nicolet.
Puis d'Acteurs débarde un saccage,
Qui s'disiont l'un l'autre en rimant,
R'ly, r'lan, r'ly, r'lan,
C'qu'ainsi qu'eux j'aurions dit, je gage ;
Sans étudier not' Compliment
*

Aimer son Roi plus que soi-même,
Cheux nous, quoi donc c'est t'y nouveau ?
Mais, laissons ça : la Mi-Carême
En m'alterant me dit tout beau.
Au Bien-Aimé saisons la ronde,
L'Bon Vin est l'plus meilleur encens,
R'ly, r'lan, r'ly, r'lan :
N'apréhendons pas qu'il en gronde :
On parmet tout à ses Enfans.
*

D'L'Anglais quand j'ons vu la rancune
Céder à l'Amour du FRANÇAIS,
Je dîmes la Blonde et la Brune,
Parçont nos cœurs des mêmes traits.
Jarni ! si c'te *Brune* et c'te *Blonde*
Pouviont vivre amicablement,

R'ly, r'lan, r'ly, r'lan ;
Dix fois plus grand d'viendroit le Monde
Qu'y s'roit fichu ; mais promptement.

*

C'brav' *de Belloy* pour ses Rimailles.
A lui seul mérite un Couplet.
On diroit qu'il a nos entrailles !...
Aussi sa Pièce à tretout plaît.
Et j'ly souhaitons, sans gasconnades.
Car cheux les p'tits les cœurs sont francs.
R'ly, r'lan, r'ly, r'lan,
Le prix de toutes les razades
Qu'on enterrit depuis cent ans.

FIN

Lu et approuvé ce 27 Mars 1765. MARIN
Vu l'Approbation, permis d'Imprimer ce 29 Mars 1765. DE SARTINE

Le Retour et les effets du Siège de Calais

Monsieur M...'s *Le Retour et les effets...*, a *mélange* of prose and song, is a fascinating parody of both the tragedy itself and of its powerful impact on the public owing to the *gratis* performance at the Comédie-Française. By picking up on themes of patriotism and sacrifice, the parody's anonymous author captures, albeit comically, the tensions and themes proposed by de Belloy in the original tragedy. In addition, we can perhaps read *Le Retour et les effets...* as a glimpse into the social practices surrounding spectatorship in eighteenth-century France: characters in this short play discuss specific scenes in de Belloy's tragedy, weigh in on contemporary socio-political issues in France, and demonstrate the lively discussion found in public houses, coffeehouses and cabarets at the time. As with the first parody, we have decided to present the 'picard scenes' in *Le Retour et les effets ... Siège de Calais* in their original spelling and syntax, which emerge at times as indications of the socioeconomic status and geographic origin of the play's characters.

Personnages.

M. VAILLANT, *Bas-Officier Invalide, manchot du bras gauche.*
M. VERLOPPE, *Compagnon Menuisier.*
Madame HARENG, *Marchande de Marée du Marché de Bussy.*
CADET VAILLANT, *Compagnon Sculpteur, Filleul de M. Verloppe et de Madame Hareng.*

FRANÇOIS VAILLANT, *passeur du Gros-Caillou.*
JAVOTTE PINCEAU, *Peintresse en Eventail.*
UN SERGENT *du Régiment de Picardie.*
UN GARÇON CABARETIER.

La Scène est dans un Cabaret de Vaugirard.[456]

Scene Premiere.

M. Vaillant, le Garçon Cabaretier

M. VAILLANT.

Quelle heure est-il mon Garçon ?

LE GARÇON.

Il est cinq heures, Monsieur.

M. VAILLANT.

C'est bon. Montes du vin et des verres. Mon compère Verloppe n'est pas venu me demander ?

LE GARÇON.

Non, Monsieur, il n'est venu personne de votre connaissance.

M. VAILLANT.

S'il vient quelqu'un, tu les feras monter. J'attends trois ou quatre personnes qui sont allées voir la Comédie, que le Roi fait donner GRATIS ; je crois qu'elles ne tarderont pas.

LE GARÇON.

Est-ce qu'il y a quelque chose de nouveau ? Je n'ai pas entendu le canon de chez vous tirer, j'ai crû qu'on ne la donna GRATIS, que quand il y a des réjouissances.

M. VAILLANT.

C'est vrai, on ne l'a donne que quand il y en a ; mais le Roi qui aime à donner des preuves de sa bonté à son peuple, a ordonné qu'on la fasse voir, parce que c'est une belle pièce qui inspire, à ce qu'on m'a dit, de l'amour pour son Roi et pour sa patrie.

LE GARÇON.

On n'a pas besoin de ça pour l'aimer, car je crois que tout le monde me ressemble : il y en a peu à qui il faudrait l'apprendre. Mais quoique ça j'aurais voulu la voir. Allons, lons.

---

1. Now part of Paris 15th arrondissement, Vaugirard was a separate village until 1860. During the eighteenth century, Vaugirard was known for its puppet shows and cabarets.

On entend taper dans la coulisse avec le couvercle d'une pinte, le Garçon répond.

Scene II.

M. VAILLANT, *seul*.

Notre monde se sait bien attendre, on m'a dit que cela commençait à midi, et voilà cinq heures. Je commence à m'ennuyer.

AIR : *Nous sommes précepteurs d'amour.*

> Que n'ai-je pu participer
> Aux bontés d'un Roi qui nous aime ?
> Je ne vois personne arriver,
> Mon impatience est extrême.
>
> Si comme eux, j'avais pu la voir
> Ils ne me feraient pas attendre ;
> Il faut donc fonder mon espoir
> Sur le plaisir de les entendre.

Mais j'entends quelqu'un … C'est le compère Verloppe.

Scene III.

Verloppe, M. Vaillant.

VERLOPPE.

Je l'ai vu, Compère ; que j'ai eu de peine pour entrer ! mais on l'oublie envoyant ça : que nous aurions perdu si on ne l'avait pas donné Gratis ! Que les gens qui ont du bien sont heureux ! Ils devraient avoir l'âme remplie de beautés, de voir comme ça de belles choses ; car ça inspire de l'honneur malgré bon gré : s'ils n'avaient pas joué autre chose et fait danser, je vous la conterais mot pour mot. Ca m'a ôté le ressouvenir, il ne m'en reste que l'admiration.

M. VAILLANT.

Me voilà bien avancé. Je comptais sur vous pour me la conter. Nous verrons si Cadet aura meilleure mémoire ; est-ce qu'il n'est pas revenu avec vous ?

VERLOPPE.

Je ne l'ai pas vu.

M. VAILLANT.

Est-ce qu'il n'a pas entré ?

VERLOPPE.

Si vraiment. Nous avons entré tous ensemble, mais la presse nous a séparés, je n'a vu que Madame Hareng dans un endroit élevé. Je crois avoir vu aussi François, mais pour Cadet et sa Maîtresse, je ne sais pas où ils étaient.

M. VAILLANT.

Vous avez vu François ? Vous vous êtes trompé, cela ne se peut pas ; sa femme m'a dit qu'il était malade, et qu'il y avait quinze jours qu'il ne sortait pas.

VERLOPPE.

François est malade ?

M. VAILLANT.

Oui.

VERLOPPE.

Tant pis, c'est donc quelqu'un qui lui ressemble, il y avait tant de monde !

AIR : *M. le Prévot des Marchands*

> Je crois qu'il n'y eut de la vie
> Tant de monde à la Comédie ;
> On nous a fait donner à boire,
> On a crié vive le Roi ;
> Ma foi je voudrais, compère,
> Que vous l'eussiez vu comme moi.

M. VAILLANT.

Je crois bien qu'on n'y était pas triste. Vous vous souvenez mieux de ça que de la pièce. Vous avez la mémoire heureuse : je vous en fais mon compliment.

VERLOPPE.

De la mémoire ! ça vous est bien aisé à dire, s'ils ne me l'avaient pas fait perdre par la danse : de quoi s'avisent-ils de nous donner du bouilli au dessert, après un si bon repas. Il fallait qu'il nous laisse sur la bonne bouche ; mais attendez, petit à petit ç'a me reviendra … Je me souviens.
Se mettant la main au front.

AIR : *Non je ne ferai pas ce qu'on veut que je fasse.*

> Qu'on disait de grands mots…excusez moi compère ;
> On voyait des héros, on parlait de la guerre ;
> Des Officiers, un Roi, tous sévères, pourtant bons :
> La vertu des Français leur servait des leçons.

M. VAILLANT.

Cela n'est pas nouveau. On sait bien qu'avec la vertu on force les grands à la clémence. Buvons un coup là-dessus, la mémoire vous reviendra : asseyez vous. A votre santé.

VERLOPPE.

A la vôtre …
Après avoir bu.
Vraiment j'oublie de vous dire qu'il y avait de bons Anglais et une belle prison.

M. VAILLANT.

Si, vous m'avez dit qu'il y avait de bons officiers.

VERLOPPE.

Oui, mais c'était des Anglais.

M. VAILLANT.

Il n'importe, c'est plus vraisemblable qu'une belle prison.

AIR : *Tout roule aujourd'hui dans le monde.*

> Il est peu d'amour sans des charmes,
> Et peu de prisons sans laideur ;
> Il est doux de rendre les armes,
> Etre captif c'est une horreur.
> De bons Anglais, je suis d'accord
> Que vous en ayez vu vraiment ;
> Hors de la France on trouve encore
> Des vertus et du sentiment.
> Mais, en quoi cette prison, était-elle belle, et les Anglais bons ?

VERLOPPE.

La prison était belle, parce qu'elle était bien représentée ; et les Anglais bons, parce qu'ils ont pris nos intérêts.

M. VAILLANT.

Cela fait voir qu'il y a des gens estimables par tout.

VERLOPPE.

J'entends quelqu'un qui monte, ah ! c'est Madame Hareng : toute seule, Commère ?

Scene IV.

M. Vaillant, Verloppe, Mme Hareng.

MME HARENG.

C'était ma fois ben bau compère, c'est ben dommage que vous n'ayez pas vu ça.
À Verloppe.
Je vous ont vu ; vous étiez avec les instruments et nous za l'amphitiâtre, et des premieres, oui da !
À Vaillant.
Ah ! si vous aviez vu c'pauvre garçon qu'avait son bras enveloppé dans une machine noire ! Il avait l'air tout mourant, ça m'a ben fait d'la peine ; car ces gens-là jouons ça com'si c'était eux-mêmes.

M. VAILLANT.

Qu'est-ce, que c'est que ce garçon qui avait son bras enveloppé ?

MME HARENG.

Est-ce que l'compère vous za pas conté ça ?

M. VAILLANT.

Il ne se souvient plus de rien.

MME HARENG.

Bonc ! ah, l'belhomme ! à quoi c'est-il bon don ? à oublier tout. J'allons vous l'conter, écoutez.

AIR : *L'Amour m'a fait la peinture.*

> Dans ste pièce y avait t'un homme,
> Comme on en voit presque pas,
> Il mérit' ben qu'on l'renomme,
> Ma foi j'l'y donnons la pomme,
> Quand même on n l'y donneroit pas.

> Ct'homme là était dans la Ville
> Quasi comme le Gouverneur :
> A son Roi il fut t'utile,
> Car lui et pi sa famille,
> D'Idouard zon gagné le cœur.

> C'est son garçon que j'veux dire
> Qu'avait reçu t'un coup zau bras,
> J'n'y pensons pas que j'l'admire ;
> C'ti-là pourrait bien instruire
> Ceux là qui vons z'au combat.

Est-ce qu'i disputions pas le père et le fils, za qui mourreroit ; j'en avions ma foi peur au moins. Mais Idouard leur a fait grâce, ils l'avaient ben mérités, car ils n'vions fait que du bien.

VERLOPPE.

Quand il ne leur aurait pas fait grâce, ils ne feraient pas mort, c'est pour le semblant.

MME HARENG.

Là, voyez Monsieux le Savant, on sait ben que c'est des Acteux qui font chacun leux rôle ; mais ça y ressemble si ben, que ça fait d'la peine ... Eh où est donc tout vot'monde ?

M. VAILLANT.

Où les avez-vous laissez ?

MME HARENG.

Je ne lez'ai vraiment pas vu, j'ferions revenus toute seule, si j'navions pas rencontré t'un Sergent de notre connaissance ; ma foi z'un bon garçon qui m'a r'conduit jusqu'ici.

VERLOPPE.

Il fallait le faire monter, Commère, il aurait bu t'un coup avec nous.

MME HARENG.

J'y avons t'offert, il a dit qu'il reviendrait, il est t'allé dans l'zautres Cabarets chercher t'un homme qu'il a engagé y a quinze jours, et qu'il n'peut pas r'trouver.

M. VAILLANT.

Mais que peut être devenu Cadet ? je n'y comprends rien, cela commence à m'inquiéter.

VERLOPPE.

Si j'allais voir s'ils viennent.

MME HARENG.

Eh vraiment oui ! Jean. S'ils viennent reviens-t'en.

VERLOPPE.

Eh ! mais vous êtes de bonne humeur aujourd'hui.

MME HARENG.

C'est votre vin qui ma rendu gaye.

VERLOPPE.

Ah ! morbleu, Commère, je vous fait ben des excuses, il y a pourtant un verre blanc pour vous. Allons notre ancien, où est votre verre ?

M. VAILLANT.
A la santé, Commère, du Monarque qui vous a procuré du plaisir aujourd'hui.

MME HARENG.
C'est bien dit. Il faut toujours commencer par son Maître.

VERLOPPE.
Je vais voir si je trouverai notre monde.

MME HARENG.
Si vous ne r'venez pas, vous nous écrirez.

VERLOPPE.
Oui, oui.

Scene V.

M. Vaillant, Mme Hareng.

M. VAILLANT.
C'est un bon garçon ; mais il n'a pas éventé la poudre.

MME HARENG.
C'est dommage ! car il est bon diable ; je voudrais pourtant ben que notre monde se rassemble, car je mangerais ben z'un morceau. J'ai gagné de l'appétit d'puis c'matin.

M.VAILLANT.
Il ne faut pas qu'ils soient revenus pour cela. Que ne parliez-vous plutôt ? Je m'en vais voir là-bas s'il y a quelque chose.

MME HARENG.
C'n'est pas la peine, Compère. J'attendrai ben.

M.VAILLANT.
Non, non ils se sont trop attendre.

Scene VI.

MME HARENG, *seule.*
J'penserons à c't pièce-là pu d'un jour ; ça fait t'un homme d'esprit pas moins que c'du Belloy, c'est ça faire du beau !

AIR : *Jusques dans la moindre chose.*

> Dans tout un homme qu' d'la science,
> On l'reconnoît t'aisément ;
> C'ti-là fait jouer d'la France.
> Ceux qu'avons du sentiment :

Çà vaut mieux que d'en jouer d'autres,
Que j'ne connaîtrions pas ;
Encore ceux-là font des nôtres,
J'pouvons marcher sur leux pas.

Car quand, Monsieur Hareng m'faisait l'amour, j'ons vu comme ça ensemble une pièce de Tragendie ; mais je ne les connoissions pas. Encore ceux-là c'est d'not' monde.

Scene VII.

Cadet, Mme Hareng.

MME HARENG.

Te v'là Cadet ! Et comme tu t'es fait attendre ? ton père est fâché que tu viens si tard. Est-ce que tu ne l'a pas vû là-bas ?

CADET.

Si ma marraine. C'est lui qui m'a dit que vous étiez ici, et que mon parrain était allé au-devant de moi.

MME HARENG.

Et Mam'selle Javotte où est-elle ?

CADET.

Je l'a laissé dans un café à la Barrière. Elle s'est trouvée très-mal, et tandis qu'un garçon est allé chercher un Fiacre, j'ai accouru bien vite pour vous dire de ne pas vous impatienter. Je retourne la chercher, dans l'instant je suis ici.

MME HARENG.

Tu as ben chaud, mon ami ! bois t'un coup auparavant.

CADET.

Je le veux bien, ma marraine, car la chemise me tien au dos ; j'ai toujours couru jusqu'ici.
Avant de boire.
A la santé de mon parrain. Si j'osais vous prier …

MME HARENG.

Je t'assure mon garçon que j'ny manquerons pas, dès que je serai rentré. Eh bien ! za-tu vu c'tte pièce ? Z'ou t'es tu fourré, je ne t'ons pas vu ?

CADET.

Nous étions dans une loge au-dessus de l'amphithéâtre. J'ai bien vu mon parrain, mais je n'a pas eu le plaisir de vous voir.

MME HARENG.

J'étions comme ça ben près l'un de l'autre.

Scene VIII.

M. Vaillant, Mme. Hareng, Cadet.

M. VAILLANT.

Dans l'instant, Commère, on va nous apporter cela.
À Cadet.
Eh bien ! Monsieur Cadet, avez-vous retenu la pièce mieux que votre parrain ?

CADET.

Je ne sais pas, mon père, comment mon parrain l'a retenu ; mais je m'en souviens, comme si je la voyais encore. J'aurai le plaisir de vous l'expliquer d'abord que je ferai de retour. Je vais bien vite chercher Mam'selle Javotte, si vous voulez me le permettre, car elle doit s'impatienter, j'ai dit que je ne serais pas longtemps.

M. VAILLANT.

Allez, et ne vous faites pas attendre.

CADET.

Dans l'instant, mon père, je suis ici.

Scene IX.

M. Vaillant, Mme. Hareng.

MME HARENG.

Sçavous Compère, qu'j'aime mon fillau ? Il a l'air d'un bon naturel.

M. VAILLANT.

Vous lui faites bien de l'honneur, il est vrai qu'il a toujours été bien doux ; François même est d'un bon caractère, si ce n'était la rivière qui l'a rendu grossier, il ne manquerait pas de bons sens. Mais je ne sais pas où il a eu les yeux de se mettre marinier. Je lui avais donné un bon métier étant jeune, mais il n'a pas voulu en profiter.

MME HARENG.

Il est honnête homme, c'est le principal, est-ce que l'méquier y fait ? j'valons notre prix comme d'autres. R'gardez si le Roi ne nous fait pas de l'amiquié, il sait que j'l'aimons ben, et j'n'avons pas d'esprit j'ons d'l'honneur.

AIR : *Reçois dans to galetas.*

> Parce que je sommes pas bien appris,
> Faudra-t'il nous jeter dans l'onde ?
> Est-ce qu'on za besoin d'esprit
> Pour aimer l'meilleur Roi du monde ?

On dit que j'sommes des petites gens ;
Mais pour Louis j'valons des grands,
Mais pour Louis j'lavons des grands.

J'sommes plus utiles dans notre façon qu'ceux là qu'ont ben du bien et qui s'reposent. Allez, Compère, si les Anglais v'noint à Paris, comme ils ont été à Calais, vous verriez si j'deffendrions pas mieux notre Ville, et notre bon Roi, qu'ceux-là qu'ont des équipages.

M. VAILLANT.

On sait bien que le grand nombre de sujets fait de l'effet ; mais pensez donc, Commère, que ce n'est pas la quantité de Soldats qui fait la victoire ; s'ils n'étaient pas commandés par de bons Généraux, ils ne sauraient pas attaquer, ni faire de retraite. Allez, Commère, l'exemple et le conseil valent mieux que la force. On est presque toujours victorieux quand on a à sa tête un Roi comme le nôtre.

AIR : *M. le Prévôt des Marchands.*

Fallait le voir à Fontenoy,
Son exemple était notre Loi ;
Les Généraux, suivant sa trace,
Nous conduisaient aux ennemis.
Non : non, le tems qui tout efface,
N'effacera jamais Louis.

Je perdis mon bras à cette bataille ; mais je ne m'en souviens que lorsque je vois nos Soldats aller en détachement ; le regret que j'ai de ne plus pouvoir servir mon Roi, me fait ressouvenir de sa perte.

Scene IX.

M. Vaillant, Mme Hareng, Verloppe.

VERLOPPE.

Je savais bien que je ne m'étais pas trompé ; que j'avais vu M. François à la Comédie. Je viens de le trouver qui allait entrer au Grand Salon ici à côté.

M. VAILLANT.

Où est-il donc ?

VERLOPPE.

Le voilà qui monte.

Scene X.

François, M. Vaillant, Verloppe, Mme Hareng

FRANÇOIS.

Bonjour, mon père, comment vous portez-vous ?

M. VAILLANT.

Fort bien.

FRANÇOIS.

Et vous, Madame Hareng ? Comment va le Daron ?

MME HARENG.

Il se porte bien, et moi aussi : vous v'nez donc de voir st'pièce.

FRANÇOIS.

Surement, que je l'ons vu, je serions bien fâché de n'y avoir pas teté. J'y ons bû et vû du beau ; car ces gens-là avaient marqué de l'amiquié pour le Roi, ainsi j'en étions tous ben contents ; car j'avons tappé Dieu sçait com' ?

M. VAILLANT.

On a donc bien applaudi !

FRANÇOIS.

Pargué, quand on parle d'aimer le Roi, est-ce qu'on n'est pas tous d'accord ?

AIR : *Le Feu que l'on tire à Versailles.*

> C'est com'quand le vent est d'avale,
> Et qu'la riviere n'est pas calme ;
> Qu'un d'même côté vont les bouillons.
> Eh ben ! t'nez, v'la la ressemblance ;
> Car tous les cœurs, pour les Bourbons,
> D'un même côté penchons t'en France.

Quoiqu'ça, depuis que j'lons vû je me sentons de la joie et de la tristesse.

M. VAILLANT.

Est-ce que tu ne te portes pas mieux ?

FRANÇOIS.

Si, mon père ; mais c'est que j'ons vu à cette pièce, z'un homme qui m'a rappelé que c'nétait pas bau d'manqué d'foi envers son Roi, quoique sa repentance l'a ben guéri d'sa faute ; car il a fait d'belles choses. J'avons, comme lui, du remords dans la conscience : J'venons pour r'parer ça.

M. VAILLANT.

Quels remords peux tu avoir ? je ne vois pas qu'il y ait de rapport des Personnages de cette pièce avec toi ?

FRANÇOIS.

Ah ! mon père ! si vous saviez ce que j'ons fait, j'n'méritons pas votre ressemblance, et v'la ce qui m'chagrine.

MME HARENG.

Quest-ce que vous avez donc fait, M. François ?

FRANÇOIS.

Ah ! Madame Hareng !

AIR : *J'arnigué j'enrage.*

> J'avons la cervelle
> Troubée depuis que j'ons vu ça.
> Tenez, ça m'rappelle
> Qu'il faut qu'un Solda,
> Sitôt qu'il s'engage,
> A salfin de servir son Roi.
> Est comme dans le naufrage,
> S'il trahit sa foi.

M. VAILLANT.

On sait bien que d'abord que l'on a trahi son Prince, le cœur est agité par des remords ; mais à quel propos dis-tu cela ?

FRANÇOIS.

A propos que j'ons fait une action que j'nons pas t'appris de vous, qui fait que je vont quitté not' femme et nos enfas si j'veux recouvrer not'z'honneur.

VERLOPPE.

Que vous quittiez votre femme, et pour où aller ?

FRANÇOIS.

Ah ! pour z'aller ou l'devoir m'appelle.

M. VAILLANT.

Pour aller où le devoir t'appelle, est-ce un devoir de quitter sa femme ?

FRANÇOIS.

Non, mon père, et v'là ce qui m'fait de la peine.

M. VAILLANT.

Qu'est-ce que c'est donc ?

FRANÇOIS.

T'nez, mon père, j'n'pouvons vous rien cacher : j'allons tout vous dire.

AIR : *Le Tambour à la portière.*

>J'entendis battre la Caisse
>Un matin qu'j'avions du cœur ;
>J'l'y demandis une adresse,
>P'y je m'en fus chez l'engageur ;
>Il me donni t'une somme
>Pour servir le Roi LOUIS.
>Est-c'là comme z'on est un homme ?
>Not'femme m'r'tient par ses cris.

M. VAILLANT, *précipitamment.*

Est-ce que tu es engagé ?

FRANÇOIS.

Oui, mon père.

M. VAILLANT.

Tant mieux. J'ai donc trois bras au service de mon Roi. Il faut partir, mon garçon ; n'y a pas de femme qui retienne : on est dédommagé quand on sert un tel Maître.

FRANÇOIS.

C'est ben là ce quej'voulons faire ; l'Sergent qui m'a engagé me charche ; on m'la dit, j'vons exprès pour qu'il me trouve.

MME HARENG.

Votre Sergent vous charche. Et de quel Régiment ?

FRANÇOIS.

Du Régiment de Picardie ?

MME HARENG.

Et mais mon Guieu, c'est stila qui va venir ici ! vous êtes pardu m'n enfant !

M. VAILLANT.

Pourquoi donc, Commère ? puisqu'il veut bien partir, il n'en fera pas davantage ?

MME HARENG.

Eh ! Mais sa pauv' femme !

FRANÇOIS.

C'est là c'qui me chagrine ; car pour servir j'm'en sentons de l'ardeur. Si vous aviez vû c'que j'ons vû à cette pièce ; comme c'était beau de servir son Roi, que j'ferions tout pour lui.

Scene XI.

Le Sergent, François, Verloppe, Vaillant, Mme Hareng.

MME HARENG, *à François.*
Eh ! mon Dieu. Le v'la, cachez-vous donc !

FRANÇOIS.
M'v'la, mon Sergent, connoissez-vous pour votre Soldat z'un homme à qui l'honneur à panché ? Ce qu'j'ons fait me tient là : J'en ons le cœur gros.

LE SERGENT.
Vous êtes un joli homme ! Pourquoi donc vous êtes-vous caché ? Si je t'avais cru capable d'une pareille chose, je t'aurais fait mettre en prison jusqu'à ce que ma recrue parte ; mais puisque te v'là, tu vas venir à l'Auberge. Songe à te tenir prêt pour partir à la pointe du jour.

VERLOPPE.
Ah ! Monsieur le Sergent, donnez-lui donc le temps de se reconnaître, qu'il puisse dire adieu à sa famille !

LE SERGENT.
Ma recrue part. Je n'a pas envie qu'elle reste encore quinze jours ici ; d'ailleurs je n'a point de grâce à lui accorder, il fallait qu'il en agisse autrement, il s'est trop fait chercher.

MME HARENG.
Allons, à cause de la connaissance, faites quelque chose pour moi.

LE SERGENT.
Je suis fâché de vous refuser ; mais cela ne se peut pas.

M. VAILLANT.
M. l'Officier, j'ai été comme vous dans la même position, et je savais que l'humanité envers le Soldat était le premier devoir de notre service.

LE SERGENT.
Monsieur, ce que j'ai à faire avec mon soldat, doit peu vous intéresser. Je n'ai pas de leçon à recevoir de vous.

M. VAILLANT.
Vous le prenez mal, Monsieur ; mon fils m'intéresse assez, pour que je vous dise mon sentiment.

LE SERGENT.
C'est votre fils, et vous le cachez crainte qu'il ne serve son Roi ?

M. VAILLANT.

Je le cache ! vous m'insultez.

AIR : *À table je suis Grégoire.*

> J'ai servis avec courage,
> Imitant nos Généraux ;
> Réprimez donc votre outrage.
> Je vous le dis en deux mots ;
> Voici des fruits de la guerre.
> Mais ne vous y trompez pas.
> Ne soyez pas si sévère,
> Il me reste encore un bras.

LE SERGENT.

Vous le prenez bien haut, Monsieur ; mais j'excuse votre âge.

AIR : *Quand je suis dans mon Corps-de-garde.*

> Autant que vous, j'aime la gloire,
> Jaloux d'aller aux ennemis ;
> Doux en paix, courageux en guerre.
> C'est-là ce qu'enseigne LOUIS.
> Sous le plus aimé des Monarques,
> Tous nos Soldats ont de l'ardeur.
> Si, du combat, ils ont des marques,
> Ils ont les marques de l'honneur.

M. VAILLANT.

Je le sais aussi, je ne m'en plains pas ; je ne vous en parle que pour vous prouver que je n'ai pas appris à mon fils à se cacher.

Scene XII.

Le garçon cabaretier et tous les acteurs de la scene precedente.

LE GARÇON.

Monsieur, faudra-t-il vous servir ?

M. VAILLANT.

Quand il sera temps, on te le dira.

VERLOPPE, *au Garçon.*

Ecoute donc, eh ! Garçon.

LE GARÇON.

Qu'est-ce qu'il faut Monsieur ?

VERLOPPE, *regardant dans la pinte.*

Rien, rien, il y en a encore. Allons, Messieurs, est-ce que nous ne buvons pas ?

LE SERGENT.

Volontiers, puisque j'ai trouvé mon Soldat, buvons à la bonne rencontre.
À Madame Hareng.
Madame, je bois à vot' santé.

MME HARENG.

J'buvons à la vôt'itou.

FRANÇOIS.

M. Verloppe et Madame Hareng, l'un quant et quant l'autre, buvons à votre santé.

MME HARENG.

Ben obligé, Monsieur François.

LE SERGENT, *en choquant avec M. Vaillant.*

Monsieur, je suis charmé d'avoir l'honneur de vous connaître, j'aurai des égards pour votre fils.

VERLOPPE.

Monsieur le Sergent, voudriez-vous bien faire quelque chose pour nous ? v'là notre Commère qui est de votre connaissance, obligez-la de ça.

LE SERGENT.

Je voudrais pouvoir le faire, mais il n'est pas possible ; et même il se fait tard, je ne vas pas tarder à m'en aller.

Scene XIII.

Mme Hareng, Cadet, Mlle Javotte, Vallaint, François, Verloppe.

CADET.

Je vous demande bien excuse mon père, si j'ai été si longtemps ; nous n'avons pas pu trouver de carrosse sur la place, nous sommes venus à pied et pas bien vite, car Mademoiselle s'est trouvée trop incommodée.

FRANÇOIS.

Qu'euque vous avez donc petite sœur ?

CADET.

Oh ! cela ne fera rien, c'est la grande presse que nous avons eue à la Comédie qui est cause que Mademoiselle s'est trouvée mal en sortant ; et etoi, on m'a dit que tu étais malade, cela va donc mieux ? Je devais t'aller voir demain.

LE SERGENT.

Allons, François, il me paraît que voilà une partie de votre famille, vous pouvez leur faire vos adieux. J'ai affaire demain de bonne heure.

CADET.

Pourquoi donc adieu ? et pour où aller ? J'ai cru que nous allions souper tous ensemble. Est-ce que tu as affaire, François ?

M. VAILLANT.

Oui, il a affaire, il faut qu'i s'en aille avec son Sergent : ton frère est engagé.

CADET.

François est engagé ! et sa femme, ses enfants ?

FRANÇOIS.

V'là c'qui m'chagrine, Cadet ; j'n'étions pas malade, j'nous sommes cachés, crainte d'partir ; j'v'nons d'apprendre que c'était pas bau d'trahir sa foi. J'viens réparer not'faute.

CADET.

Tu abandonnes ta famille ! Quoi, mon père, nous le laisserons partir ? Je ne peux pas le croire, cela, me fait trop de peine ! M. le Sergent faites moi un plaisir, je vous crois homme généreux, mon père, je vous en prie ; Monsieur, vous n'y perdrez rien, je suis de la même taille que mon frère, que je parte à sa place ; je ne veux rien que le plaisir de vous suivre et de l'obliger.

FRANÇOIS.

Ah ! Cadet, viens que j't'embrasse ; s'ti-là vous ressemble ben, mon père.

MLLE JAVOTTE.

Quoi, vous voulez me quitter, M. Cadet ?

CADET.

Oui, belle Javotte, sans cesser de vous aimer ; pour servir un tel Maître, il n'y a rien que l'on n'abandonne.

FRANÇOIS.

Non, Cadet, laisse-moi partir, et ne m'ôtes pas le plaisir que j'aurons d'servir not'Roi ; j'aime ben not' femme et mes enfants, mais j'l'aimons ben itou.

LE SERGENT.

Je suis ravi de vous connaître mes amis, je n'ai jamais vu deux frères se disputer pour pareille chose ; j'accepte avec plaisir l'un de vous deux, ainsi voyez lequel qui veut être mon Soldat ?

CADET ET FRANÇOIS, *ensemble.*

Moi ?

Duo.

AIR : *Mon Cœur volage.*

CADET.

Je veux servir.

FRANÇOIS.

J'voulons partir.

CADET.

Non, laisse-moi.

FRANÇOIS.

Et j'voulons garder notre foi.

CADET.

Mais ta famille.

FRANÇOIS.

Et mais st'fille.

CADET.

Pour t'obliger
L'Amour ne peut m'en empêcher.

FRANÇOIS.

Cadet tu m'charmes.

CADET.

Rends donc les armes.

FRANÇOIS.

Oh ! comme t'es farme.

CADET.

Eh mais ! ta femme ?

FRANÇOIS.

Eh laisse-moi dans st'embarras.

CADET.

Non pas,

FRANÇOIS.

Si dar,
J'pars tout à st'heure.

CADET.

Ah ! qu'elle ardeur.

FRANÇOIS.
J'avons du cœur !

CADET.
Si je veux servir le Roi ?

FRANÇOIS.
Et st'engagement est à moi.

CADET.
C'est vainement.

FRANÇOIS.
J'allons joindre le Régiment.

CADET.
Je veux servir.

FRANÇOIS.
J'voulons partir, etc.

LE SERGENT.
Ecoutes, François, puisque ton frère veut bien partir pour toi, accepte sa générosité, tu as de la famille, il n'en a pas, c'est plus raisonnable.

M. VAILLANT.
Monsieur a raison, laisse partir ton frère, puisqu'il le veut bien, et n'abandonne pas ta femme et tes enfants.

FRANÇOIS.
J'm'rendrons, mon père ; mais j'n'en ons pas moins de cœur.

CADET.
Tu veux donc bien que je parte ? que tu me fais plaisir ! viens François, que je t'embrasse à mon tour.
Après s'être embrassés.
Allons.

AIR : *Ne m'entendez vous pas.*

> Je servirai mon Roi.
> J'imiterai mon père.
> J'obligerai mon frère;
> L'honneur sera ma loi.
> Je servirai mon Roi.

Je ne vous oublierai pas, charmante Javotte, si votre cœur m'est constant ; quand j'aurai servi mon Roi, je servirai l'Amour.

AIR : *Votre cœur aimable Aurore.*

>Après mon Roi, ma maîtresse
>Sur mon cœur aura son tour.
>C'est au sein de la tendresse,
>Que l'honneur fait son séjour ;
>Oui, je servirai sans cesse,
>La gloire et le tendre amour.

MLLE JAVOTTE.

Si vous me quittiez pour une autre maîtresse, je ne vous le pardonnerais pas ; mais pour servir le Roi, je n'ose m'en plaindre : je viens d'apprendre au *Siège de Calais*, qu'un homme sans honneur est indigne de l'amour ; ce que vous faites pour votre frère, vous rend plus digne de moi ; au moment que vous méritez toute ma tendresse, il faut nous séparer ! Malgré la raison, mon cœur en murmure.

AIR : *Je vais te voir, charmante Lise.*

>L'amour et la raison sans cesse,
>Tour à tour agitent mon cœur,
>Je veux céder à la tendresse,
>Mais il faut céder à l'honneur :
>Amour dont la vertu m'enchaîne,
>Tu troubles nos nœuds en ce jour,
>L'aimable instant qui fait ma peine,
>Est celui de mon tendre amour.
>L'amour et la raison sans cesse, etc.

FRANÇOIS.

Allez, M'lle Javotte, j'en'vous abandonnerons pas, j'aurons soin de ta prisonnière, va Cadet, tous les Dimanches j'la mennerons promener avec not'femme, puisque j'partons pas, mais quoiqu'ça, not' Sergent, j'avons trois garçons, j'voulons qu'ils m'remplactent.

AIR : *Janneton, à ce son mon cœur se réveille.*

>Je les dressons dès à présent,
>A sal fin qu'ils z'eut du panchant
>Pour servir toujours constamment,
>Leu Roi z'avec grand zèle :
>On za de l'ardeur,
>Quand l'cœur,
>Le prend pour modèle.

Oui, j'voulons en faire des Lurons.

MME HARENG.

C'est donc décidé mon pauvre filliau, vous nous quittez ? faudra nous écrire, je vous laisserons manqué de rien, j'allons vous faire un trousseau et de la bonne faiseuse.

VERLOPPE.

Eh bien mais, est-ce qu'avant de nous quitter, est-ce que nous ne soupons pas tous ensemble ? nous vous reconduirons après à l'auberge.

LE SERGENT.

Cela ne se peut pas, pardon si je vous refuse, il se fait tard, il faut que je m'en aille ; allons, Monsieur Cadet, puisque vous êtes résolu à partir, il faut nous en aller.

M.VAILLANT, *en prenant la main de Cadet.*

Allons mon ami le plaisir que tu fais à ton frère n'est pas commun, soutiens toujours le même caractère de générosité et comporte toi en joli garçon avec tes Camarades ; sois ardent à ton service, respectueux envers tes Officiers, si tu veux que l'on t'estime.

LE SERGENT.

Oui mon ami, le Soldat est égal aux Officiers quand il a de l'honneur, on est tous égaux quand on a des sentiments.

VERLOPPE.

Nous allons vous reconduire jusqu'à l'auberge, Monsieur le Sergent, nous boirons un coup avant que de nous quitter.

FRANÇOIS, *à Cadet.*

J'tallons donner l'argent que j'ons reçu.

CADET.

Ce n'est pas la peine, garde le pour tes enfants, si j'ai besoin de quelque chose je t'écrirai.

FRANÇOIS.

Embrasse-moi encore, Cadet, t'a t'un bon cœur, est-ce que j'pourrons pas t'obliger za not' tour ? qu'in, v'là ma taffe, tu boiras à la santé du Roi avec la ressouvenance de ton frère.

CADET.

Je l'accepte volontiers, je périrai plutôt que de ne pas la conserver.

M.VAILLANT.

Je ne peux pas te reconduire, mon ami, tu sais qu'il faut que je me rende à l'Hôtel ; j'aurai soin de t'envoyer tout ce qu'il te faudra ; observe bien ce que je t'ai dis, tu as reçu une bonne éducation ; ne perds jamais l'honneur de vue ; adieu, mon ami, embrasse-moi, et donne souvent de tes nouvelles, tu me feras plaisir.

FRANÇOIS.

Eh bien ! si j'n'avions pas été à'st'pièce j'n'aurions pas r'trouvé note zhonneur, on a ben raison de dire qu'en disant qui j'fréquentons on dira qui j'sommes.

CADET.

Nous devons cela à la bonté du Roi, heureux si je puis à son service acquérir des marques aussi glorieuses que celles de mon père !

M.VAILLANT.

Je souhaite que tu succèdes un jour dans l'Hôtel à la place de ton père ; si on y porte des marques de son service, on y porte aussi celles de ses bontés, et ses bienfaits passent toujours notre reconnaissance.

FIN.

SELECTED BIBLIOGRAPHY

ANNANDALE, ERIC, 'Patriotism in de Belloy's theatre: the hidden message', in *Studies on Voltaire and the eighteenth century*, 304 (1992): 1225-228

AULARD, ALFONSE, *Le patriotisme français de la Renaissance à la Révolution* (Paris: E. Chiron, 1921)

BANNING, T. C. W., *The Culture of Power and the Power of Culture: Old Regime Europe, 1660-1789* (Oxford: Oxford University, 2003)

BÉLARD, LÉON, 'Pierre-Laurent Buirette de Belloy, poète dramatique', in *Revue de la haute Auvergne* (1928): 11-26

BELL, DAVID A., *The Cult of the Nation in France: Inventing Nationalism, 1680-1800* (Cambridge and London: Harvard, 2001)

— and PAULINE BAGGIO, 'Le caractère national et l'imaginaire républicain au XVIIIe siècle', in *Annales. Histoire, Sciences Sociales*, 57.4 (2002): 867-88

BIONDI, C., 'Le Siège de Calais di Dormont de Belloy: ragioni di un successo', in *Intorno a Montesquieu, saggi a cura di C. Rosso*, ed. by C. Rosso, C. Biondi, B. Ranzani and M.G. Salvatores (Pisa: Goliardica, 1970): 26-49

BOËS, ANNE, *La Lanterne magique de l'Histoire: Essai sur le Théâtre Historique en France de 1750 à 1789* (Oxford: Voltaire Foundation, 1982)

BONNET, JEAN-CLAUDE, *Naissance du Panthéon: Essai sur le culte des grands hommes* (Paris: Fayard, 1998)

BREITHOLZ, LENNART, *Le théâtre historique en France jusqu'à la Révolution* (Uppsala: Lundequistska bokhandeln, 1952), esp. pp. 191-216

BRENNER, CLARENCE, *L'Histoire nationale dans la tragédie française du XVIIIe siècle* (Berkeley: University of California, 1929)

BROWN, GREGORY S., 'Reconsidering the Censorship of Writers in Eighteenth-Century France: Civility, State Power, and the Public Theatre in the Enlightenment', in *The Journal of Modern History*, 75.2 (2003): 235-68

—, 'Règlements royaux et règles du jeu: La propriété littéraire à la Comédie-Française au XVIIIe siècle', in *Revue d'histoire moderne et contemporaine*, 51.1 (2004): 117-28

CAMPBELL, PETER R., 'The Language of Patriotism in France, 1750-1770'. *E-France* 1 (2007): 1-43

—, 'The Politics of Patriotism in France (1770-1788)'. *French History*, 24.4 (2010): 550-575

CONNORS, LOGAN J., 'L'esthétique du patriotisme dans la critique théâtrale à l'époque de la guerre de sept ans. Le cas du *Siège de Calais* (1765)', in *Le public et la politique des arts au Siècle des Lumières*, ed. by Christophe Henry and Daniel Rabreau (Bordeaux: William Blake et Co., 2011) 113-20

—, 'L'exception patriotique? Les critiques du *Siège de Calais* (1765)', in *Revue d'Histoire du théâtre*, 261 (2014), pp. 87-96

—, *Dramatic battles in eighteenth-century France: philosophes, anti-philosophes and polemical theatre* (Oxford: Voltaire Foundation, 2012), esp. pp. 219-26

DANIEL, GEORGE BERNARD, *The Development of the tragédie nationale in France, 1552-1800* (Chapel Hill, NC: University of North Carolina, 1964) esp. pp. 87-94
DELZONS, LOUIS, 'Le premier drame patriotique', in *Révue hébdomidaire*, 1.2 (1909): 214-37
Du patriotisme aux nationalismes (1700-1848): France, Grande-Bretagne, Amérique du Nord, ed. by Bernard Cottret (Paris: Créaphis, 2002)
DUPUY, HÉLÈNE, *Genèse de la Patrie Moderne: La naissance de l'idée moderne de patrie en France avant et pendant la Révolution*, Thèse de doctorat de troisième cycle (Paris: Université de Paris I, 1995)
DZIEMBOWSKI, EDMOND, *Un nouveau patriotisme français, 1750-1770: la France face à la puissance anglaise à l'époque de la guerre de Sept Ans* (Oxford: Voltaire Foundation, 1998)
GAILLARD, GABRIEL HENRY, 'Vie de M. de Belloy', in *Œuvres complètes de de Belloy* (OC1779) I (Paris: Moutard, 1779)
GODECHOT, JACQUES, 'Nation, patrie, nationalisme, et patriotisme en France au XVIIIe siècle', in *Annales historiques de la Révolution française* 206 (1971): 481-501
GREENFELD, LIAH, *Nationalism. Five Roads to Modernity* (Cambridge, Mass., Harvard, 1992)
HAMPSON, NORMAN, 'La patrie', in *The French Revolution and the Creation of Modern Political Culture*, vol. 2, ed. by C. Lucas (Oxford: OUP, 1988): 125-37
HILLERIN, ALEXIS DE, 'L'image du roi dans les tragédies de 1760 à 1789', in *Littératures, 62: Regards sur la tragédie, 1736-1815: histoire, exotisme, politique*, ed. by Karine Bénac-Giroux and Jean-Noël Pascal (Toulouse : Presses universitaires du Mirail, 2010): 123-40
JACOB, FRANÇOIS, 'Tragédies nationales : De Belloy et Marie-Joseph Chénier', in *Tragédies tardives : actes du Colloque de Besançon des 17 et 18 décembre 1998*, ed. by Pierre Frantz and François Jacob (Paris : Champion, 2002): 111-21
KREBS, R., 'Tragédie nationale et patriotisme. Le Siège de Calais de Belloy vu par les écrivains allemands', in *Germanistik aus interkultureller Perspektive, hommage à G.L. Fink* (Strasbourg: Presses universitaires de Strasbourg, 1989): 61-75
LANCASTER, H. CARRINGTON, *French Tragedy in the Time of Louis XV and Voltaire, 1715-1774* (Baltimore: Johns Hopkins, 1952), esp. pp. 479-495
LENIENT, CHARLES, *La Poésie patriotique en France dans les temps modernes*, t. II, 'XVIIIe et XIXe siècles' (Paris: Hachette, 1894)
LONGI, OLGA, 'Quelques Recherches sur le mot "Patrie" et le mot "Patriotisme"', in *The French Review*, 5.4 (Feb., 1932): 297-300
MAZA, SARAH, *The Myth of the French Bourgeoisie: An Essay on the Social Imaginary, 1750-1850* (Cambridge, MA: Harvard, 2003)
MOFFAT, MARGARET, '*Le siège de Calais* et l'opinion publique en 1765', in *Révue d'histoire littéraire de la France*, 39 (1932): 339-54
PALMER, ROBERT R., 'The national idea in France before the Revolution', in *Journal of the History of Ideas*, 1 (1940): 95-111
RAVEL, JEFFREY, *The Contested Parterre: Public Theatre and French Political Culture, 1760-1791* (Ithaca, NY and London: Cornell, 1999), esp. pp. 198-201
Regards sur la tragédie, 1736-1815: histoire, exotisme, politique, ed. by Karine Bénac-Giroux and Jean-Noël Pascal, *Littératures* 62 (Toulouse: Presses universitaires du Mirail, 2010)

RIVOIRE, J.-A., *Le Patriotisme dans le théâtre sérieux de la Révolution (1789-1799)* (Paris: Gilbert et Co., 1950)

RODDICK, NICK, 'From Siege to Lock-out: An Actors' Strike at the Comédie-Française in 1765', in *Theatre Research International*, 4 (1978): 45-58

SMITH, JAY M., *Nobility Reimagined: The Patriotic Nation in Eighteenth-Century France* (Ithaca, NY and London: Cornell, 2005)

SURATTEAU, J.-R., 'Rapport de Synthèse: Cosmopolitanism and patriotism', in *Transactions of the Fifth International Congress on the Enlightenment* (Oxford: Voltaire Foundation, 1980): 411-41

TRUCHET, JACQUES, 'Notice': *Le Siège de Calais*, in *Théâtre du XVIIIe siècle*, II (Paris: Gallimard, Bibliothèque de la Pléiade, 1974): 1435-439

ZABOROV, PIOTR, 'Pierre-Laurent de Belloy et la Russie', in *Le Siècle de Voltaire, hommage à René Pomeau*, vol. II, ed. by Christiane Mervaud and Sylvain Menant (Oxford: Voltaire Foundation, 1987): 983-89

Phoenix

Phoenix is a series dedicated to eighteenth-century French drama. With a particular attention to performance history and the audience's experience, these editions make accessible to students and scholars alike a range of plays that testify to the diversity and vibrancy of that period's theatre. Phoenix is a joint project between the Université de Paris-Sorbonne and Durham University.

Phoenix est une collection consacrée au théâtre français du dix-huitième siècle. Ses publications portent une attention particulière à l'histoire des représentations et à la place du spectateur. Elles mettent à la disposition des étudiants comme des spécialistes un ensemble de pièces qui témoignent de la variété et du dynamisme de la scène théâtrale de l'époque. Phoenix est le résultat d'une collaboration entre l'Université de Paris-Sorbonne et l'Université de Durham.

www.phoenix.mhra.org.uk

MHRA Critical Texts

This series aims to provide affordable critical editions of lesser-known literary texts that are not in print or are difficult to obtain. The texts will be taken from the following languages: English, French, German, Italian, Portuguese, Russian, and Spanish. Titles will be selected by members of the distinguished Editorial Board and edited by leading academics. The aim is to produce scholarly editions rather than teaching texts, but the potential for crossover to undergraduate reading lists is recognized. The books will appeal both to academic libraries and individual scholars.

Malcolm Cook
Chairman, Editorial Board

Editorial Board

Professor Catherine Maxwell (English)
Professor Malcolm Cook (French) (*Chairman*)
Professor Ritchie Robertson (Germanic)
Professor Derek Flitter (Hispanic)
Professor Brian Richardson (Italian)
Dr Stephen Parkinson (Portuguese)
Professor David Gillespie (Slavonic)

www.criticaltexts.mhra.org.uk

www.ingramcontent.com/pod-product-compliance
Lightning Source LLC
Chambersburg PA
CBHW071433150426
43191CB00008B/1110